AF343523

LES RUDIMENS

DE LA

LANGUE LATINE,

Avec des Règles pour apprendre facilement, et en peu de temps, à bien décliner et conjuguer.

Le tout corrigé, augmenté de nouveau, et mis en meilleur ordre que ci-devant.

SUIVI D'UN ABRÉGÉ DES PARTICULES,

Par *M. BISTAC.*

NOUVELLE ÉDITION,

très-correcte,

Dans laquelle on a inséré et mis dans leur ordre les Verbes Capio, Morior, Sedeo, Pœnitet, dont la conjugaison est très-difficile pour les enfans, avec une méthode très-courte et très-facile pour apprendre les Questions de Lieu.

A LYON,

CHEZ PERISSE FRÈRES, LIBRAIRES,

grande rue Mercière, n.º 33.

1816.

DE L'IMPRIMERIE DE PERISSE FILS.

AU LECTEUR.

CES Rudimens donnés au Public par *Antoine Garnier*, et fort connus sous le nom de Rudimens de Langres, *ville où ils ont été originairement imprimés*, *furent ensuite considérablement augmentés et améliorés par François BISTAC, et dès-lors l'usage en devint général.*

Le grand nombre d'Éditions qui ont suivi celles de Bistac ayant contracté des défauts énormes par la négligence des Imprimeurs, et les changemens que l'on s'est permis d'y faire mal à propos, il a fallu refondre, pour ainsi dire, cet ouvrage pour lui rendre sa première perfection. Ce travail, exécuté avec soin par un Instituteur très-habile ; et la multitude de fautes qui se trouvent corrigées dans la présente Édition, ne contribueront pas peu à en rendre l'usage plus facile aux Enfans, et à lui obtenir une juste préférence sur toutes les autres.

On trouve chez Perisse Frères, des Éditions correctes et bien imprimées de tous les Livres classiques, de toutes sortes d'Heures nouvelles, Livres d'usage et pour les Écoles ; comme aussi des assortimens de Livres de Piété, de Morale, d'Histoire, de Belles-Lettres, de Poésie et Fables ; de Jurisprudence, de Physique, de Mathématiques, de Médecine et de Chirurgie, imprimés tant en France, que rassemblés de divers endroits de l'Europe.

RÈGLES GÉNÉRALES

POUR LES NOMS.

Combien y a-t-il de choses à considérer dans les Noms ?

Il y en a quatre ; le Genre, le Nombre, le Cas et la Déclinaison.

Qu'est-ce que le Genre ?

Le Genre est une distinction de sexe, de signification et de terminaison.

Combien y a-t-il de genres pour les noms françois ?

Il y en a deux seulement ; le Masculin et le Féminin.

Combien y a-t-il de genres pour les noms latins ?

Il y en a trois ; le Masculin, le Féminin, et le Neutre.

Comment connoit-on de quel genre est un nom ?

On le connoît par l'Article, ou par la signification, ou par la terminaison.

Qu'est-ce que l'Article ?

C'est une particule qui se met ordinairement devant les noms, et qui en marque le Genre, le Nombre et le Cas.

Combien y a-t-il d'Articles pour les noms françois ?

Il y en a deux ; l'un qu'on appelle défini, savoir, le, la ; et l'autre indéfini, savoir, un, une.

Le et un marquent le genre masculin ; la et une marquent le féminin.

Combien y a-t-il d'Articles pour les noms latins ?

Il y en a trois ; Hic, Hæc, Hoc. Hic marque le masculin, comme hic Dominus, *le Seigneur.* Hæc marque le féminin, si c'est le singulier, comme hæc mensa, *la table.* Hoc marque le neutre, comme hoc templum, *le temple.*

Qu'est-ce que le Nombre ?

Le Nombre est une différence du mot, pour marquer unité ou multitude.

Combien y a-t-il de Nombres ?

Il y en a deux, le Singulier et le Pluriel.

Qu'est-ce que le singulier ?

C'est quand on parle d'une seule chose ; comme la Muse, de la Muse, à la Muse ; le Seigneur, du Seigneur, au Seigneur.

Qu'est-ce que le Pluriel ?

C'est quand on parle de plusieurs choses ; comme les

Muses, des Muses, aux Muses; les Seigneurs, des Seigneurs, aux Seigneurs.

Qu'est-ce que le Cas ?

Le Cas est un changement de terminaison dans un nom latin.

Combien y a-t-il de Cas ?

Il y en a six; le Nominatif, le Génitif, le Datif, l'Accusatif, le Vocatif et l'Ablatif.

Combien y a-t-il de Déclinaisons dans les noms ?

Il y en a cinq.

Comment connoît-on de quelle Déclin. est un nom ?

On le connoît par la différente terminaison du Génitif singulier.

Quand un nom n'a point de singulier, comment connoît-on de quelle déclinaison il est ?

On le connoît par la terminaison du génitif pluriel.

Comment se terminent les génitifs des noms de la première déclinaison ?

Le génitif singulier des noms de la première déclinaison se termine en æ ou es, comme Musa, *génitif* Musæ; Penelope *génitif* Penelopes. *Et le génitif pluriel en* arum, *comme* Musæ, *génitif* Musarum.

Comment se terminent les génitifs des noms de la seconde déclinaison ?

Le génitif singulier des noms de la seconde déclinaison se termine en i, *comme* Dominus, *génitif* domini. *Et le génitif pluriel en* orum, *comme* Domini, *génitif* Dominorum.

Comment se terminent les génitifs des noms de la troisième déclinaison ?

Le génitif singulier des noms de la troisième déclinaison se termine en is, *comme* Pater, *génitif* Patris.

Et le génitif pluriel en um *ou* ium, *comme* Patres, *génitif* Patrum; Ædes, *une maison, génitif* ædium.

Comment se terminent les génitifs des noms de la quatrième déclinaison ?

Le génitif singulier des noms de la quatrième déclinaison se termine en ûs, *comme* fructus, *génitif* fructûs. *Et le génitif pluriel en* uum, *comme* fructus, *génitif* fructuum.

Comment se terminent les génitifs des noms de la cinquième déclinaison ?

Le génitif singulier des noms de la cinquième décli-

naison se termine en ei ; et n'a que des noms terminés en es au Nominatif, comme dies, Génitif diei.

Et le Génitif pluriel en erum, comme dies, Génitif pluriel dierum.

Les noms propres d'hommes ont-ils un pluriel ?

Les noms propres d'hommes et de femmes n'ont point de pluriel.

Les noms propres de villes ont-ils un pluriel ?

Les noms propres de villes qui ont un singulier, n'ont point de pluriel, comme Lutetia, *Paris, Génitif* Lutetiæ. *Et les noms propres de villes qui ont un pluriel, n'ont point de singulier, comme* Lingonæ, *Langres, génitif* Lingonarum.

L'ARTICLE FRANÇOIS DÉFINI.

	SINGULIER.		PLURIEL.
	Masculin.	*Féminin.*	*des deux genres.*
Nominatif	le,	la.	Nominatif les.
Génitif	du, de,	de la.	Génitif des.
Datif	à, au,	à la.	Datif aux.
Accusatif	le,	la.	Accusatif les.
Vocatif	ô,	ô.	Vocatif ô.
Ablatif	du, de,	de la.	Ablatif des.

Les voyelles de l'Article défini se perdent devant les Noms qui commencent par une voyelle, ou par une h muette, comme l'Ame, l'Été, l'Histoire.

LES DÉCLINAISONS DES NOMS.

PREMIÈRE DÉCLINAISON.

La première Déclinaison a quatre terminaisons au Nominatif singulier, a, as, e, es.

Elle fait le Génitif singulier en æ *ou* es.

Le Datif en æ *ou* e.

L'Accusatif en am *ou* eu.

Le Vocatif comme le Nominatif, excepté les noms en as *et en* es.

L'Ablatif en à *ou* e.

Le Nominatif pluriel en æ. *Le Génitif en* arum.

Le Datif en is. *L'Accusatif en* as.

Le Vocatif comme le Nominatif. L'Ablatif en is.

SINGULIER.

Nominatif	hæc Musa	la Muse.
Génitif	Musæ	de la Muse.
Datif	Musæ	à la Muse.
Accusatif	Musam	la Muse.
Vocatif	ô Musa	ô Muse.
Ablatif	Musâ	de la Muse.

PLURIEL.

Nominatif	Musæ	les Muses.
Génitif	Musarum	des Muses.
Datif	Musis	aux Muses.
Accusatif	Musas	les Muses.
Vocatif	ô Musæ	ô Muses.
Ablatif	Musis	des Muses.

Les noms en a et en as de la première déclinaison, se déclinent comme Musa; mais les noms en as retranchent l's au Vocatif, comme Æneas, Amyntas, et autres semblables; car on dit : ô mi care Ænea, ô mon cher Énée ; ô mi care Amynta, ô mon cher Amyntas. Et non pas, ô mi care Amyntas; ainsi des autres noms.

Noms à décliner comme Musa.

Hæc Culpa	la Faute.	Génitif	Culpæ.
Hæc Stella	l'Étoile.	Génitif	Stellæ.
Hæc Historia	l'Histoire.	Génitif	Historiæ.
Hæc Scientia	la Science.	Génitif	Scientiæ.
Hic Æneas	Énée.	Génitif	Æneæ.
Hæ Tenebræ	les Ténèbres.	Génitif	Tenebrarum.
Hæ Divitiæ	les Richesses.	Génitif	Divitiarum.

Quelques noms féminins en a, pour être distingués des masculins, font aux datif et ablatif pluriels abus, comme :

Filia	une Fille.	Datif et Ablatif pluriels filiabus.
Mula	une Mule.	Dat. et Ablat. pluriels Mulabus.
Dea	une Déesse.	Dat. et Ablat. pluriels Deabus.
Equa	une Cavale.	Dat. et Ablat. pluriels Equabus.
Nata	une Fille.	Dat. et Ablat. pluriels. Natabus.
Anima	une Ame.	Libera une Affranchie.
Domina	une Dame.	Asina une Anesse.
Famula	une Servante.	Socia une Compagne.

Serva une Esclave, et quelques autres semblables.

SINGULIER.

NOminatif	hæc Penelope	Pénélope.
Génitif	Penelopes	de Pénélope.
Datif	Penelopæ	à Pénélope.
Accusatif	Penelopen	Pénélope.
Vocatif	ô Penelope	ô Pénélope.
Ablatif	Penelope	de Pénélope.

Les noms en e, de la première déclinaison, se déclinent comme Penelope.

Noms à décliner comme Penelope.

| Hæc Musice | la Musique. | Génitif | Musices. |
| Hæc Epitome. | l'Abrégé. | Génitif | Epitomes. |

SINGULIER.

NOminatif	hic Anchises	Anchise.
Génitif	Anchisæ	d'Anchise.
Datif	Anchisæ	à Anchise.
Accusatif	Anchisen	Anchise.
Vocatif	ô Anchise	ô Anchise.
Ablatif	Anchise	d'Anchise.

Les noms en es de la première déclinaison, se déclinent comme Anchises, et retranchent l's finale au vocatif.

Noms à décliner comme Anchises.

Hic Achates, Agathe, pierre précieuse. Génit. Achatæ.
Hic Alcides, Hercule, nom d'homme. Génit. Alcidæ.

Les noms qui se déclinent au singulier comme Penelope ou comme Anchises, se déclinent au pluriel, s'ils en ont un, comme Musæ, Musarum, etc.

SECONDE DÉCLINAISON.

La seconde Déclinaison a sept terminaisons, er, ir, ur, us, eus, ius, um.

Elle fait le génitif singulier en i.

Le datif en o. L'accusatif en um.

Le vocatif comme le nominatif, excepté les noms en us, en eus, et en ius.

L'ablatif en o.

Le nominatif pluriel en i.

Le génitif en orum.

Le datif en is.

L'accusatif en os.

Le vocatif comme le nominatif.

L'ablatif en is.

*Les noms neutres ont trois cas semblables, le nomi-
natif, l'accusatif et le vocatif; et ces trois cas sont
toujours terminés en* a, *au pluriel.*

S I N G U L I E R.

Nominatif	hic Dominus	le Seigneur.
Génitif	Domini	du Seigneur.
Datif	Domino	au Seigneur.
Accusatif	Dominum	le Seigneur.
Vocatif	ô Domine	ô Seigneur.
Ablatif	Domino	du Seigneur.

P L U R I E L.

Nominatif	Domini	les Seigneurs.
Génitif	Dominorum	des Seigneurs.
Datif	Dominis	aux Seigneurs.
Accusatif	Dominos	les Seigneurs.
Vocatif	ô Domini	ô Seigneurs.
Ablatif	Dominis	des Seigneurs.

Les noms appellatifs en us, *en* ius, *en* eus, *et les noms
propres d'homme en* us, *se déclinent comme* Dominus,
et font le vocatif singulier en e.

Noms à décliner comme Dominus.

Hic Agnus,	l'Agneau.	Génitif	Agni.
Hic Oculus,	l'Œil.	Génitif	Oculi.
Hic Tabellarius,	le Messager.	Génitif	Tabellarii.
Hic Pileus,	le Chapeau.	Génitif	Pilei.
Hic Ludovicus,	Louis.	Génitif	Ludovici.

    Hic Filius, ii, *le Fils, se décline aussi comme* Dominus,
et fait au vocatif singulier, ô Fili.

S I N G U L I E R.

Nominatif	hic Orpheus	Orphée.
Génitif	Orphei	d'Orphée.
Datif	Orpheo	à Orphée.
Accusatif	Orpheum, *ou* Orpheon, *ou* Orphea	Orphée.
Vocatif	ô Orpheu	ô Orphée.
Ablatif	Orpheo	d'Orphée.

    Les Noms en eus *qui viennent des Grecs, se déclinent
comme* Orpheus, *et retranchent l's finale au vocatif,
comme :*

Theseus,	ei,	Thésée.	Vocatif	Theseu.
Perseus,	ei,	Persée.	Vocatif	Perseu.

SINGULIER.

Nominatif	hic Deus	Dieu.
Génitif	Dei	de Dieu.
Datif	Deo	à Dieu.
Accusatif	Deum	Dieu.
Vocatif	ô Deus	ô Dieu.
Ablatif	Deo	de Dieu.

PLURIEL.

Nominatif	hi Dii	les Dieux.
Génitif	Deorum	des Dieux.
Datif	Diis	aux Dieux.
Accusatif	Deos	les Dieux.
Vocatif	ô Dii	ô Dieux.
Ablatif	Diis	des Dieux.

SINGULIER.

Nominatif	hic Virgilius	Virgile.
Génitif	Virgilii	de Virgile.
Datif	Virgilio	à Virgile.
Accusatif	Virgilium	Virgile.
Vocatif	ô Virgilii	ô Virgile.
Ablatif	Virgilio	de Virgile.

Les Noms propres d'hommes en ius, se déclinent comme Virgilius, et font le vocatif en i.

Noms à décliner comme Virgilius.

Hic Claudius	Claude.	Génitif	Claudii.
Hic Antonius	Antoine.	Génitif	Antonii.

SINGULIER.

Nominatif	hic Magister	le Maître.
Génitif	Magistri	du Maître.
Datif	Magistro	au Maître.
Accusatif	Magistrum	le Maître.
Vocatif	ô Magister	ô Maître.
Ablatif	Magistro	du Maître.

PLURIEL.

Nominatif	hi Magistri	les Maîtres.
Génitif	Magistrorum	des Maîtres.
Datif	Magistris	aux Maîtres.
Accusatif	Magistros	les Maîtres.
Vocatif	ô Magistri	ô Maîtres.
Ablatif	Magistris	des Maîtres.

Les Noms propres et appellatifs en er, en ir, et en ur, se déclinent comme Magister, et ont le vocatif singulier semblable au nominatif.

Noms à décliner comme Magister.

Hic ager	le champ.	Génitif	agri.
Hic puer	l'enfant.	Génitif	pueri.
Hic vir	l'homme.	Génitif	viri.
Hic liber	le livre.	Génitif	libri.
Hic Alexander	Alexandre.	Génitif	Alexandri.

Ce dernier n'a point de pluriel.

SINGULIER.

Nominatif	hoc Templum	le Temple.
Génitif	Templi	du Temple.
Datif	Templo	au Temple.
Accusatif	Templum	le Temple.
Vocatif	ô Templum	ô Temple.
Ablatif	Templo	du Temple.

PLURIEL.

Nominatif	Templa	les Temples.
Génitif	Templorum	des Temples.
Datif	Templis	aux Temples.
Accusatif	Templa	les Temples.
Vocatif	ô Templa	ô Temples.
Ablatif	Templis	des Temples.

Les Noms en um se déclinent comme Templum, et les pluriels en a, de la seconde déclinaison, se déclinent comme le pluriel de Templum.

Noms à décliner comme Templum.

Hoc arcanum,	le secret.	Génitif	arcani.
Hoc malum,	le mal.	Génitif	mali.
Hoc naufragium,	le naufrage.	Génitif	naufragii.
Hæc arma,	les armes.	Génitif	armorum.

Il faut remarquer que Cœlum, le Ciel, se décline au singulier comme Templum; mais au pluriel il se décline comme le pluriel de Dominus.

ADJECTIFS DE TROIS TERMINAISONS.

Dans les adjectifs qui ont trois terminaisons, la première est pour le masculin, la seconde pour le féminin, la troisième pour le neutre.

SINGULIER.

Nominatif	bonus,	bona,	bonum.
	le bon,	la bonne,	le bon.
Génitif	boni,	bonæ,	boni.
Datif	bono,	bonæ,	bono.
Accusatif	bonum,	bonam,	bonum.

| Vocatif | bone, | bona, | bonum. |
| Ablatif | bono, | bona, | bono. |

PLURIEL.

Nominatif	boni,	bonæ,	bona.
Génitif	bonorum,	bonarum,	bonorum.
Datif	bonis,		
Accusatif	bonos,	bonas,	bona.
Vocatif	boni,	bonæ,	bona.
Ablatif	bonis,		

Les *adjectifs et les participes terminés en* us, a, um, *se déclinent comme* bonus, bona, bonum.

Les adjectifs en er et en ur, se déclinent aussi comme bonus ; mais ils ont le vocatif singulier semblable au nominatif.

Adjectifs à décliner comme Bonus.

Doctus, docta, doctum, *savant, savante.*
Eximius, eximia, eximium, *beau, belle.*
Miser, misera, miserum, *misérable.*
Satur, satura, saturum, *saoul, saoule.*

Ces adjectifs sont de la seconde déclinaison pour le masculin et le neutre, et de la première pour le féminin.

TROISIÈME DÉCLINAISON.

La troisième Déclinaison comprend toutes sortes de genres et plusieurs terminaisons.

Elle fait le Génitif singulier en is.
Le Datif en i.
L'Accusatif en em (quelquefois en im.)
Le Vocatif comme le Nominatif.
L'Ablatif en e ou en i.
Le Nominatif pluriel en es.
Le Génitif en um ou en ium.
Le Datif en ibus. L'Accusatif en es.
Le Vocatif comme le Nominatif. L'Ablatif en ibus.

Les Noms neutres ont trois cas semblables, le Nominatif, l'Accusatif et le Vocatif, et ces trois cas sont toujours terminés en a, au pluriel.

SINGULIER.

Nominatif	hic Pater	le Père.
Génitif	Patris	du Père.
Datif	Patri	au Père.

Accusatif.	Patrem	le Père.
Vocatif	ô Pater	ô Père.
Ablatif	Patre	du Père.

PLURIEL.

NOminatif	Patres	les Pères.
Génitif	Patrum	des Pères.
Datif	Patribus	aux Pères.
Accusatif	Patres	les Pères.
Vocatif	ô Patres	ô Pères.
Ablatif	Patribus	des Pères.

Les noms masculins et féminins de la troisième déclinaison se déclinent comme Pater.

Noms à décliner comme Pater.

Hic miles	le Soldat.	Génitif	Militis.
Hic honor	l'Honneur.	Génitif	Honoris.
Hic lepus	le Lièvre.	Génitif	Leporis.
Hæc laus	la Louange.	Génitif	Laudis.
Hæc lex	la Loi.	Génitif	Legis.
Hæc ætas	l'Age.	Génitif	Ætatis.
Hæc virgo	la Vierge.	Génitif	Virginis.
Hic fur	le Voleur.	Génitif	Furis.

Tous les autres cas se forment du génitif singulier, prenant la terminaison qui leur est propre.

Les noms de la troisième déclinaison qui ont l'accusatif singulier en im, font l'ablatif singulier en i; et ceux qui ont l'accusatif en em, ou im, font l'ablatif en e ou i.

Les noms qui ont l'ablatif singulier en e, font ordinairement le génitif pluriel en um; et ceux qui ont l'ablatif singulier en i, font le génitif pluriel en ium.

REMARQUES.

Quelques noms de la troisième déclinaison ont l'accusatif singulier en im, et l'ablatif en ii, comme :

Hæc amussis, is,	une règle, un cordeau.
Accusatif amussim.	Ablat. amussi.
Hæc buris, is,	le manche de la charrue.
Accusatif burim.	Ablat. buri.
Hic centussis, is,	une pièce de cent sous.
Accusatif centussim.	Ablat. centussi.
Hic decussis, is,	une pièce de dix sous.
Accusatif decussim.	Ablat. decussi.
Hæc gummis, is,	la gomme.
Accusatif gummim.	Ablat. gummi.

Hæc pelvis, is, *le bassin à laver les pieds.*
Accusatif pelvim, *Ablat.* pelvi.
hæc præsepis, is, *la crêche*, ac. præsepim. abl. præsepi.
hæc ravis, is, *enrouement.* ac. ravim. *ablat.* ravi
hæc securis, is, *une hache.* ac. securim. *ablat.* securi.
hæc sitis, is, *la soif.* ac. sitim. *ablat.* siti.
hæc tussis, is, *la toux.* ac. tussim. *ablat.* tussi.

La plupart des noms de Fleuves et des noms Grecs en
is, ont l'accusatif en im *ou* in, *comme :*
hic Albis, is, *l'Elbe.* ac. Albim *ou* Albin. abl. Albi.
hic Arar, *ou* Araris, is, *la Saône.* ac. Ararim. *ablat.*
 Arare, *mieux que* Arari.
hic Bætis, is, *le Guadalquivir.* **ac.** Bætim *ou* Bætin. *ablat.*
 Bæte, *ou* Bæti.
hic Liger, *ou* Ligeris, is, *la Loire.* ac. Ligerim. *abl.* Ligeri.
hic Sicoris, is, *la Sègre.* ac. Sicorim. *abl.* Sicore *ou* Sicori.
hic Tiberis, is, *le Tibre.* ac. Tiberim. *abl.* Tiberi.
hic Tigris, is, *le Tigre.* ac. Tigrim. *abl.* Tigri.
hæc basis, is, *le fondement.* ac. basin. *abl.* basi.
hæc Genesis. is, *la Nativité.* ac. Genesim *ou* Genesin.
 ablat. Genesi.
hæc hæresis, is, *hérésie.* ac. hæresin. *abl.* hæresi.
hæc mephitis, is, *la puanteur de la terre.* ac. mephitim.
 ablat. mephiti.
hæc Neapolis, is, *Naples.* ac. Neapolim. *abl.* Neapoli,
 avec les autres noms de Villes terminés en polis.
hæc syntaxis, is, *la syntaxe.* ac. syntaxim *ou* syntaxin.
 abl. syntaxi.
hæc Syrtis, is, *golfe.* ac. Syrtim. *abl.* Syrti.
 Quelques noms de la troisième déclinaisons ont l'ac.
singulier en em *ou* im, *l'abl. en* e *ou* i, *comme :*
hic æqualis, is, *une aiguière.* ac. aqualim, *mieux* qu'a-
 qualem. *abl.* aquali.
hæc bipennis, is, *une bisaiguë, hache à deux tranchans.*
 ac. bipennem *ou* bipennim. *abl.* bipenni.
hæc cannabis, is, *le chanvre.* ac. cannabem *ou* cannabim.
 abl. cannabi.
hæc clavi, is, *une clef.* ac. clavem *ou* clavim. *abl.* clave
 ou clavi.
hæc febris, is, *la fièvre.* ac. febrem *ou* febrim. *abl.*
 febri.
hæc navis, is, *un navire.* ac. navem, *mieux que* navim,
 abl. nave *ou* navi.

hæc puppis, is, *la poupe d'un navire.* ac. puppim, *mieux que* puppem. *abl.* puppi.

hæc restis, is, *une corde.* ac. restim, *mieux que* restem. *abl.* reste.

hæc sementis, is, *la semence, les semailles.* ac. sementem *ou* sementim. *abl.* semente.

hæc strigilis, is, *une étrille.* ac. strigilem, *mieux que* strigilim. *abl.* strigili.

hæc turris, is, *une tour.* ac. turrim, *mieux que* turrem. *abl.* turre *ou* turri.

Quelques noms en is, *qui croissent au génitif ont l'ac. en* em *avec l'accroissement, et en* im *ou* in *sans accroissement, et l'ablatif en* e *avec l'accroissement, comme :*

hic cucumis, eris, *un concombre.* ac. cucumin, *mieux que* cucumerem. *abl.* cucumere.

hic Daphnis, idis, *nom d'homme.* ac. Daphnidem, Daphnim *ou* Daphnin. *abl.* Daphnide, *et non pas* Daphni.

hæc iris, iridis, *l'arc-en-ciel.* ac. iridem *ou* irin. *abl.* iride, *et non pas* iri.

hic Paris, idis, *nom d'homme.* ac. Parin. *abl.* Paride.

hic pulvis, eris, *la poussière.* ac. pulverem *ou* pulvim. *abl.* pulvere.

hic Tyrsis, idis, *nom d'homme.* ac. Tyrsim *ou* Tyrsin. *abl.* Tyrside.

Quelques noms font le génitif pluriel en ium, *quoiqu'ils aient l'ablatif en* e, *comme :*

hæc ars, artis, *art, métier,* génit. artium.

hic as, assis, *un sou,* génit. assium.

hæc avis, is, *un oiseau,* génit. avium.

hæc caro, carnis, *la chair,* génit. carnium.

hæc clades, cladis, *défaite,* génit. cladium.

hæc cohors, ortis, *une cohorte, troupe de gens de guerre,* génit. cohortium.

hic collis, is, *une colline,* génit. collium.

hoc cor, cordis, *le cœur,* génit. cordium.

hæc cos, cotis, *pierre à aiguiser,* génit. cotium.

hæc crux, crucis, *une croix,* génit. crucium.

hic dens, dentis, *une dent,* génit. dentium.

hæc dos, dotis, *avantage, qualité,* génit. dotium.

hic ensis, is, *épée,* génit. ensium.

hæc faux, faucis, *la gorge,* génit. faucium.

hic fons, fontis, *fontaine,* génit. fontium.

hæc

hæc fornax, acis, *une fournaise ;* génit. fornacium.
hæc gens, gentis, *nation ;* génit. gentium.
hic glis, gliris, *un loir ;* génit. glirium.
hic hostis, is, *un ennemi ;* génit. hostium.
hic imber, imbris, *la pluie ;* génit. imbrium.
hæc lanx, lancis, *le bassin d'une balance ;* génit. lancium.
hic Lar, Laris, *Dieu domestique des païens ;* gén. Larium.
hic *ou* hæc linter, lintris, *une barque ;* génit. lintrium.
hæc lis, litis, *procès ;* génit. litium.
hic mas, maris, *un mâle ;* génit. marium.
hic mensis, is, *mois ;* génit. mensium.
hæc merx, mercis, *marchandise ;* génit. mercium.
hic mons, montis, *montagne ;* génit. montium.
hic mus, muris, *rat, souris ;* génit. murium.
hæc navis, is, *un navire ;* génit. navium.
hæc nix, nivis, *la neige ;* génit. nivium.
hæc nox, noctis, *la nuit ;* génit. noctium.
hoc os, ossis, *un os ;* génit. ossium.
hoc os, oris, *la bouche ;* génit. orium.
hoc par, paris, *une paire, une couple ;* génit. parium.
hic, hæc, hoc par, paris, *pareil ;* génit. parium.
hæc pars, partis, *une partie ;* génit. partium.
hæc sedes, sedis, *un siége ;* génit. sedium.
hic *ou* hæc stirps, stirpis, *tronc d'arbre ;* génit. stirpium.
hæc trabs, trabis, *une poutre ;* génit. trabium.
hic vas, vadis, *un répondant ;* génit. vadium.
hic venter, tris, *le ventre ;* génit. ventrium.
hic vermis, is, *un ver ;* génit. vermium.
hæc vestis, is, *un habit ;* génit. vestium.
hæc urbs, urbis, *ville ;* génit. urbium.
hic uter, utris, *une outre, un sac de peau ;* génit. utrium.
hæc volucris, is, *oiseau :* quand *il est substantif, il se*
    décline comme Pater, *il a à l'ablatif singulier* volucre,
    et au génitif pluriel volucrum; *mais* hic, hæc volucris
    et hoc volucre, *vite, léger, se décline comme* fortis,
    et fait au génitif pluriel volucrium.

    Quelques autres noms ont le génitif pluriel en um, *et non*
en ium, *quoiqu'ils aient l'ablatif singulier en* i, *comme :*
hic, hæc, hoc artifex, icis, *artificiel, ou un ouvrier,*
    abl. artifice, *ou* artifici, *génitif pluriel* artificium,
    avec les autres noms terminés en fex.
hic celer, hæc celeris, hoc celere, is, *vite, prompt ;*
    génit. celerum.

B

hic, hæc, hoc cicur, uris, *privé, apprivoisé ; gén.* cicurum.

hic, hæc, hoc congener, eris, *qui est du même genre ;* génit. congenerum.

hic, hæc, hoc consors, ortis, *participant ;* génit. consortum.

hic, hæc, hoc degener, eris, *qui dégénère ;* gén. degenerum.

hic, hæc, hoc dives, itis, *riche ;* génit. divitum.

hic, hæc, hoc inops, inopis, *pauvre ;* génit. inopum.

hic, hæc, hoc memor, oris, *qui se ressouvient ;* génit. memorum.

hic municeps, ipis, *bourgeois d'une ville municipale ;* génit. municipum, *avec les autres terminés en* ceps.

hic pugil, ilis, *un combattant ;* génit. pugilum.

hæc strigilis, is, *une étrille ;* génit. strigilum.

hic, hæc, hoc supplex, icis, *suppliant ;* génit. supplicum.

hic, hæc, hoc uber, uberis, *fertile ;* génit. uberum.

hic, hæc, hoc vetus, eris, *vieux ;* génit. veterum.

hic, hæc, hoc vigil, ilis, *qui veille, ou une sentinelle. Quand il est adjectif, il fait au génit. pluriel* vigilium; *mais quand il est substantif, il fait* vigilum.

SINGULIER.

Nominatif	hic Jupiter	Jupiter.
Génitif	Jovis	de Jupiter.
Datif	Jovi	à Jupiter.
Accusatif	Jovem	Jupiter.
Vocatif	ô Jupiter	ô Jupiter.
Ablatif	Jove	de Jupiter.

SINGULIER.

Nominatif	hic Bos	le Bœuf.
Génitif	Bovis	du Bœuf.
Datif	Bovi	au Bœuf.
Accusatif	Bovem	le Bœuf.
Vocatif	ô Bos	ô Bœuf.
Ablatif	Bove	du Bœuf.

PLURIEL.

Nominatif	Boves.	les Bœufs.
Génitif	Boum	des Bœufs.
Datif	Bobus	aux Bœufs.
Accusatif	Boves	les Bœufs.
Vocatif	ô Boves	ô Bœufs.
Ablatif	Bobus	des Bœufs.

SINGULIER.

Nominatif	hæc Vis	la force, la violence, l'abondance.

Génitif   Vis   de la Force.
Datif   Vi   à la Force.
Accusatif   Vim   la Force.
Vocatif   ô Vis   ô Force.
Ablatif   Vi   de la Force.

PLURIEL.

NOminatif   Vires   les Forces.
Génitif   Virium   dès Forces.
Datif   Viribus   aux Forces.
Accusatif   Vires   les Forces.
Vocatif   ô Vires   ô Forces.
Ablatif   Viribus   des Forces.

SINGULIER.

NOminatif   hoc Cubil-e   le Lit.
Génitif   Cubil-is   du Lit.
Datif   Cubil-i   au Lit.
Accusatif   Cubil-e   le Lit.
Vocatif   ô Cubil-e   ô Lit.
Ablatif   Cubil-i   du Lit.

PLURIEL.

NOminatif   Cubil-ia   les Lits.
Génitif   Cubil-ium   des Lits.
Datif   Cubil-ibus   aux Lits.
Accusatif   Cubil-ia   les Lits.
Vocatif   ô Cubil-ia   ô Lits.
Ablatif   Cubil-ibus   des Lits.

Les Noms neutres en al, en ar et en e, se déclinent comme cubile : *ils font l'ablatif singulier en* i, *le nominatif pluriel en* ia, *et le génitif pluriel en* ium.

Noms à décliner comme Cubile.

hoc animal, *l'animal;* génit. animalis.
hoc vectigal, *l'impôt;* génit. vectigalis.
hoc laquear, *le lambris;* génit. laquearis.
hoc mare, *la mer;* génit. maris.

Les six noms suivans font l'ablatif singulier en e.

hoc far, farris, *le pur froment;* ablat. farre ; *nominatif pluriel* farra.
hoc gausape , is, *une mante velue;* ablat. gausape ; *nominatif pluriel* gausapa.
hoc hepar, aris, *le foie;* ablat. hepare.
hoc jubar, aris, *la splendeur du soleil,* ablat. jubare.
hoc nectar, aris, *boisson délicieuse;* ablat. nectare.

2

hic *ou* hoc sal, salis, *le sel, ablat.* sale.

Ce nom est plus usité au masculin, et n'est du neutre qu'au singulier.

SINGULIER.

NOminatif	hoc Temp-us	*le Temps.*
Génitif	Temp-oris	*du Temps.*
Datif	Temp-ori	*au Temps.*
Accusatif	Temp-us	*le Temps.*
Vocatif	ô Temp-us	*ô Temps.*
Ablatif	Temp-ore	*du Temps.*

PLURIEL.

NOminatif	Temp-ora	*les Temps.*
Génitif	Temp-orum	*des Temps.*
Datif	Temp-oribus	*aux Temps.*
Accusatif	Temp-ora	*les Temps.*
Vocatif	ô Temp-ora	*ô Temps.*
Ablatif	Temp-oribus	*des Temps.*

Les noms neutres de la troisième déclinaison, qui ne sont pas terminés en al, *en* ar *et en* e, *se déclinent comme* Tempus.

Noms à décliner comme Tempus.

hoc vulnus, *la plaie ;* génit. vulneris.

hoc crimen, *le crime ;* génit. criminis.

hoc caput, *la tête ;* génit. capitis.

hoc iter, *le voyage ;* génit. itineris.

hoc ænigma, *l'énigme ;* génit. ænigmatis.

hoc flumen, *la rivière ;* génit. fluminis.

ADJECTIFS DE LA TROISIÈME
DÉCLINAISON.

Les adjectifs d'une ou deux terminaisons sont toujours de la troisième déclinaison.

Lorsque les adjectifs ont deux terminaisons dans un cas, la première terminaison est pour le masculin et le féminin, et la dernière est pour le neutre. S'ils n'ont qu'une terminaison, elle est pour le masculin, le féminin et le neutre.

SINGULIER.

NOminatif hic, hæc, hoc	felix	*l'heureux.*
Génitif	feli-cis	*de l'heureux.*
Datif.	feli-ci	*à l'heureux.*
Accusatif	feli-cem *et* fel-ix	*l'heureux.*
Vocatif	ô fel-ix	*ô l'heureux.*
Ablatif	fel-ice *ou* feli-ci	*de l'heureux.*

PLURIEL.

Nominatif	feli-ces *et* feli-cia	*les heureux.*
Génitif	feli-cium	*des heureux.*
Datif	feli-cibus	*aux heureux.*
Accusatif	feli-ces *et* feli-cia	*les heureux.*
Vocatif	ô feli-ces *et* feli-cia	*ô heureux.*
Ablatif	feli-cibus	*des heureux.*

Les adjectifs qui se terminent par un x, se déclinent comme Felix.

Noms à décliner comme Felix.

hic, hæc, hoc audax, acis, *hardi, hardie.*
hic, hæc, hoc velox, ocis, *qui va vite.*
hic, hæc, hoc trux, trucis, *cruel, cruelle.*

SINGULIER.

Nominatif	hic, hæc, hoc pruden-s	*le prudent.*
Génitif	pruden-tis	*du prudent.*
Datif	pruden-ti	*au prudent.*
Accusatif	pruden-tem *et* pruden-s	*le prudent.*
Vocatif	ô pruden-s	*ô prudent.*
Ablatif	pruden-te *ou* prudent-i	*du prudent.*

PLURIEL.

Nominatif	pruden-tes *et* pruden-tia	*les prudens.*
Génitif	pruden-tium	*des prudens.*
Datif	pruden-tibus	*aux prudens.*
Accusatif	pruden-tes *et* pruden-tia	*les prudens.*
Vocatif	ô pruden-tes *et* pruden-tia	*ô prudens.*
Ablatif	pruden-tibus	*des prudens.*

Les adjectifs qui se terminent par un s précédé d'une consonne, se déclinent comme prudens.

Les participes terminés en ans on en ens, se déclinent aussi comme prudens, et font ordinairement l'ablatif singulier en e, principalement quand ils sont mis dans un sens absolu, comme; Deo juvante, *Dieu aidant.* Ludovico magno regnante, *sous le règne de Louis le grand.*

Noms à décliner comme prudens.

hic, hæc, hoc sons, sontis, *coupable.*
hic, hæc, hoc iners, inertis, *fainéant.*
hic, hæc, hoc præsens, entis, *présent.*

SINGULIER.

Nominatif	hic, hæc, fort-is, *et* hoc fort-e	*le fort.*
Génitif	fort-is	*du fort.*
Datif	fort-i	*au fort.*

.3

Accusatif	for-tem *et* fort-e	*le fort.*
Vocatif	ô fort-is *et* fort-e	*ô fort.*
Ablatif	fort-i	*du fort.*

PLURIEL.

*N*ominatif	fort-es *et* fort-ia	*les forts.*
Génitif	forti-um	*des forts.*
Datif	fort-ibus	*aux forts.*
Accusatif	fort-es *et* fort-ia	*les forts.*
Vocatif	ô fort-es *et* forti-a	*ô forts.*
Ablatif	fort-ibus	*des forts.*

Les Adjectifs terminés en is, *se déclinent comme* fortis : *ils font l'ablatif singulier en* i, *et le nominatif pluriel neutre en* ia.

Les Adjectifs en ex, *de la troisième déclinaison, se déclinent aussi comme* fortis.

Noms à décliner comme fortis.

Hic et hæc humilis, et hoc humile,	*humble.*
Hic et hæc utilis, et hoc utile,	*utile.*
Hic et hæc dulcis, et hoc dulce,	*doux.*
Hic et hæc facilis, et hoc facile,	*facile.*
Hic acer, hæc acris, hoc acre,	*aigre.*
Hic celeber, hæc celebris, hoc celebre.	*célèbre.*

Les noms de mois de la troisième déclinaison se déclinent aussi comme fortis, et n'ont que la première terminaison à chaque cas du singulier.

Hic Aprilis, *Avril*; *génit.* Aprilis; *ablat.* Aprili.

Hic Quintilis, *Juillet*; *génit.* Quintilis; *ablat.* Quintili.

Hic Sextilis, *Août*; *génit.* Sextilis; *ablat.* Sextili.

Hic September, *Septembre*; *génit.* Septembris; *ablat.* Septembri.

Hic October, *Octobre*; *génit.* Octobris; *ablat.* Octobri.

Hic November, *Novembre*; *génit.* Novembris; *ablat.* Novembri.

Hic December, *Décembre*; *génit.* Decembris; *ablat.* Decembri.

ADJECTIF COMPARATIF.

SINGULIER.

*N*ominatif hic *et* hæc fort-ior *et* hoc fort-ius, *plus fort, plus forte.*

Génitif   fort-ioris.

Datif   fort-iori.
Accusatif   fort-iorem, *et* fort-ius.
Vocatif   ô fort-ior   *et* fort-ius.
Ablatif   fort-iore *ou* fort-iori.

P L U R I E L.

Nominatif   hi *et* hæ fort-iores *et* hæc fort-iora.
Génitif   fort-iorum.
Datif   fort-ioribus.
Accusatif   fort-iores *et* fort-iora.
Vocatif   ô fort-iores *et* fort-iora.
Ablatif   fort-ioribus.

Les comparatifs se déclinent comme fortior : *ils font l'ablatif singulier en* e *ou* i, *mais plus ordinairement en* e : *c'est pour cela qu'ils font le pluriel neutre en* a.

Pour ce qui est de plus, pluris, *plus, davantage, il fait à l'ablatif singulier* pluri, *au nominatif pluriel* plures *et* plura, *et au génitif* plurium.

QUATRIÈME DÉCLINAISON.

La quatrième déclinaison a deux terminaisons, us *et* u.

Elle fait le génitif singulier en ûs.
Le datif en ui. L'accusatif en um.
Le vocatif comme le nominatif.
L'ablatif en u.
Le nominatif pluriel en us.
Le génitif en uum.
Le datif en ibus ou ubus.
L'accusatif en us.
Le vocatif comme le nominatif.
L'ablatif en ibus ou ubus.

S I N G U L I E R.

Nominatif   hic fruct-us   *le fruit.*
Génitif   fruct-ûs   *du fruit.*
Datif   fruct-ui   *au fruit.*
Accusatif   fruct-um.   *le fruit.*
Vocatif   ô fruct-us   *ô fruit.*
Ablatif   fruct-u   *du fruit.*

PLURIEL.

Nominatif   fruct-us   les fruits.
Génitif   fruct-uum   des fruits.
Datif   fruct-ibus   aux fruits.
Accusatif   fruct-us   les fruits.
Vocatif   ô fruct-us   ô fruits.
Ablatif   fruct-ibus   des fruits.

Noms à décliner comme fructus.

Hic casus, *l'accident* ; génit. casûs.
Hic vultus, *le visage* ; génit. vultûs.
Hic motus, *le mouvement* ; génit. motûs.
Hæc manus, *la main* ; génit. manûs.

SINGULIER.

Nominatif   hìc Jesus.   Accusatif   Jesum.
Génitif   Jesu.   Vocatif   ô Jesu.
Datif   Jesu.   Ablatif   Jesu.

SINGULIER.

Nominatif   hic cornu   la corne.
Génitif   cornu   de la corne.
Datif   cornu   à la corne.
Accusatif   cornu   la corne.
Vocatif   ô cornu   ô corne.
Ablatif   cornu   de la corne.

PLURIEL.

Nominatif   corn-ua   les cornes.
Génitif   corn-uum   des cornes.
Datif   corn-ibus   aux cornes.
Accusatif   corn-ua   les cornes.
Vocatif   ô corn-ua   ô cornes.
Ablatif   corn-ibus   des cornes.

Les noms neutres en u *se déclinent comme* cornu.

Les noms suivans ont ubus *au datif et à l'ablatif pluriels, comme :*

Hæc acus, ûs, *une aiguille* ; dat. et ablat. acubus.
Hic arcus, ûs, *un arc* ; dat. et ablat. arcubus.
Hic artus, ûs, *les membres du corps* ; dat. et ablat. artubus.
Hæc ficus, ûs, *figue ou figuier* ; dat. et ablat. ficubus.
Hic lacus, ûs, *un lac* ; dat. et ablat. lacubus.
Hic partus, ûs, *l'enfantement* ; dat. et ablat. partubus.
Hic portus, ûs, *un port* ; dat. et ablat. portubus.
Hæc quercus, ûs, *un chêne* ; dat. et ablat. quercubus.
Hic ou hæc specus, ûs, *une caverne* ; dat. et abl. specubus.
Hæc tribus, ûs, *une tribu* ; dat. et ablat. tribubus.

Pour ce qui est de genu, *le genou,* veru, *la broche, ils font au datif et à l'ablatif pluriels* ibus *ou* ubus.

Domus *est quelquefois de la seconde déclinaison, et quelquefois de la quatrième : il se décline de cette sorte :*

SINGULIER.

Nominatif	hæc domus	la maison.
Génitif	domûs	de la maison.
Datif	domui	à la maison.
Accusatif	domum	la maison.
Vocatif	ô domus	ô maison.
Ablatif	domo, *et autrefois* domu,	*de la maison.*

PLURIEL.

Nominatif	domus	les maisons.
Génitif	domorum, *quelquefois* domuum	des maisons.
Datif	domibus	aux maisons.
Accusatif	domos *et* domus	les maisons.
Vocatif	ô domus	ô maisons.
Ablatif	domibus	des maisons.

Domus *fait au génitif singulier* domi, *quand il est à la question* ubi.

CINQUIÈME DÉCLINAISON.

La cinquième déclinaison n'a qu'une terminaison en es.
Elle fait le génitif singulier en ei.
Le Datif en ei.
L'Accusatif en em.
Le Vocatif comme le Nominatif.
L'Ablatif en e.
Le Nominatif pluriel en es.
Le Génitif en erum.
Le Datif en ebus. *L'Accusatif en* es.
Le Vocatif comme le Nominatif. L'Ablatif en ebus.

SINGULIER.

Nominatif	hic *ou* hæc di-es	le jour.
Génitif	di-ei	du jour.
Datif	di-ei	au jour.
Accusatif	di-em	le jour.
Vocatif	ô di-es	ô jour.
Ablatif	di-e	du jour.

PLURIEL.

Nominatif	hi di-es	les jours.
Génitif	di-erum	des jours.
Datif	di-ebus	aux jours.
Accusatif	di-es	les jours.
Vocatif	ô di-es	ô jours.
Ablatif	di-ebus	des jours.

SINGULIER.

Nominatif	hæc res	la chose.
Génitif	rei	de la chose.
Datif	rei	à la chose.
Accusatif	rem	la chose.
Vocatif	ô res	ô chose.
Ablatif	re	de la chose.

PLURIEL.

Nominatif	res	les choses.
Génitif	rerum	des choses.
Datif	rebus	aux choses.
Accusatif	res	les choses.
Vocatif	ô res	ô choses.
Ablatif	rebus	des choses.

Le génitif, le datif et l'ablatif pluriels de cette déclinaison, ne sont usités qu'en dies et en res.

La plupart des autres noms n'en ont point.

REMARQUES SUR LES NOMS.

Quand un nom est composé de deux nominatifs, l'un et l'autre se déclinent comme respublica, république; génit. reipublicæ : jusjurandum, serment; génit. jusjurandi.

Excepté alteruter, l'un ou l'autre, dont le premier nominatif ne se décline pas; ainsi l'on dit au génit. alterutrius, et au datif alterutri.

Quand un nom est composé d'un nominat. et d'un autre cas, le nominat. seul se décline, comme pater-familias, père de famille; génit. patris familias : senatûs-consultum, arrêt du sénat; génit. senatûs-consulti.

Les datifs et ablatifs pluriels sont toujours semblables, et se terminent en is, en la première et la seconde déclinaisons; et en bus aux autres déclinaisons.

Le vocatif singulier est ordinairement semblable au nominatif singulier; peu sont exceptés; mais le vocatif pluriel est toujours semblable au nominatif pluriel.

LES NOMS DE NOMBRE

NOMBRE CARDINAL.

SINGULIER.

Nominatif   un-us, un-a, un-um, *un, une.*
Génitif   uni-us,   *d'un, d'une.*
Datif   un-i,   *à un, à une.*
Accusatif   un-um, un-am, un-um, *un, une.*
Il n'y a point de vocatif.
Ablat. un-o, un-à, un-o, *d'un, d'une, par un, par une.*

Unus *n'a point de pluriel, sinon quand il est joint à un substantif qui n'a point de singulier, comme :* unas accepi litteras, *j'ai reçu une lettre. Il en est de même d'*alter.

Les adjectifs suivans se déclinent comme unus *au singulier, et leur pluriel se décline comme le pluriel de* bonus, bona, bonum.

Alius, alia, aliud, *autre;* génit. alius; *dat.* alii.

Alter, altera, alterum, *un autre;* gén. alterius; *dat.* alteri.

Alteruter, alterutra, alterutrum, *l'un ou l'autre;* génit. alterutrius; *dat.* alterutri.

Neuter, neutra, neutrum, *ni l'un ni l'autre;* génit. neutrius; *dat.* neutri.

Nullus, nulla, nullum, *pas un, personne;* génit. nullius; *dat.* nulli.

Solus, sola, solum, *seul;* génit. solius; *dat.* soli.

Totus, tota, totum, *tout;* génit. totius; *dat.* toti.

Ullus, ulla, ullum, *quelqu'un;* génit. ullius; *dat.* ulli.

Uter, utra, utrum, *lequel des deux;* génit. utrius; *dat.* utri.

Uterlibet, utralibet, utrumlibet, *lequel des deux il vous plaira;* génit. utriuslibet; *dat.* utrilibet.

Uterque, utraque, utrumque, *l'un et l'autre, tous les deux;* génit. utriusque; *dat.* utrique.

Utervis, utravis, utrumvis; *lequel des deux vous voudrez;* génit. utriusvis; *dat.* utrivis.

PLURIEL.

NOminatif	duo, duæ, duo,	deux
NGénitif	duorum, duarum, duorum,	des deux.
Datif	duobus, duabus, duobus,	aux deux.
Accusatif	duos, duas, duo,	les deux.
Vocatif	ô duo, duæ, duo,	ô deux.
Ablatif	duobus, duabus, duobus,	des deux.

Ambo, *deux ensemble, se décline comme* duo.

PLURIEL.

NOminatif	hi *et* hæc tres *et* hæc tria,	trois.
NGénitif	trium,	des trois.
Datif	tribus,	aux trois.
Accusatif	tres *et* tria,	trois.
Vocatif	ô tres *et* tria,	ô trois.
Ablatif	tribus.	des trois.

Les autres noms du nombre cardinal, depuis quatre jusqu'à cent, sont indéclinables, et de tout genre.

Quatuor,	*quatre.*	Viginti tres,	*vingt-trois.*
Quinque,	*cinq.*	Vigintiquatuor,	*vingt-quatre.*
Sex,	*six.*	Viginti quinque,	*vingt-cinq.*
Septem,	*sept.*	Viginti sex,	*vingt-six.*
Octo,	*huit.*	Viginti septem,	*vingt-sept.*
Novem,	*neuf.*	Viginti octo,	*vingt-huit.*
Decem,	*dix.*	Viginti novem,	*vingt-neuf.*
Undecim,	*onze.*	Triginta,	*trente.*
Duodecim,	*douze.*	Quadraginta,	*quarante.*
Tredecim,	*treize.*	Quinquaginta,	*cinquante.*
Quatuordecim,	*quatorze.*	Sexaginta,	*soixante.*
Quindecim,	*quinze.*	Septuaginta,	*soixante et dix*
Sexdecim,	*seize.*		ou *septante.*
Septemdecim,	*dix-sept.*	Octoginta,	*quatre-vingt* ou
Octodecim,	*dix-huit.*		*octante.*
Novemdecim,	*dix-neuf.*	Nonaginta,	*quatre-vingt-dix*
Viginti,	*vingt.*		ou *nonante.*
Viginti unus,	*vingt-un.*	Centum,	*cent.*
Viginti duo,	*vingt-deux.*		

Les composés de **centum** *se déclinent comme le pluriel de* bonus.

Ducenti, ducentæ, ducenta,	*deux cents.*
Trecenti, trecentæ, trecenta,	*trois cents.*
Quadringenti, quadringentæ, quadringenta,	*quatre cents.*

Quingenti, quingentæ, quingenta,   *cinq cents.*
Sexcenti, sexcentæ, sexcenta,   *six cents.*
Septingenti, septingentæ, septingenta,   *sept cents.*
Octingenti, octingentæ, octingenta,   *huit cents.*
Nongenti, nongentæ, nongenta,   *neuf cents.*

Mille, *mille est adjectif indéclinable, et se joint avec le nombre adverbe, comme ;* bis mille homines, *deux mille hommes ;* ter mille homines, *trois mille hommes,* etc.

Millia, *génitif* millium, *datif* millibus, *est substantif neutre, et veut le nom suivant au génitif comme :* millia hominum, *mille hommes. Il se joint avec le nombre cardinal, comme* duo millia, *deux mille,* tria millia, *trois mille.*

NOMBRE ORDINAL.

Primus, prima, primum,   *premier.*
Secundus, secunda, secundum,   *second* ou *deuxième.*
Tertius, tertia, tertium,   *troisième.*
Quartus, quarta, quartum,   *quatrième.*
Quintus, quinta, quintum,   *cinquième.*
Sextus, sexta, sextum,   *sixième.*
Septimus, septima, septimum,   *septième.*
Octavus, octava, octavum,   *huitième.*
Nonus, nona, nonum,   *neuvième.*
Decimus, decima, decimum,   *dixième.*
Undecimus, undecima, undecimum,   *onzième.*
Duodecimus, duodecima, duodecimum,   *douzième.*
Decimus tertius,   *treizième.*
Decimus quartus,   *quatorzième.*
Decimus quintus,   *quinzième.*
Decimus sextus,   *seizième.*
Decimus septimus,   *dix-septième.*
Decimus octavus,   *dix-huitième.*
Decimus nonus,   *dix-neuvième.*
Vigesimus,   *vingtième.*
Vigesimus primus, etc.   *vingt-unième.*
Trigesimus,   *trentième.*
Quadragesimus,   *quarantième.*
Quinquagesimus,   *cinquantième.*
Sexagesimus,   *soixantième.*
Septuagesimus,   *soixante et dixième,* ou *septantième.*
Octogesimus,   *quatre-vingtième,* ou *octantième,*

Nonagesimus ,   *quatre-vingt-dixième* ou *nonantième.*
Centesimus ,   *centième.*
Ducentesimus ,   *deux centième.*
Trecentesimus ,   *trois centième.*
Quadringentesimus ,   *quatre centième.*
Quingentesimus ,   *cinq centième.*
Sexcentesimus ,   *six centième.*
Septingentesimus ,   *sept centième.*
Octingentesimus ,   *huit centième.*
Nongentesimus ,   *neuf centième.*
Millesimus ,   *millième.*

NOMBRE ADVERBE.

Semel	*une fois.*	Tredecies ,	*treize fois.*
Bis ,	*deux fois.*	Quatuordecies,	*quatorze fois.*
Ter	*trois fois.*	Quindecies ,	*quinze fois.*
Quater,	*quatre fois.*	Sexdecies,	*seize fois.*
Quinquies ,	*cinq fois.*	Decies et septies,	*dix-sept fois.*
Sexies ,	*six fois.*	Decies et octies,	*dix-huit fois.*
Septies ,	*sept fois.*	Decies et novies,	*dix-neuf fois.*
Octies ,	*huit fois.*	Vicies ,	*vingt fois.*
Novies ,	*neuf fois.*	Vicies et semel,	*vingt-une fois.*
Decies ,	*dix fois.*	Bis et vicies ,	*vingt-deux fois.*
Undecies ,	*onze fois.*	Tricies ,	*trente fois.*
Duodecies ,	*douze fois.*	Quadrigies ,	*quarante fois.*

Quinquagies ,   *cinquante fois.*
Sexagies ,   *soixante fois.*
Septuagies ,   *soixante et dix* , ou *septante fois.*
Octogies ,   *quatre-vingt fois* , ou *octante fois.*
Nonagies ,   *quatre-vingt-dix fois* , ou *nonante fois.*
Centies ,   *cent fois.*
Ducenties ,   *deux cents fois.*
Trecenties ,   *trois cents fois.*
Quadringenties ,   *quatre cents fois.*
Quingenties ,   *cinq cents fois.*
Sexcenties ,   *six cents fois.*
Septingenties ,   *sept cents fois.*
Octingenties ,   *huit cents fois.*
Noningenties ,   *neuf cents fois.*
Millies ,   *mille fois.*
Bis millies ,   *deux mille fois.*
Ter millies ,   *trois mille fois.*

Centies millies,   *cent mille fois.*
Millies millies *ou* decies centies millies, *un million de fois.*

MANIÈRE LA PLUS FACILE
d'exprimer les millions.

Un million, ou *dix fois cent mille,* mille millia, *ou* decies centum millia.

deux millions d'écus : bis mille millia nummorum, *ou* bis millies mille nummi, *ou* vicies centum millia nummorum.

trois millions : ter mille millia *ou* tricies centum millia, *etc.*

dix millions : decies mille millia, *ou* centies centum millia.

vingt millions : vicies mille millia, *ou* vicies millies mille.

trente millions : tricies mille millia, *etc.*

cent millions : centies mille millia.

deux cents millions : dicenties mille millia, *etc.*

mille millions : millies, mille millia.

DES DEGRÉS DE COMPARAISON.

*L*ES *adjectifs ont trois degrés de comparaison : le positif, le comparatif et le superlatif.*

Le positif est la simple signification de l'adjectif : comme sanctus, sancta, sanctum, *saint.*

Le comparatif est un adjectif qui augmente la signification du positif, et se termine en ior, *pour le masculin et le féminin, et en* ius, *pour le neutre, comme :* hic et hæc sanctior, *et* hoc sanctius, *plus saint, plus sainte. Il se décline comme* fortior.

Le superlatif est un adjectif qui augmente au plus haut degré la signification du positif, et se termine ordinairement en issimus, issima, issimum, *comme,* sanctissimus, a, um, *le plus saint, la plus sainte, ou très-saint, très-sainte. Il se décline comme* bonus, bona, bonum.

Le comparatif des adjectifs de la seconde déclinaison se forme du génitif singulier en i, *y ajoutant* or, *pour le masculin et le féminin, et* us, *pour le neutre, comme :* sanctus, *saint ;* génit. sancti; *comparatif,* sanctior *et* Sanctius, *plus saint.* Pulcher *beau :* gén. pulchri; *comparatif,* pulchrior *et* pulchrius, *plus beau.*

Le comparatif des adjectifs de la troisième déclinaison se forme du datif singulier, en y *ajoutant* or, *pour le*

masculin et le féminin, et us pour le neutre, comme :
fortis, *fort*; *datif*, forti; *comparatif* fortior, et fortius,
plus fort.

Le superlatif des adjectifs de la seconde déclinaison
se forme du même génitif en i, en y ajoutant ssimus,
avec deux ss; comme sanctus, *saint*; *gén.* sancti :
superlatif, sanctissimus, *le plus saint*, ou *très-saint*.
Indoctus, *ignorant*; *gén.* indocti; *superlatif*, indoctissi-
mus, *le plus ignorant*, ou *très-ignorant*.

Le superlatif des adjectifs de la troisième déclinaison
se forme du datif singulier, en y ajoutant ssimus, comme ;
felix, *heureux*; *datif*, felici; *superlatif* felicissimus :
le plus heureux, ou *très-heureux*. Utilis, *utile*; *datif*,
utili; *superlatif*, utilissimus, *le plus utile*, ou *très-utile*.
Subtilis, *subtil*; *dat.* subtili; *superlatif*, subtilissimus,
le plus subtil, ou *très-subtil*.

Le superlatif des adjectifs terminés en er, se forme
du nominatif singulier, en y ajoutant rimus, comme
piger, *paresseux*; *superlatif*, pigerrimus, *le plus paresseux*, ou *très-paresseux*.

Tous les adjectifs suivans terminés en lis, font le superlatif en llimus, avec deux ll, comme :
Facilis, *facile*; *superlat.* facillimus, *le plus facile*, ou
très-facile.

Difficilis,	difficile,	Superlat.	difficillimus.
Humilis,	humble,	Superlat.	humillimus.
Similis,	semblable,	Superlat.	simillimus.
Dissimilis,	dissemblable,	Superlat.	dissimillimus.

Quelques-uns s'ajoutent encore à ceux-là.

Agilis,	agile, léger de corps,	Superlat.	agillimus.
Gracilis,	mince, délié,	Superlat.	gracillimus.
Docilis,		Superlat.	docillimus.
Imbecillis,	foible,	Superlat.	imbecillimus.

Tous les autres noms terminés en lis, qui ne sons pas
renfermés dans cette règle, font le superlatif en issimus :
comme utilis, utilissimus, etc.

Les adjectifs dérivés des verbes facio, volo, dico, *font
le comparatif en* entior *et* entius, *et le superlat. en* entissimus, *comme*; magnificus, *magnifique*; magnificen-
tior *et* magnificentius, *plus magnifique*; magnificentissi-
mus, *le plus magnifique*, ou *très-magnifique*.
Mirificus, *merveilleux*, entior, entissimus.
Munificus, *libéral*, entior, entissimus.

Beneficus,

Beneficus, *bienfaisant*, entior, entissimus.
Honorificus, *honorable*, entior, entissimus.
Benevolus, *affectionné*, entior, entissimus.
Malevolus, *qui veut mal*, entior, entissimus.
Benedicus, *qui dit du bien*, entior, entissimus.
Maledicus, *médisant*, entior, entissimus.

    Les Adjectifs suivans sont irréguliers.

Bonus, *bon.* Comparat. melior, *meilleur.* Superlatif,
    optimus, *le meilleur, ou très-bon.*

Malus, *méchant.* Comparatif, pejor, *plus méchant, ou
    pire.* Superlatif, pessimus, *le plus méchant, très-
    méchant, ou le pire.*

Magnus, *grand.* Comparatif, major, *plus grand.* Super-
    latif, maximus, *le plus grand, ou très-grand.*

Parvus, *petit.* Comparat. minor, *plus petit, ou moindre.*

Superlatif, minimus, *le plus petit, très-petit, ou le
    moindre.*

    Les Adverbes suivans se comparent de cette sorte.

Benè, *bien.* Comparatif, melius, *mieux.* Superlatif, op-
    timè, *le mieux, ou très-bien.*

Malè, *mal.* Comparatif, pejus, *plus mal, ou pis.* Su-
    perlatif, pessimè, *le plus mal, ou le pis.*

Parùm, *peu.* Comparatif, minùs, *moins.* Superlatif,
    minimè, *le moins.*

    Les Adjectifs terminés en us, *qui ont une voyelle de-
vant* us, *ne forment point ordinairement de Comparatif
ni de Superlatif, mais on met devant le positif* magis,
pour exprimer le Comparatif, et maximè *pour exprimer
le Superlatif. Exemples :*

Idoneus, a, um, *propre* ; magis, idoneus, a, um, *plus
    propre* ; maximè idoneus, a, um, *le plus propre, ou
    très-propre.*

Anxius, *chagrin* ; magis anxius, *plus chagrin* ; maximè
    anxius, *très-chagrin.*

Necessarius, *nécessaire* ; magis necessarius, *plus néces-
    saire* ; maximè necessarius, *le plus nécessaire, ou
    très-nécessaire.*

Temerarius, *téméraire* ; magis temerarius, *plus témé-
    raire* ; maximè temerarius, *le plus téméraire, ou très-
    téméraire.*

Pius, *dévot* ; magis pius, *plus dévot* ; maximè pius, *le
    plus dévot, ou très-dévot.*

C

DES PRONOMS.

*L*ES Pronoms ont quatre Déclinaisons qui se connoissent par la différence du génitif singulier,

La première déclinaison fait le génitif singulier en i, comme : ego, génit. meî ; tu, génit. tuî.

La seconde fait le génit. en jus ou ius ; comme hic, génit. hujus ; ille, génit. illius.

La troisième fait le génit. en i, æ, i, comme meus, mea, meum ; génit. mei, meæ, mei.

PREMIÈRE DÉCLINAISON.
DES PRONOMS.

Pronom de la première personne.

SINGULIER.

Nominatif	ego	moi, ou *je.*
Génitif	meî	de moi.
Datif	mihi	à moi, ou me.
Accusatif	me	moi, ou me.

Il n'a point de vocatif.

Ablatif	me	de moi, ou par moi.

PLURIEL.

Nominatif	nos	nous.
Génitif	nostrûm,	ou nostrî de nous.
Datif	nobis	à nous.
Accusatif	nos	nous.
Ablatif	nobis	de nous, ou par nous.

Pronom de la seconde personne.

SINGULIER.

Nominatif	tu	toi, ou *tu.*
Génitif	tuî	de toi.
Datif	tibi	à toi, ou te.
Accusatif	te,	toi, ou te.
Vocatif	ô tu	ô toi.
Ablatif	te	de toi, ou par toi.

PLURIEL.

Nominatif	vos	vous.
Génitif	vestrûm *ou* vestrî	de vous.
Datif	vobis	à vous.
Accusatif	vos	vous.
Vocatif	ô vos	ô vous.
Ablatif	vobis	de vous, ou par vous.

Pronom de la troisième personne.

Le pronom de la troisième personne n'a point de no=
minatif ni de vocatif, et il se décline au pluriel comme
au singulier.

SINGULIER ET PLURIEL.

Génitif	suî	de soi, ou d'eux-mêmes.
Datif	sibi	à soi, ou à eux-mêmes.
Accusatif	se	soi, se, ou eux-mêmes.
Ablatif	se	de soi, ou d'eux-mêmes.

Ces trois pronoms sont de tout genre, selon la personne
qui parle, ou à qui l'on parle.

SECONDE DÉCLINAISON.

Pronoms adjectifs.

Ille, *il, lui, le, celui-là;* illa, *elle, la, celle-là;* illud, *ce.*
Illi, *ils, ceux-là;* illæ, *elles, celles-là;* illa, *ceux, ou ces.*

SINGULIER.	PLURIEL.
Nominat. Ille, illa, illud.	Nominat. Illi, illæ, illa.
Génit. Illius.	Génit. Illorum, illarum,
	illorum.
Dat. Illi.	
Accus. Illum, illam, illud.	Dat. Illis.
Ablat. Illo, illà, illo.	Accus. Illos, illas, illa.
	Ablat. Illis.

Iste, *celui-ci;* ista, *cette;* istud, *ce, cet;* se décline
comme Ille, illa, illud.

Ipse, *lui, ou lui-même;* ipsa, *elle, ou elle-même;*
ipsum, *le même.*

Ipsi, *eux-mêmes;* ipsæ, *elles-mêmes;* ipsa *les mêmes.*

2

SINGULIER.	PLURIEL.
Nom*in*. Ipse, ipsa, ipsum.	**N**om*in*. Ipsi, ipsæ, ipsa.
Gén*it*. Ipsius.	Gén. Ipsorum, ipsarum, ipsorum.
Dat. Ipsi.	Dat. Ipsis.
Acc. Ipsum, ipsam, ipsum.	Accus. Ipsos, ipsas, ipsa.
Ablat. Ipso, ipsâ, ipso.	Ablat. Ipsis.

Hic, *celui-ci*; hæc, *celle-ci*; hoc, *ceci*.
Hi, *ceux-ci*; hæ, *celles-ci*, hæc, *ces*.

SINGULIER.

Nom*in*. Hic, hæc, hoc.	Accus. Hunc, hanc, hoc.
Gén*it*. Hujus.	Ablat. Hoc, hâc, hoc.
Dat. Huic.	

PLURIEL.

Nom*in*. Hi, hæ, hæc.	Dat.	His.
Gén*it*. Horum, harum, horum.	Accus.	Hos, has, hæc.
	Ablat.	His.

Is, *celui-là*; ea, *celle-là*; id, *cela*.
Ii, *ceux-là*; eæ, *celles-là*; ea, *ces*.

SINGULIER.	PLURIEL.
Nom*inat*. Is, ea, id.	**N**om*inat*. Ii, eæ, ea.
Gén*it*. Ejus.	Gén*it*. Eorum, earum, eorum.
Dat. Ei.	Dat. Eis, *ou* iis.
Accus*at*. Eum, eam, id.	Accus*at*. Eos, eas, ea.
Ablat. Eo, eâ, eo.	Ablat. Eis, *ou* iis.

SINGULIER.

Nom*in*. Idem, *le même*; eadem, *la même*; idem, *le même*.
Gén*it*. Ejusdem.
Dat.   Eidem.
Accus.   Eumdem, eamdem, idem.
Ablat.   Eodem, eâdem, eodem.

PLURIEL.

Nom*in*. Iidem, eædem, eadem, *les mêmes*.
Gén. Eorumdem, earumdem, eorumdem.
Dat. Iisdem, *ou* eisdem.
Accus. Eosdem, easdem, eadem.
Ablat. Iisdem, *ou* eisdem.

TROISIÈME DÉCLINAISON.

SINGULIER.

NOminat. meus,   mea,   meum,
mon, le mien ; ma, la mienne ; mon, le mien.
Génit.   mei,   meæ,   mei.
Dat.   meo,   meæ   meo.
Accus.   meum,   meam,   meum.
Vocat.   ô mi,   mea,   meum.
Ablat.   meo,   meâ,   meo.

PLURIEL.

NOminat. mei,   meæ,   mea.
mes, les miens ; mes, les miennes ; mes, les miens.
Génit.   meorum,   mearum,   meorum.
Dat.   meis,
Accus.   meos,   meas,   mea.
Vocat.   ô mei,   meæ,   mea.
Ablat.   meis,

SINGULIER.

NOminat. tuus,   tua,   tuum.
ton, le tien ; ta, la tienne ; ton, le tien.
Génit.   tui,   tuæ,   tui
Dat.   tuo,   tuæ,   tuo.
Accus.   tuum,   tuam,   tuum.
Ablat.   tuo,   tuâ,   tuo.

PLURIEL.

NOminat. tui,   tuæ,   tua.
tes, les tiens ; tes, les tiennes ; tes, les tiens.
Génit.   tuorum,   tuarum,   tuorum.
Dat.   tuis,
Accus.   tuos,   tuas,   tua.
Ablat.   tuis,

Suus, sua, suum, *son, le sien ; sa, la sienne ; son le sien.*

Cujus, cuja, cujum, *de qui ? à qui ?* se décline comme tuus, tua, tuum.

SINGULIER.

NOminat. noster,   nostra,   nostrum.
le nôtre,   la nôtre,   le nôtre.
Génit.   nostri,   nostræ,   nostri.
Dat.   nostro,   nostræ,   nostro.

Accus.	nostrum,	nostram,	nostrum,
Vocatif ô noster,		nostra,	nostrum.
Ablat.	nostro,	nostrâ,	nostro.

PLURIEL.

NOminat.	nostri, nostræ, nostra, *nos*, ou *les nôtres.*
Génit.	nostrorum,	nostrarum,	nostrorum,
Dat.	nostris.		
Accusat.	nostros,	nostras,	nostra.
Vocat.	ô nostri,	nostræ,	nostra
Ablat.	nostris.		

Vester, *votre*, ou *le vôtre*; vestra, *votre*, ou *la vôtre*; vestrum, *votre*, ou *le vôtre*.

Pluriel. Vestri, vestræ, vestra, *vos*, ou *les vôtres*. Ce pronom se décline comme noster, nostra, nostrum.

QUATRIÈME DÉCLINAISON.

SINGULIER.

NOminat.	hic, hæc, hoc nostras,	*de notre pays.*
Génit.	nostratis.	
Dat.	nostrati.	
Accusat.	nostratem, nostras.	
Vocat.	ô nostras.	
Ablat.	nostrate, *ou* nostrati,	

PLURIEL.

NOminat.	nostrates,	nostratia,
Génit.	nostratium.	
Dat.	nostratibus.	
Accus.	nostrates,	nostratia.
Vocat.	ô nostrates,	nostratia.
Ablat.	nostratibus,	

Vestras, atis, *de votre pays, se décline comme* nostras.

Cujus *ne se trouve point au nominatif dans les anciens auteurs; mais* cujas, *ou* cujatis, *de quel pays ? de quel lieu ? se trouve dans* Calepin.

DU *QUI* RELATIF.

SINGULIER.

Nominat. qui, quæ, quod, *qui, quel, lequel, laquelle.*
Génit. cujus, *dont, de qui, duquel, de laquelle.*
Dat. cui, *à qui, auquel, à laquelle.*
Accus. quèm, quam, quod, *que, quel, lequel, laquelle.*
Ablat. quo, quâ, quo, *dont, de qui, duquel, de laquelle.*

PLURIEL.

Nominat. qui, quæ, quæ, *qui, quels, lesquels.*
Génit. quorum, quarum, quorum, *dont, de qui, desquels.*
Dat. quibus, *à qui, auxquels.*
Accus. quos, quas, quæ, *que, quels, lesquels.*
Ablat. quibus, *dont, de qui, desquels.*

On dit quis, *au lieu de* qui, *au nominatif singulier, pour le masculin;* quæ, *pour le féminin; et* quid, *au lieu de* quod, *pour le neutre, quand il est interrogatif, comme :* quis, *qui ? qui est-ce qui ? quel ? lequel ?* quæ, *qui ? quelle ? laquelle ?* quid, *quel ? qu'est-ce que ?*

On dit qua, *au lieu de* quæ, *au nominatif singulier, pour le féminin, et aux nominatif et accusatif pluriels, pour le neutre, parce qu'il peut être pris pour le féminin et pour le neutre :* aliqua, *quelque, quelques.*

On dit aussi queis, *au lieu de* quibus, *aux datif et ablatif pluriels; mais on ne s'en sert qu'en vers.*

Dans les composés de qui, *il n'y a que* qui, *ou* quis, *qui se décline ; le reste est de même dans tous les cas.*

Quidam *et les suivans se déclinent comme* qui, quæ, quod.

SINGULIER.

Nomin. quidam, quædam, quoddam, *vel* quiddam, *quelque, quelqu'un, quelqu'une.*
Génit. cujusdam, *de quelque, de quelqu'un, de quelqu'une.*
Dat. cuidam, *à quelque, à quelqu'un, à quelqu'une.*
Accus. quemdam, quamdam, quoddam, *vel* quiddam, *quelque, quelqu'un, quelqu'une.*
Vocat. manque.
Ablat. à quodam, quâdam, quodam, *de quelque, de quelqu'un, de quelqu'une.*

PLURIEL.

NOminat. quidam, quædam, quædam, *quelques*, *quel-*
ques-uns, *quelques-unes*.

Génit.   quorumdam, quarumdam, quorumdam, *de*
quelques, *de quelques-uns*, *de quelques unes*.

Dat.   quibusdam, *à quelques*, *à quelques-uns*, *à*
quelques-unes.

Accus.   quosdam, quasdam, quædam, *quelques*,
quelques-uns, *quelques-unes*.

Vocat.   *manque*.

Ablat.   à quibusdam, *de quelques*, *de quelques-uns*,
de quelques-unes.

Quicunque, *quiconque*, *chaque*; quæcunque, *cha-*
cune; quodcunque, *tout ce qui*.

Quilibet, *chacun*; quælibet, *chacune*; quodlibet, *ou*
quidlibet, *tout ce qui*.

Quivis, *quiconque*, *qui que ce soit*; quævis, *chaque*;
quoàvis, *ou* quidvis, *ce que vous voudrez*.

Quisnam? *qui est-ce qui?* quænam? *quelle?* quodnam,
ou quidnam? *quoi?*

Quispiam, *quelqu'un*; quæpiam, *quelqu'une*; quod-
piam, *ou* quidpiam, *quelque chose*.

Quisquam, *quelqu'un*; quæquam, *quelqu'une*; quod-
quam, *ou* quidquam, *quelque chose*.

Quisque, *chacun*, *tout le monde*; quæque, *chaque*,
chacune; quodque, *ou* quidque, *tout*.

Quisque, *quiconque*, *qui que vous soyez*; quidquid,
tout ce qui.

Aliquis, *quelque*, *quelqu'un*; aliqua, *quelque*, *quel-*
qu'une; aliquod, *quelque chose*.

SINGULIER.

NOminat. aliquis, aliqua, aliquod, *ou* aliquid.
Génit.   alicujus.
Dat.   alicui.
Accus.   aliquem, aliquam, aliquod, *ou* aliquid.
Ablat.   aliquo, aliquâ, aliquo.

PLURIEL.

NOminat. aliqui,   aliquæ,   aliqua.
Génit.   aliquorum,   aliquarum,   aliquorum.
Dat.   aliquibus.
Accus.   aliquos,   aliquas,   aliqua.
Ablat.   aliquibus.

Unusquisque, *chacun, tout le monde* ; unaquæque,
chacune ; unumquodque, *chaque chose.*

SINGULIER.

NOminat. unusquisque, unaquæque, unumquodque.
  Génit.   uniuscujusque.
Dat.   unicuique.
Accus.   unumquemque, unamquamque, unum-
                quodque.
Ablat.   unoquoque, unâquâque, unoquoque.

Il n'y a point de pluriel.

LES CONJUGAISONS
DES VERBES.

COMBIEN y a-t-il de choses à considérer dans les
verbes.

*Il y en a six principales ; la voix, le mœuf, le temps,
le nombre, la personne et la conjugaison.*

Combien y a-t-il de voix dans les verbes ?

*Il y en a deux : la voix active, qui marque une action,
comme* amo, *j'aime* ; verbero, *je bats,* etc.

*Et la voix passive, qui marque une passion opposée à
l'action, comme* ; amor, *je suis aimé* ; verberor, *je suis
battu,* etc.

Combien y a-t-il de mœufs *ou* modes dans les Verbes ?

*Il y en a quatre : l'indicatif, l'impératif, le subjonctif
et l'infinitif.*

Combien y a-t-il de temps dans les verbes ?

*Il y en a cinq ; le présent, le prétérit imparfait, le
prétérit parfait, le prétérit plus-que-parfait, et le futur.*

Qu'est-ce que le présent ?

*C'est un temps qui marque une chose qui se fait actuel-
lement, comme* amo, *j'aime* ; scribo, *j'écris.*

Qu'est-ce que l'imparfait ?

*C'est un temps qui marque une chose qui est commencée,
mais qui n'est pas encore achevée, comme* amabam,
j'aimois ; scribebam, *j'écrivois.*

Qu'est-ce que le parfait *ou* passé ?

*C'est un temps qui marque une chose qui est faite et ac-
complie, comme* amavi, *j'ai aimé* ; scripsi, *j'ai écrit.*

Qu'est-ce que le plus-que-parfait ?

C'est un temps qui marque une chose qui est faite il y

a déjà quelque temps, comme amaveram, *j'avois aimé*; scripseram, *j'avois écrit.*

Qu'est-ce que le futur ?

C'est un temps qui marque une chose qui n'est pas encore faite, mais qui se fera, comme amabo, *j'aimerai;* scribam, *j'écrirai.*

Combien y a-t-il de nombres dans les verbes ?

Il y en a deux : le singulier, qui ne s'entend que d'un seul, comme amo, *j'aime ;* amas, *tu aimes ;* amat, *il aime.*

Et le pluriel, qui s'entend de plusieurs, comme amamus, *nous aimons ;* amatis, *vous aimez ;* amant, *ils aiment.*

Combien y a-t-il de personnes dans les verbes ?

Il y en a trois en chaque nombre ; la première du singulier, qui parle ; comme ego amo, *j'aime.*

La seconde, à qui on parle, comme tu amas, *tu aimes.*

La troisième, de qui on parle, comme ille amat, *il aime.*

La première du pluriel, comme nos amamus, *nous aimons.*

La seconde, comme vos amatis, *vous aimez.*

La troisième, comme illi amant, *ils aiment.*

Combien y a-t-il de conjugaisons dans les verbes ?

Il y en a quatre.

Comment connoît-on de quelle conjugaison est un verbe ?

On le connoît par le présent de l'infinitif actif ou passif.

Comment la première conjugaison a-t-elle le présent de l'infinitif.

La première conjugaison a le présent de l'infinitif actif en are, *et le présent de l'indicatif actif en* o, *comme ;* amare, *aimer;* amo, *j'aime.*

Et le présent de l'infinitif passif en ari, *comme* amari, *être aimé.*

Comment la seconde conjugaison a-t-elle le présent de l'infinitif ?

La seconde conjugaison a le présent de l'infinitif actif en ere *long, et le présent de l'indicatif actif en* eo, *comme* docere, *enseigner;* doceo, *j'enseigne.*

Et le présent de l'infinitif passif en eri, *comme* doceri, *être enseigné.*

Comment la troisième conjugaison a-t-elle le présent de l'infinitif ?

La troisième conjugaison a le présent de l'infinitif actif en ere *bref, et le présent de l'indicatif actif en* o *, ou* io *, ou* uo *, comme* legere, *lire ;* présent *,* lego *,* je lis *:* facere, *faire ; présent,* facio, *je fais :* arguere, *reprendre ; présent,* arguo, *je reprends.*

Et le présent de l'infinitif passif est ordinairement en i, *comme* legi, *être lu.*

Comment la quatrième conjugaison a-t-elle le présent de l'infinitif ?

La quatrième conjugaison a le présent de l'infinitif actif en ire, *et le présent de l'indicatif en* io, *comme* audire, *écouter ;* audio, *j'écoute.*

Et le présent de l'infinitif passif en iri, *comme* audiri, *être écouté.*

Comment se conjuguent les verbes qui ont le présent de l'infinitif en *ire*, et le présent de l'indicatif en *eo* ?

Ils se conjuguent comme ire, *eo; comme* exire, *sortir,* exeo, *je sors;* redire, *revenir,* redeo, *je reviens, je retourne ;* transire, *passer,* transeo, *je passe.*

Que faut-il remarquer pour bien conjuguer les verbes ?

Il faut prendre garde au présent et au parfait de l'indicatif actif, au présent de l'infinitif actif, et aux supins, parce que ces temps, qui ne se forment d'aucun autre, servent à former tous les autres temps, tant de l'actif que du passif.

Mais, comme le supin en um *des verbes déponens ne se trouve point dans les Dictionnaires, on peut le former du parfait de l'indicatif, en changeant* s *en* m; *par exemple,* imitari, imitor, *a au parfait de l'indicatif,* imitatus sum ; *il faut retrancher* sum, *et changer l's d'*imitatus *en* m, *et on aura pour le supin* imitatum.

Le Supin *en* u *se formera de ce supin en* um, *en retranchant l'm, comme* imitatum, imitatu.

L'Imparfait *du subjonctif des verbes déponens, dans les quatre conjugaisons, se forme du présent de l'impératif, en ajoutant* r, *comme* precare, precarer; pollicere, pollicerer ; sequere, sequerer ; morere, morerer; metire, metirer.

Pour former les autres temps des verbes déponens, il faut leur feindre un actif en retranchant l'r, et suivre les formations des Verbes passifs.

AVERTISSEMENT.

ON a mis en cette édition, avant les quatre conjugaisons, le verbe Sum, *je suis*, et le verbe Habeo, *j'ai*, parce que le premier sert à conjuguer les verbes passifs, tant en françois qu'en latin, et le second, à conjuguer les temps passés des verbes auxiliaires; et il faut les savoir bien conjuguer, avant que d'apprendre les conjugaisons suivantes.

SUM, *Verbe substantif.*

INDICATIF.

PRÉSENT. Sum, *je suis;* es, *tu es;* est, *il est. Pluriel.* Sumus, *nous sommes;* estis, *vous êtes;* sunt *ils sont.*

IMPARFAIT. Eram, *j'étois;* eras, *tu étois;* erat, *il étoit.* *Pluriel.* Eramus, *nous étions;* eratis, *vous étiez;* erant, *ils étoient.*

PARFAIT. Fui, *j'ai été* ou *je fus;* fuisti, *tu as été,* ou *tu fus;* fuit, *il a été* ou *il fut.*

Pluriel. Fuimus, *nous avons été,* ou *nous fûmes;* fuistis, *vous avez été,* ou *vous fûtes;* fuerunt, *ou* fuêre, *ils ont été,* ou *ils furent.*

PLUS-QUE-PARFAIT. Fueram, *j'avois été;* fueras, *tu avois été;* fuerat, *il avoit été.*

Pluriel. Fueramus, *nous avions été;* fueratis, *vous aviez été;* fuerant, *ils avoient été.*

FUTUR. Ero, *je serai;* eris, *tu seras,* erit, *il sera.*

Pluriel. Erimus, *nous serons;* eritis, *vous serez;* erunt, *ils seront.*

IMPÉRATIF. PRÉSENT. Sis, *ou es, sois;* sit, *qu'il soit.*

Pluriel. Simus, *soyons;* este, *soyez;* sint *qu'ils soient.*

FUTUR. Esto (tu), *sois;* esto (ille), *qu'il soit.*

Pluriel. Simus, *soyons;* estote, *soyez;* sunto, *qu'ils soient.*

SUBJONCTIF. PRÉSENT. Sim, *que je sois;* sis, *que tu sois;* sit, *qu'il soit.*

Pluriel. Simus, *que nous soyons;* sitis, *que vous soyez;* sint, *qu'ils soient.*

IMPARFAIT. Essem, *que je fusse,* ou *je serois;* esses, *tu fusses,* ou *tu serois;* esset, *il fût,* ou *il seroit.*

Pluriel. Essemus, *nous fussions,* ou *nous serions ;* essetis, *vous fussiez,* ou *vous seriez ;* essent, *ils fussent,* ou *ils seroient.*

PARFAIT. Fuerim, *que j'aie été ;* fueris, *que tu aies été ;* fuerit, *qu'il ait été.*

Pluriel. Fuerimus, *nous ayons été ;* fueritis, *vous ayez été ;* fuerint, *ils aient été.*

PLUSQUE-PARFAIT. Fuissem, *que j'eusse,* ou *j'aurois été ;* fuisses, *tu eusses,* ou *tu aurois été ;* fuisset, *il eût,* ou *il auroit été.*

Pluriel. Fuissemus, *nous eussions,* ou *nous aurions été ;* fuissetis, *vous eussiez,* ou *vous auriez été ;* fuissent, *ils fussent,* ou *ils auroient été.*

FUTUR. Fuero, *j'aurai été ;* fueris, *tu auras été ;* fuerit, *il aura été.*

Pluriel. Fuerimus, *nous aurons été ;* fueritis, *vous aurez été ;* fuerint, *ils auront été.*

INFINITIF. PRÉSENT et I'MPARFAIT. Esse, *être.*

PARFAIT et PLUS-QUE-PARFAIT. Fuisse, *avoir été.*

FUTUR. Fore, *ou* futurum, futuram, futurum esse, *ou* fuisse, *devoir être, qu'il sera,* ou *qu'il auroit été.*

PARTICIPE *du futur.* Futurus, futura, futurum, *qui sera,* ou *qui doit être.*

Il faut remarquer que es, *au présent de l'impératif,* n'est en usage que dans adsum, ades, *assiste,* ou *sois présent.*

Ainsi se conjuguent les composés de Sum, *comme :*

Présent.	*Parfait.*	*Infinitif.*	
Adsum,	adfui,	adesse,	*être présent, assister.*
Absum,	abfui,	abesse,	*être absent, s'absenter.*
Desum,	defui,	deesse,	*manquer à.*
Obsum,	obfui,	obesse,	*nuire.*

Et les autres, excepté possum, *je puis, et* prosum, *je profite, qui se trouvent entièrement conjugués après le Verbe* venio, *je viens.*

HABEO, *Verbe actif.*

INDICATIF *présent.* Habeo, *j'ai ;* habes, *tu as ;* habet, *il a* *Pluriel.* Habemus, *nous avons ;* habetis, *vous avez ;* habent, *ils ont.*

IMPARFAIT. Habebam, *j'avois ;* habebas, *tu avois ;* habebat, *il avoit.*

Pluriel. Habebamus, *nous avions ;* habebatis, *vous aviez ;* habebant, *ils avoient.*

PARFAIT. Habui, *j'ai eu,* ou *j'eus ;* habuisti, *tu as eu,* ou *tu eus ;* habuit, *il a eu,* ou *il eut.*

Pluriel. Habuimus, *nous avons eu,* ou *nous eûmes ;* habuistis, *vous avez eu,* ou *vous eûtes ;* habuerunt, ou habuêre, *ils ont eu,* ou *ils eurent.*

PLUS-QUE-PARFAIT. Habueram, *j'avois eu ;* habueras, *tu avois eu ;* habuerat, *il avoit eu.*

Pluriel. Habueramus, *nous avions eu ;* habueratis, *vous aviez eu ;* habuerant, *ils avoient eu.*

FUTUR. Habebo, *j'aurai ;* habebis, *tu auras ;* habebit, *il aura.*

Pluriel. Habebimus, *nous aurons ;* habebitis, *vous aurez ;* habebunt, *ils auront.*

IMPÉRATIF. PRÉSENT. Habe, *aie ;* habeat, *qu'il ait.*

Pluriel. Habeamus, *ayons ;* habete, *ayez ;* habeant, *qu'ils aient.*

FUTUR. Habeto (tu) *aie ;* habeto (ille), *qu'il ait.*

Pluriel. Habeamus, *ayons ;* habetote, *ayez ;* habento, *qu'ils aient.*

SUBJONCTIF. PRÉSENT. Habeam, *que j'aie ;* habeas, *tu aies ;* habeat, *il ait.*

Pluriel. Habeamus, *nous ayons ;* habeatis, *vous ayez ;* habeant, *ils aient.*

IMPARFAIT. Haberem, *que j'eusse,* ou *j'aurois ;* haberes, *tu eusses,* ou *tu aurois ;* haberet, *il eût,* ou *il auroit.*

Pluriel. Haberemus, *nous eussions,* ou *nous aurions ;* haberetis, *vous eussiez,* ou *vous auriez ;* haberent, *ils eussent,* ou *ils auroient.*

PARFAIT. Habuerim, *que j'ai eu ;* habueris, *tu aies eu ;* habuerit, *il ait eu.*

Pluriel. Habuerimus, *nous ayons eu ;* habueritis, *vous ayez eu ;* habuerint, *ils aient eu.*

PLUS-QUE-PARFAIT. Habuissem, *que j'eusse,* ou *j'aurois eu ;* habuisses, *tu eusses,* ou *tu aurois eu ;* habuisset, *il eût,* ou *il auroit eu.*

Pluriel. Habuissemus, *nous eussions,* ou *nous aurions eu ;* habuissetis, *vous eussiez,* ou *vous auriez eu ;* habuissent, *ils eussent,* ou *ils auroient eu.*

Futur. Habuero, *j'aurai eu* ; habueris, *tu auras eu* ; habuerit , *il aura eu.*

Pluriel. Habuerimus , *nous aurons eu* ; habueritis , *vous aurez eu* ; habuerint , *ils auront eu.*

INFINITIF. Présent et IMPARFAIT. Habere , *avoir.*

Parfait et Plus-que-parfait. Habuisse , *avoir eu.*

Futur. Habiturum , habituram , habiturum esse , *ou* fuisse , *devoir avoir* , *qu'il aura* , ou *qu'il auroit eu.*

Gérondifs. Habendi , *d'avoir* ; habendo , *en ayant* ; habendum , *à avoir* , ou *pour avoir.*

Supins. Habitum , habitu.

Participe présent. Habens , *génitif* , habentis , *ayant* , *qui a* , ou *qui avoit.*

Participe futur. Habiturus , habitura , habiturum , *qui aura* , ou *qui doit avoir.*

LA PREMIÈRE CONJUGAISON.

L'Actif.

INDICATIF. Présent. *Amo* , j'aime ; *amas* , tu aimes ; *amat* , il aime.

Pluriel. *Amamus* , nous aimons ; *amatis* , vous aimez ; *amant* , ils aiment.

Ce présent sert à former plusieurs autres temps.

Imparfait. *Amabam* j'aimois ; *amabas* , tu aimois ; *amabat* , il aimoit.

Pluriel. *Amabamus* , nous aimions ; *amabatis* , vous aimiez ; *amabant* , ils aimoient.

Il se forme du présent , changeant *o* en *abam.*

Parfait. *Amavi* , j'ai aimé , *ou* j'aimai ; *amavisti* , tu as aimé , *ou* tu aimas ; *amavit* , il a aimé , *ou* il aima.

Pluriel. *Amavimus* , nous avons aimé , *ou* nous aimâmes ; *amavistis* , vous avez aimé , *ou* vous aimâtes ; *amaverunt* , ou *amavêre* , ils ont aimé , *ou* ils aimèrent.

Ce parfait sert à former d'autres temps.

Plus-que-parfait. *Amaveram* , j'avois aimé ; *amaveras* , tu avois aimé ; *amaverat* , il avoit aimé.

Pluriel. *Amaveramus* , nous avions aimé ; *amaveratis* , vous aviez aimé ; *amaverant* , ils avoient aimé.

Il se forme du parfait , changeant *i* en *eram.*

FUTUR. *Amabo*, j'aimerai; *amabis*, tu aimeras; *amabit*, il aimera.

Pluriel. *Amabimus*, nous aimerons; *amabitis*, vous aimerez; *amabunt*, ils aimeront.

Il se forme du présent, changeant *o* en *abo*.

IMPÉRATIF PRÉSENT. *Ama*, aime; *amet*, qu'il aime.
Pluriel. *Amemus*, aimons; *amate*, aimez; *ament*, qu'ils aiment.

Il se forme du présent de l'infinitif actif, ôtant *re*.

FUTUR. *Amato* (*tu*), aime; *amato* (*ille*), qu'il aime.

Pluriel. *Amemus*, aimons; *amatote*, aimez; *amanto*, qu'ils aiment.

Il se forme du présent de l'indicatif actif, changeant *o* en *ato*.

Il faut remarquer que l'impératif, dans tous les verbes, n'a point de première personne au singulier.

SUBJONCTIF PRÉSENT. *Amem*, que j'aime; *ames*, que tu aimes; *amet*, qu'il aime.

Pluriel. *Amemus*, que nous aimions; *ametis*, que vous aimiez; *ament*, qu'ils aiment.

Il se forme du présent de l'ind. act. changeant *o* en *em*.

IMPARFAIT. *Amarem*, que j'aimasse, *ou* j'aimerois; *amares*, tu aimasses, *ou* tu aimerois; *amaret*, il aimât, *ou* il aimeroit.

Pluriel. *Amaremus*, nous aimassions, *ou* nous aimerions; *amaretis*, vous aimassiez, *ou* vous aimeriez; *amarent*, ils aimassent, *ou* ils aimeroient.

Il se forme du présent de l'infinitif actif, ajoutant *m*.

PARFAIT. *Amaverim*, que j'aie aimé; *amaveris*, tu aies aimé; *amaverit*, il ait aimé.

Pluriel. *Amaverimus*, nous ayons aimé; *amaveritis*, vous ayez aimé; *amaverint*, ils aient aimé.

Il se forme du parfait de l'indicatif actif, changeant *i* en *erim*.

PLUSQUE-PARFAIT. *Amavissem*, j'eusse aimé, *ou* j'aurois aimé; *amavisses*, tu eusses aimé, *ou* tu aurois aimé; *amavisset*, il eût aimé, *ou* il auroit aimé.

Pluriel. *Amavissemus*, nous eussions aimé, *ou* nous aurions aimé; *amavissetis*, vous eussiez aimé, *ou* vous auriez aimé; *amavissent*, ils eussent aimé, *ou* ils auroient aimé.

Il se forme du parfait de l'indicatif actif, ajoutant *ssem*, avec deux *ss*.

FUTUR.

FUTUR. *Amavero*, j'aurai aimé; *amaveris*, tu auras aimé; *amaverit*, il aura aimé.

Pluriel. *Amaverimus*, nous aurons aimé; *amaveritis*, vous aurez aimé; *amaverint*, ils auront aimé.

Il se forme du parfait de l'indicatif actif, changeant *i* en *ero*.

INFINITIF PRÉSENT et IMPARFAIT. *Amare*, aimer. Ce présent sert à former d'autres temps.

PARFAIT et PLUSQUE-PARFAIT. *Amavisse*, avoir aimé.

Il se forme du parfait de l'indicatif actif, ajoutant *sse*, avec deux *ss*.

FUTUR. *Amaturum, amaturam, amaturum esse*, ou *fuisse*, devoir aimer, *ou* qu'il aimera.

Il se forme du Supin en *u*, ajoutant *rum, ram, rum*, avec *esse*, ou *fuisse*.

GÉRONDIFS. *Amandi*, d'aimer; *amando*, en aimant; *amandum*, à aimer, *ou* pour aimer.

Il se forme du présent de l'indicatif actif, changeant *a* en *andi*, en *ando*, en *andum*.

SUPINS. *Amatum*, aller aimer; *amatu*, à aimer, *ou* d'être aimé.

Les supins servent à former d'autres temps.

PARTICIPE du présent. *Amans*, génitif, *amantis*; aimant, qui aime, *ou* qui aimoit.

Il se forme du présent de l'indicatif actif, changeant *o* en *ans*.

PARTICIPE du futur. *Amaturus, amatura, amaturum*, qui aimera, *ou* qui doit aimer.

Il se forme du supin en *u*, ajoutant *rus, ra, rum*.

Les verbes qui n'ont point de supin n'ont point de futur en *rus*.

LE PASSIF.

INDICATIF PRÉSENT. *Amor*, je suis aimé; *amaris*, ou *amare*, tu es aimé; *amatur*, il est aimé.

Pluriel. *Amamur*, nous sommes aimés; *amamini*, vous êtes aimés; *amantur*, ils sont aimés.

Il se forme du présent de l'indicatif actif, ajoutant *r*.

IMPARFAIT. *Amabar*, j'étois aimé; *amaberis*, ou *amabare*, tu étois aimé; *amabatur*, il étoit aimé.

Pluriel. *Amabamur*, nous étions aimés: *amabamini*, vous étiez aimés; *amabantur*, ils étoient aimés.

Il se forme du présent de l'indicatif actif, changeant *o* en *abar*.

D

PARFAIT. *Amatus sum*, ou *fui*, j'ai été aimé, *ou* je fus aimé ; *amatus es*, ou *fuisti*, tu as été aimé, *ou* tu fus aimé ; *amatus est*, ou *fuit*, il a été aimé, *ou* il fut aimé,

Pluriel. *Amati sumus*, ou *fuimus*, nous avons été aimés. *ou* nous fûmes aimés ; *amati estis*, ou *fuistis*, vous avez été aimés, *ou* vous fûtes aimés : *amati sunt*, ou *fuerunt*, ou *fuère*, ils ont été aimés, *ou* ils furent aimés.

Il se forme du supin en *u*, ajoutant *s* avec *sum*, ou *fui*, etc.

PLUSQUE-PARFAIT. *Amatus eram*, ou *fueram*, j'avois été aimé ; *amatus eras*, ou *fueras*, tu avois été aimé ; *amatus erat*, ou *fuerat*, il avoit été aimé.

Pluriel. *Amati eramus*, ou *fueramus*, nous avions été aimés ; *amati eratis*, ou *fueratis*, vous aviez été aimés ; *amati erant*, ou *fuerant*, ils avoient été aimés.

Il se forme du supin en *u*, ajoutant *s* avec *eram*, ou *fueram*, etc.

FUTUR. *Amabor*, je serai aimé ; *amaberis*, ou *amabere*, tu seras aimé ; *amabitur*, il sera aimé.

Pluriel. *Amabimur*, nous serons aimés ; *amabimini*, vous serez aimés ; *amabuntur*, ils seront aimés.

Il se forme du présent de l'indicatif actif, changeant *o* en *abor*.

IMPÉRATIF PRÉSENT. *Amare*, sois aimé ; *ametur*, qu'il soit aimé.

Pluriel. *Amemur*, soyons aimés ; *amamini*, soyez aimés ; *amentur*, qu'ils soient aimés.

Le présent de l'impératif passif, qui est semblable au présent de l'infinitif actif, dans les quatre conjugaisons, se forme du présent de l'indicatif actif, changeant *o* en *are*.

FUTUR. *Amator* (*tu*), sois aimé ; *amator* (*ille*), qu'il soit aimé.

Pluriel. *Amemur*, soyons aimés ; *amaminor*, soyez aimés ; *amantor*, qu'ils soient aimés.

Il se forme du présent de l'indicatif actif, changeant *o* en *ator*.

SUBJONCTIF PRÉSENT. *Amer*, que je sois aimé, *ameris*, ou *amere*, que tu sois aimé ; *ametur*, qu'il soit aimé.

Pluriel. *Amemur*, que nous soyons aimés ; *amemini*, que vous soyez aimés ; *amentur*, qu'ils soient aimés.

Il se forme du présent de l'indicatif actif, changeant *o* en *er*.

IMPARFAIT. *Amarer*, que je fusse, *ou* je serois aimé; *amareris*, ou *amarere*, tu fusses, *ou* tu serois aimé; *amaretur*, il fût, *ou* il seroit aimé.

Pluriel. *Amaremur*, nous fussions, *ou* nous serions aimés; *amaremini*, vous fussiez, *ou* vous seriez aimés; *amarentur*, ils fussent, *ou* ils seroient aimés.

Il se forme du présent de l'infinitif actif, *ou* du présent de l'impératif passif, qui est semblable au présent de l'infinitif actif, ajoutant *r*.

PARFAIT. *Amatus sim*, ou *fuerim*, que j'aie été aimé; *amatus sis*, ou *fueris*, tu aies été aimé; *amatus sit*, ou *fuerit*, il ait été aimé.

Pluriel. *Amati simus*, ou *fuerimus*, nous ayons été aimés; *amati sitis*, ou *fueritis*, vous ayez été aimés; *amati sint*, ou *fuerint*, ils aient été aimés.

Il se forme du supin en *u*, ajoutant *s* avec *sim*, ou *fuerim*, etc.

PLUSQUE-PARFAIT. *Amatus essem*, ou *fuissem*, que j'eusse, *ou* j'aurois été aimé; *amatus esses*, ou *fuisses*, tu eusses, *ou* tu aurois été aimé; *amatus esset*, ou *fuisset*, il eût, *ou* il auroit été aimé.

Pluriel. *Amati essemus*, ou *fuissemus*, nous eussions, *ou* nous aurions été aimés: *amati essetis*, ou *fuissetis*, vous eussiez, *ou* vous auriez été aimés; *amati essent*, ou *fuissent*, ils eussent, *ou* ils auroient été aimés.

Il se forme du supin en *u*, ajoutant *s* avec *essem*, ou *fuissem*, etc.

FUTUR. *Amatus ero*, ou *fuero*, j'aurai été aimé; *amatus eris*, ou *fueris*, tu auras été aimé; *amatus erit*, ou *fuerit*, il aura été aimé.

Pluriel. *Amati erimus*, ou *fuerimus*, nous aurons été aimés; *amati eritis*, ou *fueritis*, vous aurez été aimés; *amati erunt*, ou *fuerint*, ils auront été aimés.

Il se forme du supin en *u*, ajoutant *s* avec *ero*, ou *fuero*, etc.

INFINITIF PRÉSENT et IMPARFAIT. *Amari*, être aimé.
Il se forme du présent de l'infinitif actif, changeant *e* en *i*.

PARFAIT et PLUSQUE-PARFAIT. *Amatum*, *amatam*, *amatum esse*, ou *fuisse*, avoir été aimé.

Il se forme du supin en *um*, ajoutant *esse*, ou *fuisse*.

FUTUR. *Amatum iri*, ou *amandum*, *amandam*,

amandum esse, ou *fuisse*, devoir être aimée, qu'il sera, *ou* qu'il auroit été aimé.

La première partie de ce futur se forme du supin en *um*, ajoutant *iri*; et la seconde partie se forme du présent de l'indicatif actif, changeant *o* en *andum*, en *andam*, en *andum*, ajoutant *esse*, ou *fuisse*.

PARTICIPE du prétérit. *Amatus*, *amata*, *amatum*, aimé, qui a été aimé, *ou* ayant été aimé.

Il se forme du supin en *u*, ajoutant *s*.

PARTICIPE du futur. *Amandus*, *amanda*, *amandum*, qui sera aimé, *ou* qui doit être aimé.

Il se forme du présent de l'indicatif actif, changeant *o* en *andus*, en *anda*, en *andum*.

Verbes à conjuguer comme Amo.

Présent.	Parfait.	Supin en *um*.	Infinitif.	
Voco.	*Vocavi.*	*Vocatum.*	*Vocare.*	Appeler.
Do.	*Dedi.*	*Datum.*	*Dare.*	Donner.
Domo.	*Domui.*	*Domitum.*	*Domare.*	Domter.
Seco.	*Secui.*	*Sectum.*	*Secare.*	Couper.

Verbes déponens de la première Conjugaison.

INDICATIF PRÉSENT. *Precor*, je prie; *precaris*, ou *precare*, tu pries; *precatur*, il prie.

Pluriel. *Precamur*, nous prions; *precamini*, vous priez; *precantur*, ils prient.

IMPARFAIT. *Precabar*, je priois; *precabaris*, ou *precabare*, tu priois; *precabatur* il prioit.

Pluriel. *Precabamur*, nous prions; *precabamini*, vous priez; *precabantur*, ils prioient.

PARFAIT. *Precatus sum*, ou *fui*, j'ai prié, *ou* je priai; *precatus es*, ou *fuisti*, tu as prié, *ou* tu prias; *precatus est*, ou *fuit*, il a prié, *ou* il pria.

Pluriel. *Precati sumus*, où *fuimus*, nous avons prié, *ou* nous priâmes; *precati estis*, ou *fuistis*, vous avez prié, *ou* vous priâtes; *precati sunt*, ou *fuerunt*, ou *fuère*, ils ont prié, *ou* ils prièrent.

PLUSQUE-PARFAIT. *Precatus eram*, ou *fueram*, j'avois prié; *precatus eras*, ou *fueras*, tu avois prié; *precatus erat* ou *fuerat*, il avoit prié.

Pluriel. *Precati eramus*, ou *fueramus*, nous avions prié ; *precati eratis*, ou *fueratis*, vous aviez prié ; *precati erant*, ou *fuerant*, ils avoient prié.

FUTUR. *Precabor*, je prierai ; *precaberis*, ou *precabere*, tu prieras ; *precabitur*, il priera.

Pluriel. *Precabimur*, nous prierons ; *precabimini*, vous prierez ; *precabuntur*, ils prieront.

IMPÉRATIF PRÉSENT. *Precare*, prie ; *precetur*, qu'il prie.
Pluriel. *Precemur*, prions ; *precamini*, priez, *precentur*, qu'ils prient.

FUTUR. *Precator (tu)*, prie ; *precator (ille)*, qu'il prie.

Pluriel. *Precemur*, prions ; *precaminor*, priez ; *precantor*, qu'ils prient.

SUBJONCTIF PRÉSENT. *Precer*, que je prie ; *preceris*, ou *precere*, tu pries ; *precetur*, il prie.

Pluriel. *Precemur*, nous prions ; *precemini*, vous priez : *precentur*, ils prient.

IMPARFAIT. *Precarer*, que je priasse, *ou* je prierois ; *precareris*, ou *precarere*, tu priasses, *ou* tu prierois ; *precaretur*, il priât, *ou* il prieroit.

Pluriel. *Precaremur*, nous priassions, *ou* nous prierions ; *precaremini*, vous priassiez, *ou* vous prieriez ; *precarentur*, ils priassent, *ou* ils prieroient.

PARFAIT. *Precatus sim*, ou *fuerim*, que j'aie prié ; *precatus sis*, ou *fueris*, tu aies prié ; *precatus sit*, ou *fuerit*, il ait prié.

Pluriel. *Precati simus*, ou *fuerimus*, nous ayons prié ; *precati sitis*, ou *fueritis*, vous ayez prié ; *precati sint*, ou *fuerint*, ils aient prié.

PLUSQUE-PARFAIT. *Precatus essem*, ou *fuissem*, que j'eusse prié, *ou* j'aurois prié ; *precatus esses*, ou *fuisses*, tu eusses prié, *ou* tu aurois prié ; *precatus esset*, ou *fuisset*, il eût prié, *ou* il auroit prié.

Pluriel, *Precati essemus*, ou *fuissemus*, nous eussions prié, *ou* nous aurions prié ; *precati essetis*, ou *fuissetis*, vous eussiez prié, *ou* vous auriez prié ; *precati essent*, ou *fuissent*, ils eussent prié, *ou* ils auroient prié.

FUTUR. *Precatus ero*, ou *fuero*, j'aurai prié ; *precatus eris*, ou *fueris*, tu auras prié ; *precatus erit*, ou *fuerit*, il aura prié.

Pluriel. *Precati erimus*, ou *fuerimus*, nous aurons prié ; *precati eritis*, ou *fueritis*, vous aurez prié, *precati erunt*, ou *fuerint*, ils auront prié.

INFINITIF PRÉSENT et IMPARFAIT. *Precari*, prier.
PARFAIT et PLUSQUE-PARFAIT. *Precatum, precatam, precatum esse*, ou *fuisse*, avoir prié.

FUTUR. *Precaturum, precaturam, precaturum esse*, ou *fuisse*, devoir prier, *ou* qu'il priera.

GÉRONDIFS. *Precandi*, de prier ; *precando*, en priant ; *precandum*, à prier, *ou* pour prier.

SUPINS. *Precatum*, aller prier ; *precatu*, à prier, *ou* d'être prié.

PARTICIPE du présent. *Precans*, génitif, *precantis*, priant, qui prie, *ou* qui prioit.

PARTICIPE du passé. *Precatus, precata, precatum*, qui a prié, *ou* ayant prié.

PARTICIPE du futur. *Precaturus, precatura, precaturum*, qui priera, *ou* qui doit prier.

Quelques verbes déponens ont encore le participe du futur en *dus, da, dum*.

Verbes Déponens à conjuguer comme Precor.

Présent.	Parfait.	Infinitif.	
Imitor.	*Imitatus sum.*	*Imitari.*	Imiter.
Miror.	*Miratus sum.*	*Mirari.*	Admirer.

LA SECONDE CONJUGAISON.

L'ACTIF.

INDICATIF PRÉSENT. *Doceo*, j'enseigne ; *doces*, tu enseignes ; *docet*, il enseigne.

Pluriel. *Docemus*, nous enseignons ; *docetis*, vous enseignez ; *docent*, ils enseignent.

Ce présent sert à former plusieurs autres temps.

IMPARFAIT. *Docebam*, j'enseignois ; *docebas*, tu enseignois ; *docebat*, il enseignoit.

Pluriel. *Docebamus*, nous enseignions ; *docebatis*, vous enseigniez ; *docebant*, ils enseignoient.

Il se forme du présent, changeant *o* en *bam*.

PARFAIT. *Docui*, j'ai enseigné, *ou* j'enseignai ; *docuisti*, tu as enseigné, *ou* tu enseignas ; *docuit*, il a enseigné, *ou* il enseigna.

Pluriel. *Docuimus*, nous avons enseigné, *ou* nous enseignâmes ; *docuistis*, vous avez enseigné, *ou* vous enseignâtes ; *docuerunt*, ou *docuêre*, ils ont enseigné, *ou* ils enseignèrent.

Ce parfait sert à former d'autres temps.

PLUSQUE-PARFAIT. *Docueram*, j'avois enseigné ; *docueras*, tu avois enseigné ; *docuerat*, il avoit enseigné.

Pluriel. *Docueramus*, nous avions enseigné ; *docueratis*, vous aviez enseigné ; *docuerant*, ils avoient enseigné.

Il se forme du parfait, changeant *i* en *eram*.

FUTUR. *Docebo*, j'enseignerai ; *docebis*, tu enseigneras ; *docebit*, il enseignera.

Pluriel. *Docebimus*, nous enseignerons ; *docebitis*, vous enseignerez ; *docebunt*, ils enseigneront.

Il se forme du présent, changeant *o* en *bo*.

IMPERATIF PRÉSENT. *Doce*, enseigne ; *doceat*, qu'il enseigne.

Pluriel. *Doceamus*, enseignons ; *docete*, enseignez ; *doceant*, qu'ils enseignent.

Il se forme du présent de l'infinitif actif, ôtant *re*.

FUTUR. *Doceto* (*tu*), enseigne ; *doceto* (*ille*), qu'il enseigne.

Pluriel. *Doceamus*, enseignons ; *docetote*, enseignez ; *docento*, qu'ils enseignent.

Il se forme du présent de l'indicatif actif, changeant *o* en *to*.

SUBJONCTIF PRÉSENT. *Doceam*, que j'enseigne ; *doceas*, tu enseignes ; *doceat*, il enseigne.

Pluriel. *Doceamus*, nous enseignions ; *doceatis*, vous enseigniez ; *doceant*, ils enseignent.

Il se forme du présent de l'indicatif actif, changeant *o* en *am*.

IMPARFAIT. *Docerem*, que j'enseignasse, *ou* j'enseignerois ; *doceres*, tu enseignasses, *ou* tu enseignerois ; *doceret*, il enseignât, *ou* il enseigneroit.

Pluriel. *Doceremus*, nous enseignassions, *ou* nous enseignerions ; *doceretis*, vous enseignassiez, *ou* vous enseigneriez ; *docerent*, ils enseignassent, *ou* ils enseigneroient.

Il se forme du présent de l'infinitif actif, ajoutant *m*.

PARFAIT. *Docuerim*, que j'aie enseigné ; *docueris*, tu aies enseigné ; *docuerit*, il ait enseigné.

Pluriel. *Docuerimus*, nous ayons enseigné ; *docueritis*, vous ayez enseigné ; *docuerint*, ils aient enseigné.

Il se forme du parfait de l'indicatif actif, changeant *i* en *erim*.

PLUSQUE-PARFAIT. *Docuissem*, que j'eusse, *ou* j'au-

4

rois enseigné; *docuisses*, tu eusses, *ou* tu aurois enseigné; *docuisset*, il eût, *ou* il auroit enseigné.

Pluriel. *Docuissemus*, nous eussions, *ou* nous aurions enseigné; *docuissetis*, vous eussiez, *ou* vous auriez enseigné; *docuissent*, ils eussent, *ou* ils auroient enseigné.

Il se forme du parfait de l'indicatif actif, ajoutant *ssem*.

FUTUR. *Docuero*, j'aurai enseigné; *docueris*, tu auras enseigné; *docuerit*, il aura enseigné.

Pluriel. *Docuerimus*, nous aurons enseigné; *docueritis*, vous aurez enseigné; *docuerint*, ils auront enseigné.

Il se forme du parfait de l'indicatif actif, changeant *i* en *ero*.

INFINITIF PRÉSENT et IMPARFAIT. *Docere*, enseigner. Ce présent sert à former d'autres temps.

PARFAIT et PLUSQUE-PARFAIT. *Docuisse*, avoir enseigné.

Il se forme du parfait de l'indicatif actif, ajoutant *sse* avec deux *ss*.

FUTUR. *Docturum*, *docturam*, *docturum esse*, ou *fuisse*, devoir enseigner, qu'il enseignera, *ou* qu'il auroit enseigné.

Il se forme du supin en *u*, ajoutant *rum*, *ram*, *rum* avec *esse*, ou *fuisse*.

On ajoute *esse*, pour exprimer le futur de l'indicatif, ou l'imparfait du subjonctif; et *fuisse*, pour exprimer le plusque-parfait du subjonctif, après un *que* retranché.

GÉRONDIFS. *Docendi*, d'enseigner; *docendo*, en enseignant; *docendum*, à enseigner, *ou* pour enseigner.

Il se forme du présent de l'indicatif actif, changeant *o* en *ndi*, en *ndo*, en *ndum*.

SUPINS. *Doctum*, aller enseigner; *doctu*, à enseigner, *ou* d'être enseigné.

Les supins servent à former d'autres temps.

PARTICIPE du présent. *Docens*, génitif, *docentis*, enseignant, qui enseigne, *ou* qui enseignoit.

Il se forme du présent de l'indicatif actif, changeant *a* en *ns*.

PARTICIPE du futur. *Docturus*, *doctura*, *docturum*, qui enseignera, *ou* qui doit enseigner.

Il se forme du supin en *u*, ajoutant *rus*, *ra*, *rum*.

LE PASSIF.

INDICATIF PRÉSENT. *Doceor*, je suis enseigné; *doceris*, ou *docere*, tu es enseigné; *docetur*, il est enseigné.

Pluriel. *Docemur*, nous sommes enseignés; *docemini*, vous êtes enseignés; *docentur*, ils sont enseignés.

Il se forme du présent de l'indicatif actif, ajoutant *r*.

IMPARFAIT. *Docebar*, j'étois enseigné; *docebaris*, ou *docebare*, tu étois enseigné; *docebatur*, il étoit enseigné.

Pluriel. *Docebamur*, nous étions enseignés; *docebamini*, vous étiez enseignés; *docebantur*, ils étoient enseignés.

Il se forme du présent de l'indicatif actif, changeant *o* en *bar*.

PARFAIT. *Doctus sum*, ou *fui*, j'ai été, *ou* je fus enseigné; *doctus es*, ou *fuisti*, tu as été, *ou* tu fus enseigné; *doctus est*, ou *fuit*, il a été, *ou* il fut enseigné.

Pluriel. *Docti sumus*, ou *fuimus*, nous avons été, *ou* nous fûmes enseignés; *docti estis*, ou *fuistis*, vous avez été, *ou* vous fûtes enseignés; *docti sunt*, ou *fuerunt*, ou *fuere*, ils ont été, *ou* ils furent enseignés.

Il se forme du supin en *u*, ajoutant *s* avec *sum*, ou *fui*, etc.

PLUSQUE-PARFAIT. *Doctus eram*, ou *fueram*, j'avois été enseigné; *doctus eras*, ou *fueras*, tu avois été enseigné; *doctus erat*, ou *fuerat*, il avoit été enseigné.

Pluriel. *Docti eramus*, ou *fueramus*, nous avions été enseignés; *docti eratis*, ou *fueratis*, vous aviez été enseignés; *docti erant*, ou *fuerant*, ils avoient été enseignés.

Il se forme du supin en *u*, ajoutant *s* avec *eram*, ou *fueram*, etc.

FUTUR. *Docebor*, je serai enseigné; *doceberis*, ou *docebere*, tu seras enseigné; *docebitur*, il sera enseigné.

Pluriel. *Docebimur*, nous serons enseignés; *docebimini*, vous serez enseignés; *docebuntur*, ils seront enseignés.

Il se forme du présent de l'indicatif actif, changeant *o* en *bor*.

IMPÉRATIF PRÉSENT. *Docere*, sois enseigné; *doceatur*, qu'il soit enseigné.

Pluriel. *Doceamur*, soyons enseignés; *doceamini*, soyez enseignés; *doceantur*, qu'ils soient enseignés.

Le présent de l'impératif passif, qui est semblable au présent de l'infinitif actif, dans les quatre conjugaisons, se forme du présent de l'indicatif actif, changeant *o* en *re*.

FUTUR. *Docetor* (*tu*), sois enseigné; *docetor* (*ille*), qu'il soit enseigné.

Pluriel. *Doceamur*, soyons enseignés; *doceminor*, soyez enseignés; *docentor*, qu'ils soient enseignés.

Il se forme du présent de l'indicatif actif, changeant *o* en *tor*.

SUBJONCTIF PRÉSENT. *Docear*, que je sois enseigné; *docearis*, ou *doceare*, tu sois enseigné; *doceatur*, qu'il soit enseigné.

Pluriel. *Doceamur*, que nous soyons enseignés; *doceamini*, vous soyez enseignés; *doceantur*, qu'ils soient enseignés.

Il se forme du présent de l'indicatif actif, changeant *o* en *ar*.

IMPARFAIT. *Docerer*, que je fusse, *ou* je serois enseigné; *docereris*, ou *docerere*, tu fusses, *ou* tu serois enseigné; *doceretur*, il fût, *ou* il seroit enseigné.

Pluriel. *Doceremur*, nous fussions, *ou* nous serions enseignés; *doceremini*, vous fussiez, *ou* vous seriez enseignés; *docerentur*, ils fussent, *ou* ils seroient enseignés.

Il se forme du présent de l'infinitif actif, *ou* du présent de l'impératif passif, qui est semblable au présent de l'infinitif actif, ajoutant *r*.

PARFAIT. *Doctus sim*, ou *fuerim*, que j'aie été enseigné; *doctus sis*, ou *fueris*, tu aies été enseigné; *doctus sit*, ou *fuerit*, il ait été enseigné.

Pluriel. *Docti simus*, ou *fuerimus*, nous ayons été enseignés; *docti sitis*, ou *fueritis*, vous ayez été enseignés; *docti sint*, ou *fuerint*, ils aient été enseignés.

Il se forme du supin en *u*, ajoutant *s* avec *sim*, ou *fuerim*, etc.

PLUSQUE-PARFAIT. *Doctus essem*, ou *fuissem*, que j'eusse, *ou* j'aurois été enseigné; *doctus esses*, ou *fuisses*, tu eusses, *ou* tu aurois été enseigné; *doctus esset*, ou *fuisset*, il eût, *ou* il auroit été enseigné.

Pluriel. *Docti essemus*, ou *fuissemus*, nous eussions, *ou* nous aurions été enseignés; *docti essetis*, ou *fuissetis*, vous eussiez, *ou* vous auriez été enseignés; *docti essent*, *ou fuissent*, ils eussent, *ou* ils auroient été enseignés.

Il se forme du supin en *u*, ajoutant *s* avec *essem*, ou *fuissem*, etc.

FUTUR. *Doctus ero*, ou *fuero*, j'aurai été enseigné; *doctus eris*, ou *fueris*, tu auras été enseigné; *doctus erit*, ou *fuerit*, il aura été enseigné.

Pluriel. *Docti erimus*, ou *fuerimus*, nous aurons été enseignés; *docti eritis*, ou *fueritis*, vous aurez été enseignés; *docti erunt*, ou *fuerunt*, ils auront été enseignés.

Il se forme du supin en *u*, ajoutant *s* avec *ero*, ou *fuero*, etc.

Infinitif présent et imparfait. *Doceri*, être enseigné.

Il se forme du présent de l'indicatif actif, changeant *e* en *i*.

Parfait et plusque-parfait. *Doctum*, *doctam*, *doctum esse*, ou *fuisse*, avoir été enseigné.

Il se forme du supin en *um*, ajoutant *esse*, ou *fuisse*.

Futur. *Doctum iri*, ou *docendum*, *docendam*, *docendum esse*, ou *fuisse*, devoir être enseigné, qu'il sera enseigné, *ou* qu'il auroit été enseigné.

La première partie de ce futur se forme du supin en *um*, ajoutant *iri*; et la seconde partie se forme du présent de l'indicatif actif, changeant *o* en *ndum*, en *ndam*, en *ndum*, en ajoutant *esse*, ou *fuisse*.

On se sert ordinairement de la première partie de ce futur, pour exprimer le futur de l'indicatif, *ou* l'imparfait du subjonctif passif; et de la seconde avec *fuisse*, pour exprimer le plusque-parfait du subjonctif passif, après un *que* retranché.

Participe du prétérit. *Doctus*, *docta*, *doctum*, enseigné, qui a été enseigné, *ou* ayant été enseigné.

Il se forme du supin en *u*, ajoutant *s*.

Participe du futur. *Docendus*, *docenda*, *docendum*, qui sera enseigné, *ou* qui doit être enseigné.

Il se forme du présent de l'indicatif actif, changeant *o* en *ndus*, en *nda*, en *ndum*.

Verbes à conjuguer comme Doceo.

Présent.	Parfait.	Supin en um.	Infinitif,	
Terreo.	Terrui.	Territum.	Terrere.	*Épouvanter.*
Deleo.	Delevi.	Deletum.	Delere.	*Effacer.*
Obsideo.	Obsedi.	Obsessum.	Obsidere.	*Assiéger.*
Tergeo.	Tersi.	Tersum.	Tergere.	*Nettoyer.*

Verbes déponens de la seconde conjugaison.

Indicatif présent. *Polliceor*, je promets; *polliceris*, ou *pollicere*, tu promets; *pollicetur*, il promet.

Pluriel. *Pollicemur*, nous promettons; *pollicemini*, vous promettez; *pollicentur*, ils promettent.

Imparfait. *Pollicebar*, je promettois; *pollicebaris*, ou *pollicebare*, tu promettois; *pollicebatur*, il promettoit.

Pluriel. *Pollicebamur*, nous promettions; *pollicebamini*, vous promettiez; *pollicebantur*, ils promettoient.

PARFAIT. *Pollicitus sum*, ou *fui*, j'ai promis, *ou* je promis; *pollicitus es*, ou *fuisti*, tu as promis, *ou* tu promis; *pollicitus est*, ou *fuit*, il a promis, *ou* il promit.

Pluriel. *Polliciti sumus*, ou *fuimus*, nous avons promis, *ou* nous promîmes; *polliciti estis*, ou *fuistis*, vous avez promis, *ou* vous promîtes; *polliciti sunt*, ou *fuerunt*, ou *fuêre*, ils ont promis, *ou* ils promirent.

PLUSQUE-PARFAIT. *Pollicitus eram*, ou *fueram*, j'avois promis; *pollicitus eras*, ou *fueras*, tu avois promis; *pollicitus erat*, ou *fuerat*, il avoit promis.

Pluriel. *Polliciti eramus*, ou *fueramus*, nous avions promis; *polliciti eratis*, ou *fueratis*, vous aviez promis; *polliciti erant*, ou *fuerant*, ils avoient promis.

FUTUR. *Pollicebor*, je promettrai; *polliceberis*, ou *pollicibere*, tu promettras; *pollicebitur*, il promettra.

Pluriel. *Pollicebimur*, nous promettrons; *pollicebimini*, vous promettrez; *pollicebuntur*, ils promettront.

IMPÉRATIF PRÉSENT. *Pollicere*, promets; *polliceatur*, qu'il promette.

Pluriel. *Polliceamur*, promettons; *pollicemini*, promettez; *polliceantur*, qu'ils promettent.

FUTUR. *Pollicetor* (*tu*), promets; *pollicetor* (*ille*), qu'il promette.

Pluriel. *Polliceamur*, promettons; *polliceminor*, promettez; *pollicentor*, qu'ils promettent.

SUBJONCTIF PRÉSENT. *Pollicear*, que je promette; *pollicearis*, ou *polliceare*, tu promettes; *polliceatur*, il promette.

Pluriel. *Polliceamur*, nous promettions; *polliceamini*, vous promettiez; *polliceantur*, ils promettent.

IMPARFAIT. *Pollicerer*, que je promisse, *ou* je promettrois; *pollicereris*, ou *pollicerere*, tu promisses, *ou* tu promettrois; *polliceretur*, il promît, *ou* il promettroit.

Pluriel. *Polliceremur*, nous promissions, *ou* nous promettrions; *polliceremini*, vous promissiez, *ou* vous promettriez; *pollicerentur*, ils promissent, *ou* ils promettroient.

PARFAIT. *Pollicitus sim*, ou *fuerim*, que j'aie promis; *pollicitus sis*, ou *fueris*, tu aies promis *pollicitus sit*, ou *fuerit*, il ait promis.

Pluriel. *Polliciti simus*, ou *fuerimus*, nous ayons promis; *polliciti sitis*, ou *fueritis*, vous ayez promis; *polliciti sint*, ou *fuerint*, ils aient promis.

PLUSQUE-PARFAIT. *Pollicitus essem*, ou *fuissem*, que j'eusse, *ou* j'aurois promis; *pollicitus esses*, ou *fuisses*, tu eusses, *ou* tu aurois promis; *pollicitus esset*, ou *fuisset*, il eût, *ou* il auroit promis.

Pluriel. *Polliciti essemus*, ou *fuissemus*, nous eussions, *ou* nous aurions promis; *polliciti essetis*, ou *fuissetis*, vous eussiez, *ou* vous auriez promis; *polliciti essent*, ou *fuissent*, ils eussent, *ou* ils auroient promis.

FUTUR. *Pollicitus ero*, ou *fuero*, que j'aurai promis; *pollicitus eris*, ou *fueris*, tu auras promis; *pollicitus erit*, ou *fuerit*, il aura promis.

Pluriel. *Polliciti erimus*, ou *fuerimus*, nous aurons promis; *polliciti eritis*, ou *fueritis*, vous aurez promis; *polliciti erunt*, ou *fuerint*, ils auront promis.

INFINITIF PRÉSENT et IMPARFAIT. *Polliceri*, promettre.

PARFAIT et PLUSQUE-PARFAIT. *Pollicitum*, *pollicitam*, *pollicitum esse*, ou *fuisse*, avoir promis.

FUTUR. *Polliciturum*, *pollicituram*, *polliciturum esse*, ou *fuisse*, devoir promettre, qu'il promettra, *ou* qu'il aura promis.

GÉRONDIFS. *Pollicendi*, de promettre; *pollicendo*, en promettant; *pollicendum*, à promettre, *ou* pour promettre.

SUPINS. *Pollicitum*, aller promettre; *pollicitu*, à promettre, *ou* d'être promis.

PARTICIPE du présent. *Pollicens*, génitif, *pollicentis*, promettant, qui promet, *ou* qui promettoit.

PARTICIPE du prétérit. *Pollicitus*, *pollicita*, *pollicitum*, qui a promis, *ou* ayant promis.

PARTICIPE du futur. *Polliciturus*, *pollicitura*, *polliciturum*, qui promettra, *ou* qui doit promettre.

Verbes à conjuguer comme Polliceor.

Présent.	Parfait.	Infinitif.	
Misereor.	*Misertus sum.*	*Misereri.*	Avoir pitié.
Fateor.	*Fassus sum.*	*Fateri.*	Avouer.

LA TROISIÈME CONJUGAISON.

L'ACTIF.

INDICATIF PRÉSENT. *Lego*, je lis; *legis*, tu lis; *legit*, il lit.

Pluriel. *Legimus*, nous lisons; *legitis*, vous lisez; *legent*, ils lisent.

Ce présent sert à former d'autres temps.

IMPARFAIT. *Legebam*, je lisois; *legebas*, tu lisois; *legebat*, il lisoit.

Pluriel. *Legebamus*, nous lisions; *legebatis*, vous lisiez; *legebant*, ils lisoient.

Il se forme du présent, changeant *o* en *ebam*.

PARFAIT. *Legi*, j'ai lu, *ou* je lus; *legisti*, tu as lu, *ou* tu lus; *legit*, il a lu, *ou* il lut.

Pluriel. *Legimus*, nous avons lu, *ou* nous lûmes; *legistis*, vous avez lu, *ou* vous lûtes; *legerunt*, oü *legêre*, ils ont lu, *ou* ils lurent.

Ce parfait sert à former d'autres temps.

PLUSQUE-PARFAIT. *Legeram*, j'avois lu; *legeras*, tu avois lu; *legerat*, il avoit lu.

Pluriel. *Legeramus*, nous avions lu; *legeratis*, vous aviez lu; *legerant*, ils avoient lu.

Il se forme du parfait, changeant *i* en *eram*.

FUTUR *Legam*, je lirai; *leges*, tu liras; *leget*, il lira.

Pluriel. *Legemus*, nous lirons; *legetis*, vous lirez; *legent*, ils liront.

Il se forme du présent, changeant *o* en *am*, pour la première personne du singulier, et en *es*, pour la seconde, etc.

IMPÉRATIF PRÉSENT. *Lege*, lis; *legat*, qu'il lise.

Pluriel. *Legamus*, lisons; *legite*, lisez; *legant*, qu'ils lisent.

Il se forme du présent de l'infinitif actif, ôtant *re*.

FUTUR. *Legito (tu)*, lis; *legito (ille)*, qu'il lise.

Pluriel. *Legamus*, lisons; *legitote*, lisez; *legunto*, qu'ils lisent.

Il se forme du présent de l'indicatif actif, changeant *o* ou *io*, en *ito*.

SUBJONCTIF PRÉSENT. *Legam*, que je lise, *legas*, que tu lises ; *legat*, qu'il lise.

Pluriel. *Legamus*, que nous lisions ; *legatis*, que vous lisiez ; *legant*, qu'ils lisent.

Il se forme du présent de l'indicatif actif, changeant *o* en *am*.

IMPARFAIT. *Legerem*, que je lusse, *ou* je lirois ; *legeres*, tu lusses, *ou* tu lirois ; *legeret*, il lût, *ou* il liroit.

Pluriel. *Legeremus*, nous lussions, *ou* nous lirions ; *legeritis*, vous lussiez, *ou* vous liriez ; *legerent*, ils lussent, *ou* ils liroient.

Il se forme du présent de l'infinitif actif, ajoutant *m*.

PARFAIT. *Legerim*, que j'aie lu ; *legeris*, tu aies lu ; *legerit*, il ait lu.

Pluriel. *Legerimus*, nous ayons lu ; *legeritis*, vous ayez lu ; *legerint*, ils aient lu.

Il se forme du parfait de l'indicatif actif, changeant *i* en *erim*.

PLUSQUE-PARFAIT. *Legissem*, que j'eusse, *ou* j'aurois lu ; *legisses*, tu eusses, *ou* tu aurois lu ; *legisset*, il eût, *ou* il auroit lu.

Pluriel. *Legissemus*, nous eussions, *ou* nous aurions lu ; *legissetis*, vous eussiez, *ou* vous auriez lu ; *legissent*, ils eussent, *ou* ils auroient lu.

Il se forme du parfait de l'indicatif actif, ajoutant *ssem* avec deux *ss*.

FUTUR. *Legero*, j'aurai lu ; *legeris*, tu auras lu ; *legerit*, il aura lu.

Pluriel. *Legerimus*, nous aurons lu ; *legeritis*, vous aurez lu ; *legerint*, ils auront lu.

Il se forme du parfait de l'indicatif actif, changeant *i* en *ero*.

INFINITIF PRÉSENT et IMPARFAIT. *Legere*, lire.
Ce présent sert à former d'autres temps.

PARFAIT et PLUSQUE-PARFAIT. *Legisse*, avoir lu.

Il se forme du parfait de l'indicatif actif, ajoutant *sse*, avec deux *ss*.

FUTUR. *Lecturum*, *lecturam*, *lecturum esse*, *ou fuisse*, devoir lire, qu'il lira, *ou* qu'il auroit lu.

Il se forme du supin en *u*, ajoutant *rum*, *ram*, *rum*, avec *esse*, *ou fuisse*.

GÉRONDIFS. *Legendi*, de lire ; *legendo*, en lisant ; *legendum*, à lire, *ou* pour lire.

Il se forme du présent de l'indicatif actif, changeant *o* en *endi*, en *endo*, en *endum*.

Supins. *Lectum*, aller lire ; *lectu*, à lire, *ou* d'être lu.

Les supins servent à former d'autres temps.

Participe du présent. *Legens*, génitif, *legentis*, lisant, qui lit, *ou* qui lisoit.

Il se forme du présent de l'indicatif actif, changeant *o* en *ens*.

Participe du futur. *Lecturus*, *lectura*, *lecturum*, qui lira, *ou* qui doit lire.

Il se forme du supin en *u*, ajoutant *rus*, *ra*, *rum*.

LE PASSIF.

Indicatif présent. *Legor*, je suis lu ; *legeris*, ou *legere*, tu es lu ; *legitur*, il est lu.

Pluriel. *Legimur*, nous sommes lus ; *legimini*, vous êtes lus ; *leguntur*, ils sont lus.

Il se forme du présent de l'indicatif actif, ajoutant *r*.

La seconde personne du présent de l'indicatif passif des verbes de la troisième conjugaison terminés en *io*, se forme du présent de l'indicatif actif, changeant *io* en *eris* ; comme *decipio*, *deciperis*.

Imparfait. *Legebar*, j'étois lu ; *legebaris*, ou *legebare*, tu étois lu ; *legebatur*, il étoit lu.

Pluriel. *Legebamur*, nous étions lus ; *legebamini*, vous étiez lus ; *legebantur*, ils étoient lus.

Il se forme du présent de l'indicatif actif, changeant *o* en *ebar*.

Parfait. *Lectus sum*, ou *fui*, j'ai été, *ou* je fus lu ; *lectus es*, ou *fuisti*, tu as été, *ou* tu fus lu ; *lectus est*, ou *fuit*, il a été, *ou* il fut lu.

Pluriel. *Lecti sumus*, ou *fuimus*, nous avons été, *ou* nous fûmes lus ; *lecti estis*, ou *fuistis*, vous avez été, *ou* vous fûtes lus ; *lecti sunt*, ou *fuerunt*, *ou fuêre*, ils ont été, *ou* ils furent lus.

Il se forme du supin en *u*, ajoutant *s*, avec *sum*, ou *fui*, etc.

Plusque-parfait. *Lectus eram*, ou *fueram*, j'avois été lu ; *lectus eras*, ou *fueras*, tu avois été lu ; *lectus erat*, ou *fuerat*, il avoit été lu.

Pluriel. *Lecti eramus*, ou *fueramus*, nous avions été lus ; *lecti eratis*, ou *fueratis*, vous aviez été lus ; *lecti erant*, ou *fuerant*, ils avoient été lus.

II

Il se forme du supin en *u*, ajoutant *s* avec *eram*, ou *fueram*, etc.

FUTUR. *Legar*, je serai lu; *legeris*, ou *legere*, tu seras lu; *legetur*, il sera lu.

Pluriel. *Legemur*, nous serons lus; *legemini*, vous serez lus; *legentur*, ils seront lus.

Il se forme du présent de l'indicatif actif, changeant *o* en *ar*, pour la première personne du singulier, et en *eris*, pour la seconde, etc.

IMPÉRATIF PRÉSENT. *Legere*, sois lu; *legatur*, qu'il soit lu.

Pluriel. *Legamur*, soyons lus; *legimini*, soyez lus; *legantur*, qu'ils soient lus.

Le présent de l'impératif passif, qui est semblable au présent de l'infinitif actif dans les quatre conjugaisons, se forme du présent de l'indicatif actif, changeant *o*, ou *io*, en *ere*.

FUTUR. *Legitor* (*tu*), sois lu; *legitor* (*ille*), qu'il sois lu.

Pluriel. *Legamur*, soyons lus; *legiminor*, soyez lus; *leguntor*, qu'ils soient lus.

Il se forme du présent de l'indicatif actif, changeant *o*, ou *io*, en *itor*.

SUBJONCTIF PRÉSENT. *Legar*, que je sois lu; *legaris*, ou *legare*, tu sois lu; *legatur*, il soit lu.

Pluriel. *Legamur*, que nous soyons lus; *legamini*, vous soyez lus; *legantur*, ils soient lus.

Il se forme du présent de l'indicatif actif, changeant *o* en *ar*.

IMPARFAIT. *Legerer*, que je fusse, *ou* je serois lu; *legereris*, ou *legerere*, tu fusses, *ou* tu serois lu; *legeretur*, il fût, *ou* il seroit lu.

Pluriel. *Legeremur*, nous fussions, *ou* nous serions lus; *legeremini*, vous fussiez, *ou* vous seriez lus; *legerentur*, ils fussent, *ou* ils seroient lus.

Il se forme du présent de l'infinitif actif, ou du présent de l'impératif passif, qui est semblable au présent de l'infinitif actif, ajoutant *r*.

PARFAIT. *Lectus sim*, ou *fuerim*, que j'aie été lu; *lectus sis*, ou *fueris*, tu aies été lu; *lectus sit*, ou *fuerit*, il ait été lu.

Pluriel. *Lecti simus*, ou *fuerimus*, nous ayons été lu;

lecti sitis, ou *fueritis*, vous ayez été lus ; *lecti sint*, ou *fuerint*, ils aient été lus.

Il se forme du supin en *u*, ajoutant *s* avec *sim*, ou *fuerim*, etc.

PLUS-QUE-PARFAIT. *Lectus essem*, ou *fuissem*, que j'eusse, *ou* j'aurois été lu ; *lectus esses*, ou *fuisses*, tu eusses, *ou* tu aurois été lu ; *lectus esset*, ou *fuisset*, il eût, *ou* il auroit été lu.

Pluriel. *Lecti essemus*, ou *fuissemus*, nous eussions, *ou* nous aurions été lus ; *lecti essetis*, ou *fuissetis*, vous eussiez, *ou* vous auriez été lus ; *lecti essent*, ou *fuissent*, ils eussent, *ou* ils auroient été lus.

Il se forme du supin en *u*, ajoutant *s* avec *essem*, ou *fuissem*, etc.

FUTUR. *Lectus ero*, ou *fuero*, j'aurai été lu ; *lectus eris*, ou *fueris*, tu auras été lu ; *lectus erit*, ou *fuerit*, il aura été lu.

Pluriel. *Lecti erimus*, ou *fuerimus*, nous aurons été lus ; *lecti eritis*, ou *fueritis*, vous aurez été lus ; *lecti erunt*, ou *fuerint*, ils auront été lus.

Il se forme du supin en *u*, ajoutant *s* avec *ero*, ou *fuero*, etc.

INFINITIF PRÉSENT et IMPARFAIT. *Legi*, être lu.
Il se forme du présent de l'indicatif actif, changeant *o* en *i*.

PARFAIT et PLUS-QUE-PARFAIT. *Lectum*, *lectam*, *lectum esse*, ou *fuisse*, avoir été lu.

Il se forme du supin en *um*, ajoutant *esse*, ou *fuisse*.

FUTUR. *Lectum iri*, ou *legendum*, *legendam*, *legendum esse*, ou *fuisse*, devoir être lu, qu'il sera lu, *ou* qu'il auroit été lu.

La première partie de ce futur se forme du supin en *um*, ajoutant *iri* ; et la seconde partie se forme du présent de l'indicatif actif, changeant *o* en *endum*, en *endam*, en *endum*, en ajoutant *esse*, ou *fuisse*.

PARTICIPE du prétérit. *Lectus*, *lecta*, *lectum*, lu, qui a été lu, *ou* ayant été lu.

Il se forme du supin en *u*, ajoutant *s*.

PARTICIPE du futur. *Legendus*, *legenda*, *legendum*, qui sera, *ou* qui doit être lu.

Il se forme du présent de l'indicatif actif, changeant *o* en *endus*, en *enda*, en *endum*.

Verbes à conjuguer comme *Lego.*

Présent.	Parfait.	Supin en *um.*	Infinitif.	
Subigo.	*Subegi.*	*Subactum.*	*Subigere.*	Subjuguer.
Fallo.	*Fefelli.*	*Falsum.*	*Fallere.*	Tromper.
Perficio.	*Perfeci.*	*Perfectum.*	*Perficere.*	Achever.
Quæro.	*Quæsivi.*	*Quæsitum.*	*Quærere.*	Chercher.

CAPIO, autre Verbe ACTIF.

INDICATIF PRÉSENT. *Capio*, je prends; *capis*, tu prends; *capit*, il prend.

Pluriel. *Capimus*, nous prenons; *capitis*, vous prenez; *capiunt*, ils prennent.

IMPARFAIT. *Capiebam*, je prenois; *capiebas*, tu prenois; *capiebat*, il prenoit.

Pluriel. *Capiebamus*, nous prenions; *capiebatis*, vous preniez; *capiebant*, ils prenoient.

PARFAIT. *Cepi*, j'ai pris, *ou* je pris; *cepisti*, tu as pris, *ou* tu pris; *cepit*, il a pris, *ou* il prit.

Pluriel. *Cepimus*, nous avons pris, *ou* nous prîmes; *cepistis*, vous avez pris, *ou* vous prîtes; *ceperunt*, ou *cepêre*, ils ont pris, *ou* ils prirent.

PLUSQUE-PARFAIT. *Ceperam*, j'avois pris; *ceperas*, tu avois pris; *ceperat*, il avoit pris.

Pluriel. *Ceperamus*, nous avions pris; *ceperatis*, vous aviez pris; *ceperant*, ils avoient pris.

FUTUR. *Capiam*, je prendrai; *capies*, tu prendras; *capiet*, il prendra.

Pluriel. *Capiemus*, nous prendrons; *capietis*, vous prendrez; *capient*, ils prendront.

IMPÉRATIF. PRÉSENT. *Cape*, prends; *capiat*, qu'il prenne.

Pluriel. *Capiamus*, prenons; *capite*, prenez; *capiant*, qu'ils prennent.

FUTUR. *Capito* (*tu*), prends; *capito* (*ille*), qu'il prenne.

Pluriel. *Capiamus*, prenons; *capitote*, prenez; *capiunto*, qu'ils prennent.

SUBJONCTIF PRÉSENT. *Capiam*, que je prenne; *capias*, que tu prennes; *capiat*, qu'il prenne.

Pluriel. *Capiamus*, que nous prenions; *capiatis*, vous preniez; *capiant*, ils prennent.

IMPARFAIT. *Caperem*, que je prisse, *ou* je prendrois;

2

caperes, tu prisses, *ou* tu prendrois; *caperet*, il prît, *ou* il prendroit.

Pluriel. *Caperemus*, nous prissions, *ou* nous prendrions; *caperetis*, vous prissiez, *ou* vous prendriez; *caperent*; ils prissent, *ou* ils prendroient.

PARFAIT. *Ceperim*, que j'aie pris; *ceperis*, tu aies pris; *ceperit*, il ait pris.

Pluriel. *Ceperimus*, nous ayons pris; *ceperitis*, vous ayez pris; *ceperint*, ils aient pris.

PLUS-QUE-PARFAIT. *Cepissem*, que j'eusse, *ou* j'aurois pris; *cepisses*, tu eusses, *ou* tu aurois pris; *cepisset*, il eût, *ou* il auroit pris.

Pluriel. *Cepissemus*, nous eussions, *ou* nous aurions pris; *cepissetis*, vous eussiez, *ou* vous auriez pris; *cepissent*, ils eussent, *ou* ils auroient pris.

FUTUR. *Cepero*, j'aurai pris; *ceperis*, tu auras pris; *ceperit*, il aura pris.

Pluriel. *Ceperimus*, nous aurons pris; *ceperitis*, vous aurez pris; *ceperint*, ils auront pris.

INFINITIF PRÉSENT et IMPARFAIT. *Capere*, prendre.

PARFAIT et PLUS-QUE-PARFAIT. *Cepisse*, avoir pris.

FUTUR. *Capturum*, *capturam*, *capturum esse*, ou *fuisse*, devoir prendre, qu'il prendra, *ou* qu'il auroit pris.

GÉRONDIFS. *Capiendi*, de prendre; *capiendo*, en prenant; *capiendum*, à prendre, *ou* pour prendre.

SUPINS. *Captum*, aller prendre; *captu*, à prendre, *ou* d'être pris.

PARTICIPE du présent. *Capiens*, génitif, *capientis*, prenant, qui prend, *ou* qui prenoit.

PARTICIPE du futur. *Capturus*, *captura*, *capturum*, qui prendra, *ou* qui doit prendre.

LE PASSIF.

INDICATIF PRÉSENT. *Capior*, je suis pris; *caperis*, ou *capere*, tu es pris; *capitur*, il est pris.

Pluriel. *Capimur*, nous sommes pris; *capimini*, vous êtes pris; *capiuntur*, ils sont pris.

IMPARFAIT. *Capiebar*, j'étois pris; *capiebaris*, ou *capiebare*, tu étois pris; *capiebatur*, il étoit pris.

Pluriel. *Capiebamur*, nous étions pris; *capiebamini*, vous étiez pris; *capiebantur*, ils étoient pris.

PARFAIT. *Captus sum*, ou *fui*, j'ai été, *ou* je fus pris; *captus es*, ou *fuisti*, tu as été, *ou* tu fus pris; *captus est* ou *fuit*, il a été, *ou* il fut pris.

Pluriel. *Capti sumus*, ou *fuimus*, nous avons été, *ou*

nous fûmes pris; *capti estis*, ou *fuistis*, vous avez été, *ou* vous fûtes pris; *capti sunt*, ou *fuerunt*, ou *fuêre*, ils ont été, *ou* ils furent pris.

PLUS-QUE-PARFAIT. *Captus eram*, ou *fueram*, j'avois été pris; *captus eras*, ou *fueras*, tu avois été pris; *captus erat*, ou *fuerat*, il avoit été pris.

Pluriel. *Capti eramus*, ou *fueramus*, nous avions été pris; *capti eratis*, ou *fueratis*, vous aviez été pris; *capti erant*, ou *fuerant*, ils avoient été pris.

FUTUR. *Capiar*, je serai pris; *capieris*, ou *capiere*, tu seras pris; *capietur*, il sera pris.

Pluriel. *Capiemur*, nous serons pris; *capiémini*, vous serez pris; *capientur*, ils seront pris.

IMPÉRATIF PRÉSENT. *Capere*, sois pris; *capiatur*, qu'il soit pris.

Pluriel. *Capiamur*, soyons pris; *capiamini*, soyez pris; *capiantur*, qu'ils soient pris.

FUTUR. *Capitor* (*tu*), sois pris; *capitor* (*ille*), qu'il soit pris.

Pluriel. *Capiamur*, soyons pris; *capiminor*, soyez pris; *capiuntor*, qu'ils soient pris.

SUBJONCTIF PRÉSENT. *Capiar*, que je sois pris; *capiaris*, ou *capiare*, tu sois pris; *capiatur*, il soit pris.

Pluriel. *Capiamur*, nous soyons pris; *capiamini*, vous soyez pris; *capiantur*, ils soient pris.

IMPARFAIT. *Caperer*, que je fusse, *ou* je serois pris; *capereris*, ou *caperere*, tu fusses, *ou* tu serois pris; *caperetur*, il fût, *ou* il seroit pris.

Pluriel. *Caperemur*, nous fussions, *ou* nous serions pris; *caperemini*, vous fussiez, *ou* vous seriez pris; *caperentur*, ils fussent, *ou* ils seroient pris.

PARFAIT. *Captus sim*, ou *fuerim*, que j'aie été pris; *captus sis*, ou *fueris*, tu aies été pris; *captus sit*, ou *fuerit*, il ait été pris.

Pluriel. *Capti simus*, ou *fuerimus*, nous ayons été pris; *capti sitis*, ou *fueritis*, vous ayez été pris; *capti sint*, ou *fuerint*, ils aient été pris.

PLUSQUE-PARFAIT. *Captus essem*, ou *fuissem*, que j'eusses, *ou* j'aurois été pris; *captus esses*, ou *fuisses*, tu eusses, *ou* tu aurois été pris; *captus esset*, ou *fuisset*, il eût, *ou* il auroit été pris.

Pluriel. *Capti essemus*, ou *fuissemus*, nous eussions, *ou* nous aurions été pris; *capti essetis*, ou *fuissetis*, vous eussiez, *ou* vous auriez été pris ; *capti essent*, ou *fuissent*, ils eussent ; *ou* ils auroient été pris.

FUTUR. *Captus ero*, ou *fuero*, j'aurai été pris ; *captus eris*, ou *fueris*, tu auras été pris; *captus erit*, ou *fuerit*, il aura été pris.

Pluriel. *Capti erimus*, ou *fuerimus*, nous aurons été pris ; *capti eritis*, ou *fueritis*, vous aurez été pris ; *capti erunt*, ou *fuerint*, ils auront été pris.

INFINITIF PRÉSENT et IMPARFAIT. *Capi*, être pris.

PARFAIT et PLUSQUE-PARFAIT. *Captum, captam, captum esse*, ou *fuisse*, avoir été pris.

FUTUR. *Captum iri*, ou *capiendum, capiendam, capiendum esse*, ou *fuisse*, devoir être pris, qu'il sera pris ; *ou* qu'il auroit été pris.

PARTICIPE du prétérit. *Captus, capta, captum*, pris, qui a été pris, ayant été pris, *ou* étant pris.

PARTICIPE du futur. *Capiendus, capienda, capiendum* qui sera pris, qui doit être pris, *ou* devant être pris.

Verbes déponens de la troisième conjugaison.

INDICATIF PRÉSENT. *Sequor*, je suis; *sequeris*, ou *sequere*, tu suis ; *sequitur*, il suit.

Pluriel. *Sequimur*, nous suivons ; *sequeris*, vous suivez; *sequuntur*, ils suivent.

IMPARFAIT. *Sequebar*, je suivois; *sequebaris*, ou *sequebare*, tu suivois ; *sequebatur*, il suivoit.

Pluriel. *Sequebamur*, nous suivions ; *sequebamini*, vous suiviez; *sequebantur*, ils suivoient.

PARFAIT. *Secutus sum*, ou *fui*, j'ai suivi, *ou* je suivis; *secutus es*, ou *fuisti*, tu as suivi, *ou* tu suivis; *secutus est*, ou *fuit*, il a suivi, *ou* il suivit.

Pluriel. *Secuti sumus*, ou *fuimus*, nous avons suivi, *ou* nous suivîmes ; *secuti estis*, ou *fuistis*, vous avez suivi, *ou* vous suivîtes ; *secuti sunt*, ou *fuerunt*, ou *fuère*, ils ont suivi, *ou* ils suivirent.

PLUSQUE-PARFAIT. *Secutus eram*, ou *fueram*, j'avois suivi; *secutus eras*, ou *fueras*, tu avois suivi; *secutus erat*, ou *fuerat*, il avoit suivi.

Pluriel. *Secuti eramus*, ou *fueramus*, nous avions suivi ; *secuti eratis*, ou *fueratis*, vous aviez suivi; *secuti erant*, ou *fuerant*, ils avoient suivi.

FUTUR. *Sequar*, je suivrai; *sequeris*, ou *sequere*, tu suivras; *sequetur*, il suivra.

Pluriel. *Sequemur*, nous suivrons; *sequemini*, vous suivrez; *sequentur*, ils suivront.

IMPÉRATIF PRÉSENT. *Sequere*, suis; *sequatur*, qu'il suive.

Pluriel. *Sequamur*, suivons; *sequimini*, suivez; *sequantur*, qu'ils suivent.

FUTUR. *Sequitor* (*tu*), suis; *sequitor* (*ille*), qu'il suive.

Pluriel. *Sequamur*, suivons; *sequiminor*, suivez; *sequuntor*, qu'ils suivent.

SUBJONCTIF PRÉSENT. *Sequar*, que je suive; *sequaris*, ou *sequare*, que tu suives; *sequatur*, qu'il suive.

Pluriel. *Sequamur*, nous suivions; *sequamini*, vous suiviez; *sequantur*, ils suivent.

IMPARFAIT. *Sequerer*, que je suivisse, *ou* je suivrois; *sequereris*, ou *sequerere*, tu suivisses, *ou* tu suivrois; *sequeretur*, il suivît, *ou* il suivroit.

Pluriel. *Sequerèmur*, nous suivissions, *ou* nous suivrions; *sequeremini*, vous suivissiez, *ou* vous suivriez; *sequerentur*, ils suivissent, *ou* ils suivroient.

PARFAIT. *Secutus sim*, ou *fuerim*, que j'aie suivi; *secutus sis*, ou *fueris*, tu aies suivi, *secutus sit*, ou *fuerit*, il ait suivi.

Pluriel. *Secuti simus*, ou *fuerimus*, nous ayions suivi; *secuti sitis*, ou *fueritis*, vous ayiez suivi; *secuti sint*, ou *fuerint*, ils aient suivi.

PLUSQUE-PARFAIT. *Secutus essem*, ou *fuissem*, que j'eusse, *ou* j'aurois suivi; *secutus esses*, ou *fuisses*, tu eusses, *ou* tu aurois suivi; *secutus esset*, ou *fuisset*, il eût, *ou* il auroit suivi.

Pluriel. *Secuti essemus*, ou *fuissemus*, nous eussions, *ou* nous aurions suivi; *secuti essetis*, ou *fuissetis*, vous eussiez, *ou* vous auriez suivi; *secuti essent*, ou *fuissent*, ils eussent, *ou* ils auroient suivi.

FUTUR. *Secutus ero*, ou *fuero*, j'aurai suivi; *secutus eris*, ou *fueris*, tu auras suivi; *secutus erit*, ou *fuerit*, il aura suivi.

Pluriel. *Secuti erimus*, ou *fuerimus*, nous aurons suivi; *secuti eritis*, ou *fueritis*, vous aurez suivi; *secuti erunt*, ou *fuerint*, ils auront suivi.

INFINITIF PRÉSENT et IMPARFAIT. *Sequi*, suivre.

PARFAIT et PLUSQUE-PARFAIT. *Secutum, secutam, se-cutum esse*, ou *fuisse*, avoir suivi.

FUTUR. *Secuturum, secuturam, secuturum esse*, ou *fuisse*, devoir suivre, qu'il suivra, ou qu'il auroit suivi.

GÉRONDIFS. *Sequendi*, de suivre ; *sequendo*, en suivant ; *sequendum*, à suivre, *ou* pour suivre.

SUPINS. *Secutum*, aller suivre ; *secutu*, à suivre, *ou* d'être suivi.

PARTICIPE du présent. *Sequens*, génitif, *sequentis*, suivant, qui suit, *ou* qui suivoit.

PARTICIPE du passé. *Secutus, secuta, secutum*, qui a suivi, *ou* ayant suivi.

PARTICIPE du futur. *Secuturus, secutura, secuturum*, qui suivra, *ou* qui doit suivre.

Verbes déponens, à conjuguer comme *Sequor*.

Présent.	Parfait.	Infinitif.	
Adipiscor.	*Adeptus sum.*	*Adipisci.*	Acquérir.
Ulciscor.	*Ultus sum,*	*Ulcisci.*	Venger.
Aggredior.	*Aggressus sum.*	*Aggredi.*	Entreprendre.
Patior.	*Passus sum.*	*Pati.*	Endurer.

Remarquez que *nascor, natus sum, nasci*, naître, a, au futur de l'infinitif, *nasciturus.*

AUTRE VERBE DÉPONENT.

MORIOR.

INDICATIF PRÉSENT. *Morior*, je meurs ; *moreris*, ou *morere*, tu meurs ; *moritur*, il meurt.

Pluriel. *Morimur*, nous mourons ; *morimini*, vous mourez ; *moriuntur*, ils meurent.

IMPARFAIT. *Moriebar*, je mourois ; *moriebaris*, ou *moriebare*, tu mourois ; *moriebatur*, il mouroit.

Pluriel. *Moriebamur*, nous mourions ; *moriebamini*, vous mouriez ; *moriebantur*, ils mouroient.

PARFAIT. *Mortuus sum*, ou *fui*, je suis mort, *ou* je mourus ; *mortuus es*, ou *fuisti*, tu es mort, *ou* tu mourus ; *mortuus est*, ou *fuit*, il est mort, *ou* il mourut.

Pluriel. *Mortui sumus*, ou *fuimus*, nous sommes morts, *ou* nous mourûmes ; *mortui estis*, ou *fuistis*, vous êtes morts, *ou* vous mourûtes ; *mortui sunt*, ou *fuerunt*, ou *fuère*, ils sont morts, *ou* ils moururent.

PLUS-QUE-PARFAIT. *Mortuus eram* ou *fueram*, j'étois mort; *mortuus eras*, ou *fueras*, tu étois mort; *mortuus erat*, ou *fuerat* il étoit mort.

Pluriel. *Mortui eramus*, ou *fueramus*, nous étions morts; *mortui eratis*, ou *fueratis*, vous étiez morts; *mortui erant*, ou *fuerant*, ils étoient morts.

FUTUR. *Moriar*, je mourrai; *morieris*, ou *moriere*, tu mourras; *morietur*, il mourra.

Pluriel. *Moriemur*, nous mourrons; *moriemini*, vous mourrez; *morientur*, ils mourront.

IMPÉRATIF PRÉSENT. *Morere*, meurs; *moriatur*, qu'il meure.

Pluriel. *Moriamur*, mourons; *moriamini*, mourez; *moriantur*, qu'ils meurent.

FUTUR. *Moritor* (*tu*), meurs; *moritor* (*ille*), qu'il meure.

Pluriel. *Moriamur*, mourons; *moriminor*, mourez, *moriuntur*, qu'ils meurent.

SUBJONCTIF PRÉSENT. *Moriar*, que je meure, *moriaris*, ou *moriare*, tu meures; *moriatur*, il meure.

Pluriel. *Moriamur*, nous mourions; *moriamini*, vous mouriez; *moriantur*, ils meurent.

IMPARFAIT. *Morerer*, que je mourusse, *ou* je mourrois; *moreris*, ou *morere*, tu mourusses, *ou* tu mourrois; *moreretur*, il mourût, *ou* il mourroit.

Pluriel. *Moreremur*, nous mourussions, *ou* nous mourrions; *moreremini*, vous mourussiez, *ou* vous mourriez; *morerentur*, ils mourussent, *ou* ils mourroient.

PARFAIT. *Mortuus sim*, ou *fuerim*, que je sois mort; *mortuus sis*, ou *fueris*, tu sois mort; *mortuus sit*, ou *fuerit*, il soit mort.

Pluriel. *Mortui simus*, ou *fuerimus*, nous soyions morts; *mortui sitis*, ou *fueritis*, vous soyiez morts; *mortui sint*, ou *fuerint*, ils soient morts.

PLUS-QUE-PARFAIT. *Mortuus essem*, ou *fuissem*, que je fusse, *ou* je serois mort; *mortuus esses*, ou *fuisses*, tu fusses, *ou* tu serois mort; *mortuus esset*, ou *fuisset*, il fût, *ou* il seroit **mort.**

Pluriel. *Mortui essemus*, ou *fuissemus*, nous fussions, *ou* nous serions morts; *mortui essetis*, ou *fuissetis*, vous fussiez, *ou* vous seriez morts; *mortui essent*, ou *fuissent*, ils fussent, *ou* ils seroient morts.

FUTUR. *Mortuus ero*, ou *fuero*, je serai mort ; *mortuus eris*, ou *fueris*, tu seras mort ; *mortuus erit*, ou *fuerit*, il sera mort.

Pluriel. *Mortui erimus*, ou *fuerimus*, nous serons morts ; *mortui eritis*, ou *fueritis*, vous serez morts ; *mortui erunt*, ou *fuerint*, ils seront morts.

INFINITIF PRÉSENT et IMPARFAIT. *Mori*, mourir.

PARFAIT et PLUSQUE-PARFAIT. *Mortuum*, *mortuam*, *mortuum esse*, ou *fuisse*, être mort.

FUTUR. *Moriturum*, *morituram*, *moriturum esse*, ou *fuisse*, devoir mourir, qu'il mourra, *ou* qu'il seroit mort.

GÉRONDIFS. *Moriendi*, de mourir ; *moriendo*, en mourant ; *moriendum*, à mourir, *ou* pour mourir.

PARTICIPE du présent. *Moriens*, génitif, *morientis*, mourant, qui meurt, *ou* qui mouroit.

PARTICIPE du passé. *Mortuus*, *mortua*, *mortuum*, qui est mort, *ou* étant mort.

PARTICIPE du futur. *Moriturus*, *moritura*, *moriturum*, qui mourra, *ou* qui doit mourir.

LA QUATRIÈME CONJUGAISON.
L'ACTIF.

INDICATIF PRÉSENT. *Audio*, j'écoute ; *audis*, tu écoutes ; *audit*, il écoute.

Pluriel. *Audimus*, nous écoutons ; *auditis*, vous écoutez ; *audiunt*, ils écoutent.

Ce présent sert à former d'autres temps.

IMPARFAIT. *Audiebam*, j'écoutois ; *audiebas*, tu écoutois ; *audiebat*, il écoutoit.

Pluriel. *Audiebamus*, nous écoutions ; *audiebatis*, vous écoutiez ; *audiebant*, ils écoutoient.

Il se forme du présent, changeant *o* en *ebam*.

PARFAIT. *Audivi*, j'ai écouté, *ou* j'écoutai ; *audivisti*, tu as écouté, *ou* tu écoutas ; *audivit*, il a écouté, *ou* il écouta.

Pluriel. *Audivimus*, nous avons écouté, *ou* nous écoutâmes ; *audivistis*, vous avez écouté, *ou* vous écoutâtes ; *audiverunt*, ou *audivère*, ils ont écouté, *ou* ils écoutèrent.

Ce parfait sert à former d'autres temps.

PLUSQUE-PARFAIT. *Audiveram*, j'avois écouté ; *audiveras*, tu avois écouté ; *audiverat*, il avoit écouté.

Pluriel. *Audiveramus*, nous avions écouté; *audiveratis*, vous aviez écouté; *audiverant*, ils avoient écouté.

Il se forme du parfait, changeant *i* en *eram*.

FUTUR. *Audiam*, j'écouterai; *audies*, tu écouteras; *audiet*, il écoutera.

Pluriel. *Audiemus*, nous écouterons; *audietis*, vous écouterez; *audient*, ils écouteront.

Il se forme du présent, changeant *o* en *am*, pour la première personne du singulier, et en *es*, pour la seconde, etc.

IMPÉRATIF PRÉSENT. *Audi*, écoute; *audiat*, qu'il écoute.

Pluriel. *Audiamus*, écoutons; *audite*, écoutez; *audiant*, qu'ils écoutent.

Il se forme du présent de l'infinitif actif, ôtant *re*.

FUTUR. *Audito (tu)*, écoute; *audito (ille)*, qu'il écoute.

Pluriel. *Audiamus*, écoutons; *auditote*, écoutez; *audiunto*, qu'ils écoutent.

Il se forme du présent de l'indicatif actif, changeant *o* en *to*.

SUBJONCTIF PRÉSENT. *Audiam*, que j'écoute; *audias*, tu écoutes; *audiat*, il écoute.

Pluriel. *Audiamus*, nous écoutions; *audiatis*, vous écoutiez; *audiant*, ils écoutent.

Il se forme du présent de l'indicatif actif, changeant *o* en *am*.

IMPARFAIT. *Audirem*, que j'écoutasse, *ou* j'écouterois; *audires*, tu écoutasses, *ou* tu écouterois; *audiret*, il écoutât, *ou* il écouteroit.

Pluriel. *Audiremus*, nous écoutassions, *ou* nous écouterions; *audiretis*, vous écoutassiez, *ou* vous écouteriez; *audirent*, ils écoutassent, *ou* ils écouteroient.

Il se forme du présent de l'infinitif actif, ajoutant *m*.

PARFAIT. *Audiverim*, que j'aie écouté; *audiveris*, tu aies écouté; *audiverit*, il ait écouté.

Pluriel. *Audiverimus*, nous ayions écouté; *audiveritis*, vous ayiez écouté; *audiverint*, ils aient écouté.

Il se forme du parfait de l'indicatif actif, changeant *i* en *erim*.

PLUSQUE-PARFAIT. *Audivissem*, que j'eusse, *ou* j'aurois écouté; *audivisses*, tu eusses, *ou* tu aurois écouté; *audivisset*, il eût, *ou* il auroit écouté.

Pluriel. *Audivissemus*, nous eussions, *ou* nous aurions

écouté; *audivisseris*, vous eussiez, *ou* vous auriez écouté; *audivissent*, ils eussent, *ou* ils auroient écouté.

Il se forme du parfait de l'indicatif actif, ajoutant *ssem* avec deux *ss*.

FUTUR. *Audivero*, j'aurai écouté; *audiveris*, tu auras écouté; *audiverit*, il aura écouté.

Pluriel. *Audiverimus*, nous aurons écouté; *audiveritis*, vous aurez écouté; *audiverint*, ils auront écouté.

Il se forme du parfait de l'indicatif actif, changeant *i* en *ero*.

INFINITIF PRÉSENT et IMPARFAIT. *Audire*, écouter. Ce présent sert à former d'autres temps.

PARFAIT et PLUSQUE-PARFAIT. *Audivisse*, avoir écouté.

Il se forme du parfait de l'indicatif actif, ajoutant *sse* avec deux *ss*.

FUTUR. *Auditurum*, *audituram*, *auditurum esse*, ou *fuisse*, devoir écouter, qu'il écoutera, *ou* qu'il auroit écouté.

Il se forme du supin en *u*, ajoutant *rum*, *ram*, *rum*, avec *esse*, ou *fuisse*.

GÉRONDIFS. *Audiendi*, d'écouter; *audiendo*, en écoutant; *audiendum*, à écouter, *ou* pour écouter.

Il se forme du présent de l'indicatif actif, changeant *o* en *endi*, en *endo*, en *endum*.

SUPINS. *Auditum*, aller écouter; *auditu*, à écouter, *ou* d'être écouté.

Les supins servent à former d'autres temps.

PARTICIPE du présent. *Audiens*, génitif, *audientis*, écoutant, qui écoute, *ou* qui écoutoit.

Il se forme du présent de l'indicatif actif, changeant *o* en *ens*.

PARTICIPE du futur. *Auditurus*, *auditura*, *auditurum*, qui écoutera, *ou* qui doit écouter.

Il se forme du supin en *u*, ajoutant *rus*, *ra*, *rum*.

LE PASSIF.

INDICATIF PRÉSENT. *Audior*, je suis écouté; *audiris*, ou *audire*, tu es écouté; *auditur*, il est écouté.

Pluriel. *Audimur*, nous sommes écoutés; *audimini*, vous êtes écoutés; *audiuntur*, ils sont écoutés.

Il se forme du présent de l'indicatif actif, ajoutant *r*.

IMPARFAIT. *Audiebar*, j'étois écouté; *audiebaris*, ou *audiebare*, tu étois écouté; *audiebatur*, il étoit écouté.

Pluriel. *Audiebamur*, nous étions écoutés; *audieba-mini*, vous étiez écoutés; *audiebantur*, ils étoient écoutés.

Il se forme du présent de l'infinitif actif, changeant *o* en *ebar*.

PARFAIT. *Auditus sum*, ou *fui*, j'ai été, *ou* je fus écouté; *auditus es*, ou *fuisti*, tu as été, *ou* tu fus écouté; *auditus est*, ou *fuit*, il a été, *ou* il fut écouté.

Pluriel. *Auditi sumus*, ou *fuimus*, nous avons été, *ou* nous fûmes écoutés; *auditi estis*, ou *fuistis*, vous avez été, *ou* vous fûtes écoutés; *auditi sunt*, ou *fuerunt*, ou *fuere*, ils ont été, *ou* ils furent écoutés.

Il se forme du supin en *u*, ajoutant *s* avec *sum*, ou *fui*, etc.

PLUSQUE-PARFAIT. *Auditus eram*, ou *fueram*, j'avois été écouté; *auditus eras*, ou *fueras*, tu avois été écouté; *auditus erat*, ou *fuerat*, il avoit été écouté.

Pluriel. *Auditi eramus*, ou *fueramus*, nous avions été écoutés; *auditi eratis*, ou *fueratis*, vous aviez été écoutés; *auditi erant* ou *fuerant*, ils avoient été écoutés.

Il se forme du supin en *u*, ajoutant *s* avec *eram*, ou *fueram*, etc.

FUTUR. *Audiar*, je serai écouté; *audieris*, ou *audiere*, tu seras écouté; *audietur*, il sera écouté.

Pluriel. *Audiemur*, nous serons écoutés; *audiemini*, vous serez écoutés; *audientur*, ils seront écoutés.

Il se forme du présent de l'indicatif actif, changeant *o* en *ar*, pour la première personne du singulier, et en *eris* pour la seconde, etc.

IMPÉRATIF PRÉSENT. *Audire*, sois écouté; *audiatur*, qu'il soit écouté.

Pluriel. *Audiamur*, soyons écoutés; *audiamini*, soyez écoutés; *audiantur*, qu'ils soient écoutés.

Le présent de l'impératif passif, qui est semblable au présent de l'infinitif actif, dans les quatre conjugaisons, se forme du présent de l'indicatif actif, changeant *o* en *re*.

FUTUR. *Auditor* (*tu*), sois écouté; *auditor* (*ille*), qu'il soit écouté.

Pluriel. *Audiamur*, soyons écoutés; *audiminor*, soyez écoutés; *audiuntor*, qu'ils soient écoutés.

Il se forme du présent de l'indicatif actif, changeant *o* en *tor*.

SUBJONCTIF PRÉSENT. *Audiar*, que je sois écouté; *audiaris*, ou *audiare*, tu sois écouté; *audiatur*, qu'il soit écouté.

Pluriel. *Audiamur*, que nous soyions écoutés ; *audia-mini*, vous soyiez écoutés; *audiantur*, qu'ils soient écoutés.

Il se forme du présent de l'indicatif, changeant *o* en *ar*.

IMPARFAIT. *Audirer*, que je fusse, *ou* je serois écouté, *audireris*, ou *audirere*, tu fusses, *ou* tu serois écouté ; *audiretur*, il fût, *ou* il seroit écouté.

Pluriel. *Audiremur*, nous fussions., *ou* nous serions écoutés ; *audiremini*, vous fussiez, *ou* vous seriez écoutés ; *audirentur*, ils fussent, *ou* ils seroient écoutés.

Il se forme du présent de l'infinitif actif, (ou du présent de l'impératif passif, qui est semblable au présent de l'infinitif actif), ajoutant *r*.

PARFAIT. *Auditus sim*, ou *fuerim*, que j'aie été écouté ; *auditus sis*, ou *fueris*, tu aies été écouté ; *auditus sit*, ou *fuerit*, il ait été écouté.

Pluriel. *Auditi simus*, ou *fuerimus*, nous ayons été écoutés ; *auditi sitis*, ou *fueritis*, vous ayez été écoutés ; *auditi sint*, ou *fuerint*, ils aient été écoutés.

Il se forme du supin en *u*, ajoutant *s* avec *sim*, ou *fuerim*, etc.

PLUSQUE-PARFAIT. *Auditus essem*, ou *fuissem*, que j'eusse, *ou* j'aurois été écouté ; *auditus esses*, ou *fuisses*, tu eusses, *ou* tu aurois été écouté ; *auditus esset*, ou *fuisset*, il eût, *ou* il auroit été écouté.

Pluriel. *Auditi essemus*, ou *fuissemus*, nous eussions, *ou* nous aurions été écoutés ; *auditi essetis*, ou *fuissetis*, vous eussiez, *ou* vous auriez été écoutés ; *auditi essent*, ou *fuissent*, ils eussent, *ou* ils auroient été écoutés.

Il se forme du supin en *u*, ajoutant *s* avec *essem*, ou *fuissem*, etc.

FUTUR. *Auditus ero*, ou *fuero*, j'aurai été écouté ; *auditus eris*, ou *fueris*, tu auras été écouté ; *auditus erit*, ou *fuerit*, il aura été écouté.

Pluriel. *Auditi erimus*, ou *fuerimus*, nous aurons été écoutés ; *auditi eritis*, ou *fueritis*, vous aurez été écoutés ; *auditi erunt*, ou *fuerint*, ils auront été écoutés.

Il se forme du supin en *u*, ajoutant *s* avec *ero*, ou *fuero*, etc.

INFINITIF PRÉSENT et IMPARFAIT. *Audiri*, être écouté. Il se forme du présent de l'infinitif actif, changeant *e* en *i*.

PARFAIT et PLUSQUE-PARFAIT. *Auditum, auditam, auditum esse*, ou *fuisse*, avoit été écouté.

Il se forme du supin en *um*, ajoutant *esse*, ou *fuisse*.

FUTUR, *Auditum iri*, ou *audiendum*, *audiendam*, *audiendum esse*, ou *fuisse*, devoir être écouté, qu'il sera écouté, *ou* qu'il auroit été écouté.

La première partie de ce futur se forme du supin en *um*, ajoutant *iri*; et la seconde partie se forme du présent de l'indicatif actif, changeant *o* en *endum*, en *endam*, en *endum*, et ajoutant *esse*, ou *fuisse*.

PARTICIPE du prétérit. *Auditus*, *audita*, *auditum*, écouté, qui a été écouté, *ou* ayant été écouté.

Il se forme du supin en *u*, ajoutant *s*.

PARTICIPE du futur. *Audiendus*, *audienda*, *audiendum*, qui sera écouté, *ou* qui doit être écouté.

Il se forme du présent de l'indicatif actif, changeant *o* en *endus*, en *enda*, en *endum*.

Verbes à conjuguer comme Audio.

Présent.	Parfait.	Supin en *um*.	Infinitif.	
Munio.	*Munivi.*	*Munitum.*	*Munire.*	Fortifier.
Haurio.	*Hauri.*	*Haustum.*	*Haurire.*	Avaler.
Reperio.	*Reperi.*	*Repertum.*	*Reperire.*	Trouver.
Aperio.	*Aperi.*	*Apertum.*	*Aperire.*	Déclarer.

Verbes déponens de la quatrième conjugaison.

INDICATIF PRÉSENT. *Metior*, je mesure; *metiris*, ou *metire*, tu mesures; *metitur*, il mesure.

Pluriel. *Metimur*, nous mesurons; *metimini*, vous mesurez; *metiuntur*, ils mesurent

IMPARFAIT. *Metiebar*, je mesurois; *metiebaris*, ou *metiebare*, tu mesurois; *metiebatur*, il mesuroit.

Pluriel. *Metiebamur*, nous mesurions; *metiebamini*, vous mesuriez; *metiebantur*, ils mesuroient.

PARFAIT. *Mensus sum*, ou *fui*, j'ai mesuré, *ou* je mesurai; *mensus es*, ou *fuisti*, tu as mesuré, *ou* tu mesuras; *mensus est*, ou *fuit*, il a mesuré, *ou* il mesura.

Pluriel. *Mensi sumus*, ou *fuimus*, nous avons mesuré, *ou* nous mesurâmes; *mensi estis*, ou *fuistis*, vous avez mesuré, *ou* vous mesurâtes; *mensi sunt*, ou *fuerunt*, ou *fuêre*, ils ont mesuré, *ou* ils mesurèrent.

PLUSQUE-PARFAIT. *Mensus eram*, ou *fueram*, j'avois mesuré; *mensus eras*, ou *fueras*, tu avois mesuré; *mensus erat*, ou *fuerat*, il avoit mesuré.

Pluriel. *Mensi eramus*, ou *fueramus*, nous avions

mesuré; *mensi eratis*, ou *fueratis*, vous aviez mesuré; *mensi erant*, ou *fuerant*, ils avoient mesuré.

FUTUR. *Metiar*, je mesurerai; *metieris*, ou *metiere*, tu mesureras; *metietur*, il mesurera.

Pluriel. *Metiemur*, nous mesurerons; *metiemini*, vous mesurerez; *metientur*, ils mesureront.

IMPÉRATIF présent. *Metire*, mesure; *metiatur*, qu'il mesure.

Pluriel. *Metiamur*, mesurons; *metiamini*, mesurez; *metiantur*, qu'ils mesurent.

FUTUR. *Metitor* (*tu*), mesure; *metitor* (*ille*), qu'il mesure.

Pluriel. *Metiamur*, mesurons; *metiminor*, mesurez; *metiuntor*, qu'ils mesurent.

SUBJONCTIF présent. *Metiar*, que je mesure; *metiaris*, ou *metiare*, tu mesures; *metiatur*, il mesure.

Pluriel. *Metiamur*, nous mesurions; *metiamini*, vous mesuriez; *metiantur*, ils mesurent.

IMPARFAIT. *Metirer*, que je mesurasse, ou je mesurerois; *metireris*, ou *metirere*, tu mesurasses, ou tu mesurerois; *metiretur*, il mesurât, ou il mesureroit.

Pluriel. *Metiremur*, nous mesurassions, ou nous mesurerions; *metiremini*, vous mesurassiez, ou vous mesureriez; *metirentur*, ils mesurassent; ou ils mesureroient.

PARFAIT. *Mensus sim*, ou *fuerim*, que j'aie mesuré; *mensus sis*, ou *fueris*, tu aies mesuré; *mensus sit*, ou *fuerit*, il ait mesuré.

Pluriel. *Mensi simus*, ou *fuerimus*, nous ayions mesuré; *mensi sitis*, ou *fueritis*, vous ayiez mesuré; *mensi sint*, ou *fuerint*, ils aient mesuré.

PLUSQUE-PARFAIT. *Mensus essem*, ou *fuissem*, que j'eusse, ou j'aurois mesuré; *mensus esses*, ou *fuisses*, tu eusses, ou tu aurois mesuré; *mensus esset*, ou *fuisset*, il eût, ou il auroit mesuré.

Pluriel. *Mensi essemus*, ou *fuissemus*, nous eussions, ou nous aurions mesuré; *mensi essetis*, ou *fuissetis*, vous eussiez, ou vous auriez mesuré; *mensi essent*, ou *fuissent*, ils eussent, ou ils auroient mesuré.

FUTUR. *Mensus ero*, ou *fuero*, j'aurai mesuré; *mensus eris*, ou *fueris*, tu auras mesuré; *mensus erit*, ou *fuerit*, il aura mesuré.

Pluriel. *Mensi erimus*, ou *fuerimus*, nous aurons mesuré;

mesuré ; *mensi eritis*, ou *fueritis*, vous aurez mesuré ; *mensi erunt*, ou *fuerint*, ils auront mesuré.

INFINITIF PRÉSENT et IMPARFAIT. *Metiri*, mesurer, PARFAIT et PLUSQUE-PARFAIT. *Mensum, mensam, mensum esse*, ou *fuisse*, avoir mesuré.

FUTUR. *Mensurum, mensuram, mensurum esse*, ou *fuisse*, devoir mesurer, qu'il mesurera, *ou* qu'il auroit mesuré.

GÉRONDIFS. *Metiendi*, de mesurer ; *metiendo*, en mesurant ; *metiendum*, à mesurer, *ou* pour mesurer.

SUPINS. *Mensum*, aller mesurer ; *mensu*, à mesurer, *ou* d'être mesuré.

PARTICIPE du présent. *Metiens* ; génitif, *metientis*, mesurant, qui mesure, *ou* qui mesuroit.

PARTICIPE du passé. *Mensus, mensa, mensum*, qui a mesuré, *ou* ayant mesuré.

PARTICIPE du futur. *Mensurus, mensura, mensurum*, qui mesurera, *ou* qui doit mesurer.

Verbes à conjuguer comme *Metior*.

Présent.	Parfait.	Infinitif.	
Blandior.	*Blanditus sum.*	*Blandiri.*	Flatter.
Experior.	*Expertus sum.*	*Experiri.*	Expérimenter.
Largior.	*Largitus sum.*	*Largiri.*	Donner libéralement.

Remarquez que *orior, ortus sum, oriri*, naître, a au participe du futur *oriturus, a, um*.

EO, *Verbe neutre.*

INDICATIF PRÉSENT. *Eo*, je vais, *ou* je vas ; *is*, tu vas ; *it*, il va.

Pluriel. *Imus*, nous allons ; *itis*, vous allez ; *eunt*, ils vont.

IMPARFAIT. *Ibam*, j'allois ; *ibas*, tu allois ; *ibat*, il alloit.

Pluriel. *Ibamus*, nous allions ; *ibatis*, vous alliez ; *ibant*, ils alloient.

PARFAIT. *Ivi*, je suis allé, *ou* j'allai ; *ivisti*, tu es allé, *ou* tu allas ; *ivit*, il est allé, *ou* il alla.

Pluriel. *Ivimus*, nous sommes allés, *ou* nous allâmes ; *ivistis*, vous êtes allés, *ou* vous allâtes ; *iverunt*, ou *ivére*, ils sont allés, *ou* ils allèrent.

F

PLUSQUE-PARFAIT. *Iveram*, j'étois allé; *iveras*, tu étois allé; *iverat*, il étoit allé.

Pluriel. *Iveramus*, nous étions allés; *iveratis*, vous étiez allés; *iverant*, ils étoient allés.

FUTUR. *Ibo*, j'irai; *ibis*, tu iras; *ibit*, il ira.

Pluriel. *Ibimus*, nous irons; *ibitis*, vous irez; *ibunt*, ils iront.

IMPERATIF PRÉSENT. *I*, va; *eat*, qu'il aille.

Pluriel. *Eamus*, allons; *ite*, allez; *eant*, qu'ils aillent.

FUTUR. *Ito* (*tu*), va; *ito* (*ille*), qu'il aille.

Pluriel. *Eamus*, allons; *itote*, allez; *eunto*, qu'ils aillent.

SUBJONCTIF PRÉSENT. *Eam*, que j'aille; *eas*, tu ailles; *eat*, il aille.

Pluriel. *Eamus*, nous allions; *eatis*, vous alliez; *eant*, ils aillent.

IMPARFAIT. *Irem*, que j'allasse, *ou* j'irois; *ires*, tu allasses, *ou* tu irois; *iret*, il allât, *ou* il iroit.

Pluriel. *Iremus*, nous allassions, *ou* nous irions; *iretis*, vous allassiez, *ou* vous iriez; *irent*, ils allassent, *ou* ils irient.

PARFAIT. *Iverim*, que je sois allé; *iveris*, tu sois allé; *iverit*, il soit allé.

Pluriel. *Iverimus*, nous soyons allés; *iveritis*, vous soyez allés; *iverint*, ils soient allés.

PLUSQUE-PARFAIT. *Ivissem*, que je fusse, *ou* je serois allé; *ivisses*, tu fusses, *ou* tu serois allé; *ivisset*, il fût, *ou* il seroit allé.

Pluriel. *Ivissemus*, nous fussions, *ou* nous serions allés; *ivissetis*, vous fussiez, *ou* vous seriez allés; *ivissent*, ils fussent, *ou* ils seroient allés.

FUTUR. *Ivero*, je serai allé; *iveris*, tu seras allé; *iverit*, il sera allé.

Pluriel. *Iverimus*, nous serons allés; *iveritis*, vous serez allés; *iverint*, ils seront allés.

INFINITIF PRÉSENT et IMPARFAIT. *Ire*, aller.

PARFAIT et PLUSQUE-PARFAIT. *Ivisse*, être allé.

FUTUR. *Iturum, ituram, iturum esse*, ou *fuisse*, devoir aller, qu'il ira, *ou* qu'il seroit allé.

GÉRONDIFS. *Eundi*, d'aller; *eundo*, en allant; *eundum*, à aller, *ou* pour aller.

SUPINS. *Itum*, aller; *itu* à aller.

PARTICIPE du présent. *Iens ;* génitif *euntis ,* allant, qui va, *ou* qui alloit.

PARTICIPE du futur. *Iturus , itura , iturum ,* qui ira, *ou* qui doit aller.

Les composés de *Eo* se conjuguent de même, comme : *Redeo ,* je reviens ; *Abeo ,* je m'en vais , etc.

Verbes neutres de la quatrième Conjugaison.

VENIO.

INDICATIF PRÉSENT. *Venio ,* je viens ; *venis ,* tu viens ; *venit ,* il vient.

Pluriel. *Venimus ,* nous venons ; *venitis ,* vous venez ; *veniunt ,* ils viennent.

IMPARFAIT. *Veniebam ,* je venois ; *veniebas ,* tu venois ; *veniebat ,* il venoit.

Pluriel. *Veniebamus ,* nous venions ; *veniebatis ,* vous veniez ; *veniebant ,* ils venoient.

PARFAIT. *Veni ,* je suis venu , *ou* je vins ; *venisti ,* tu es venu , *ou* tu vins ; *venit ,* il est venu , *ou* il vint.

Pluriel. *Venimus ,* nous sommes venus , *ou* nous vinmes ; *venistis ,* vous êtes venus , *ou* vous vîntes ; *venerunt ,* ou *venêre ,* ils sont venus , *ou* ils vinrent.

PLUSQUE-PARFAIT. *Veneram ,* j'étois venu ; *veneras ,* tu étois venu ; *venerat ,* il étoit venu.

Pluriel. *Veneramus ,* nous étions venus ; *veneratis ,* vous étiez venus ; *venerant ,* ils étoient venus.

FUTUR. *Veniam ,* je viendrai ; *venies ,* tu viendras ; *veniet ,* il viendra.

Pluriel. *Veniemus ,* nous viendrons ; *venietis ,* vous viendrez ; *venient ,* ils viendront.

IMPÉRATIF PRÉSENT. *Veni ,* viens ; *veniat ,* qu'il vienne.
Pluriel. *Veniamus ,* venons ; *venite ,* venez ; *veniant ,* qu'ils viennent

FUTUR. *Venito (tu) ,* viens ; *venito (ille) ,* qu'il vienne.

Pluriel. *Veniamus ,* venons ; *venitote ,* venez ; *veniunto ,* qu'ils viennent.

SUBJONCTIF PRÉSENT. *Veniam ,* que je vienne ; *venias ,* tu viennes ; *veniat ,* il vienne.

Pluriel. *Veniamus ,* nous venions ; *veniatis ,* vous veniez ; *veniant ,* ils viennent.

IMPARFAIT. *Venirem*, que je vinsse, *o* je viendrois; *venires*, tu vinsses, *ou* tu viendrois; *veniret*, il vînt, *ou* il viendroit.

Pluriel. *Veniremus*, nous vinssions, *ou* nous viendrions; *veniretis*, vous vinssiez, *ou* vous viendriez; *venirent*, ils vinssent, *ou* ils viendroient.

PARFAIT. *Venerim*, que je sois venu; *veneris*, tu sois venu; *venerit*, il soit venu.

Pluriel. *Venerimus*, nous soyons venus; *veneritis*, vous soyez venus; *venerint*, ils soient venus.

PLUSQUE-PARFAIT. *Venissem*, que je fusse, *ou* je serois venu; *venisses*, tu fusses, *ou* tu serois venu; *venisset*, il fût, *ou* il seroit venu.

Pluriel. *Venissemus*, nous fussions, *ou* nous serions venus; *venissetis*, vous fussiez, *ou* vous seriez venus; *venissent*, ils fussent, *ou* ils seroient venus.

FUTUR. *Venero*, je serai venu; *veneris*, tu seras venu; *venerit*, il sera venu.

Pluriel. *Venerimus*, nous serons venus; *veneritis*, vous serez venus; *venerint*, ils seront venus.

INFINITIF PRÉSENT et IMPARFAIT. *Venire*, venir.

PARFAIT et PLUSQUE-PARFAIT. *Venisse*, être venu.

FUTUR. *Venturum*, *venturam*, *venturum esse*, *ou fuisse*, devoir venir, qu'il viendra, *ou* qu'il seroit venu.

GÉRONDIFS. *Veniendi*, de venir; *veniendo*, en venant; *veniendum*, à venir, *ou* pour venir.

SUPINS. *Ventum*, *ventu*.

PARTICIPE du présent. *Veniens*; génitif, *venientis*, venant, qui vient, *ou* qui venoit.

PARTICIPE du futur. *Venturus*, *ventura*, *venturum*, qui viendra, *ou* qui doit venir.

Remarque sur les Verbes Neutres.

Lorsque le verbe *Être* se trouve au présent de l'infinitif d'un verbe neutre; par exemple : *Stare*, être debout, tous les temps de ce verbe neutre seront semblables au verbe *je suis*, *tu es*, et suivront en latin ces mêmes temps, selon la conjugaison du verbe. Que si le verbe *Être* ne se trouve pas au présent de l'infinitif d'un verbe neutre, et qu'il se rencontre dans quelques autres temps, ces temps seront toujours passés; par exemple : *je suis allé*, *j'étois venu*, *je serois retourné*, *être allé*, *être venu*, etc.

POSSUM.

INDICATIF PRÉSENT. *Possum*, je peux, *ou* je puis; *potes*, tu peux; *potest*, il peut.

Pluriel. *Possumus*, nous pouvons; *potestis*, vous pouvez; *possunt*, ils peuvent.

IMPARFAIT. *Poteram*, je pouvois; *poteras*, tu pouvois, *poterat*, il pouvoit.

Pluriel. *Poteramus*, nous pouvions; *poteratis*, vous pouviez; *poterant*, ils pouvoient.

PARFAIT. *Potui*, j'ai pu, *ou* je pus; *potuisti*, tu as pù, *ou* tu pus, *potuit*, il a pu, *ou* il put.

Pluriel. *Potuimus*, nous avons pu, *ou* nous pûmes; *potuistis*, vous avez pu, *ou* vous pûtes; *potuerunt*, ou *potuère*, ils ont pu, *ou* ils purent.

PLUSQUE-PARFAIT. *Potueram*, j'avois pu; *potueras*, tu avois pu; *potuerat*, il avoit pu.

Pluriel. *Potueramus*, nous avions pu; *potueratis*, vous vous aviez pu; *potuerant*, ils avoient pu.

FUTUR. *Potero*, je pourrai; *poteris*, tu pourras; *poterit*, il pourra.

Pluriel. *Poterimus*, nous pourrons; *poteritis*, vous pourrez; *poterunt*, ils pourront.

Il n'a point d'impératif.

SUBJONCTIF PRÉSENT. *Possim*, que je puisse; *possis*, tu puisses; *possit*, il puisse.

Pluriel. *Possimus*, nous puissions; *possitis*, vous puissiez; *possint*, ils puissent.

PARFAIT. *Possem*, que je pusse, *ou* je pourrois; *posses*, tu pusses, *ou* tu pourrois; *posset*, il pût, *ou* il pourroit.

Pluriel. *Possemus*, nous pussions, *ou* nous pourrions; *possetis*, vous pussiez, *ou* vous pourriez; *possent*, ils pussent, *ou* ils pourroient.

PARFAIT. *Potuerim*, que j'aie pu; *potueris*, tu aies pu; *potuerit*, il ait pu.

Pluriel. *Potuerimus*, que nous ayons pu; *potueritis*, vous ayez pu; *potuerint*, ils aient pu.

PLUSQUE-PARFAIT. *Potuissem*, que j'eusse, *ou* j'aurois pu; *potuisses*, tu eusses, *ou* tu aurois pu; *potuisset*, il eût, *ou* il auroit pu.

3

Pluriel. *Potuissemus*, nous eussions, *ou* nous aurions pu; *potuissetis*, vous eussiez, *ou* vous auriez pu; *potuissent*, ils eussent, *ou* ils auroient pu.

FUTUR. *Potuero*, j'aurai pu; *potueris*, tu auras pu; *potuerit*, il aura pu.

Pluriel. *Potuerimus*, nous aurons pu; *potueritis*, vous aurez pu; *potuerint*, ils auront pu.

INFINITIF PRÉSENT et IMPARFAIT. *Posse*, pouvoir.
PARFAIT et PLUSQUE-PARFAIT. *Potuisse*, avoir pu.
Il n'a que ces deux temps.

PROSUM.

INDICATIF PRÉSENT. *Prosum*, je profite; *prodes*, tu profites; *prodest*, il profite.

Pluriel. *Prosumus*, nous profitons; *prodestis*, vous profitez; *prosunt*, ils profitent.

IMPARFAIT. *Proderam*, je profitois; *proderas*, tu profitois; *proderat*, il profitoit.

Pluriel. *Proderamus*, nous profitions; *proderatis*, vous profitiez; *proderant*, ils profitoient.

PARFAIT. *Profui*, j'ai profité, *ou* je profitai; *profuisti*, tu as profité, *ou* tu profitas; *profuit*, il a profité, *ou* il profita.

Pluriel. *Profuimus*, nous avons profité, *ou* nous profitâmes; *profuistis*, vous avez profité, *ou* vous profitâtes; *profuerunt*, ou *profuère*, ils ont profité, *ou* ils profitèrent.

PLUSQUE-PARFAIT. *Profueram*, j'avois profité; *profueras*, tu avois profité; *profuerat*, il avoit profité.

Pluriel. *Profueramus*, nous avions profité; *profueratis*, vous aviez profité; *profuerant*, ils avoient profité.

FUTUR. *Prodero*, je profiterai; *proderis*, tu profiteras; *proderit*, il profitera.

Pluriel. *Proderimus*, nous profiterons; *proderitis*, vous profiterez; *proderunt*, ils profiteront.

IMPÉRATIF PRÉSENT. *Prosis*, ou *prodes*, profite; *prosit*, qu'il profite.

Pluriel. *Prosimus*, profitons; *prodeste*, profitez; *prosent*, qu'ils profitent.

FUTUR. *Prodesto* (*tu*), profite; *prodesto* (*ille*), qu'il profite.

Pluriel. *Prosimus*, profitons ; *prodestote*, profitez ; *prosunto*, qu'ils profitent.

SUBJONCTIF PRÉSENT. *Prosim*, que je profite ; *prosis*, tu profites ; *prosit*, il profite.

Pluriel. *Prosimus*, nous profitions ; *prositis*, vous profitiez ; *prosint*, ils profitent.

IMPARFAIT. *Prodessem*, que je profitasse, *ou* je profiterois ; *prodesses*, tu profitasses, *ou* tu profiterois ; *prodesset*, il profitât, *ou* il profiteroit.

Pluriel. *Prodessemus*, nous profitassions, *ou* nous profiterions ; *prodessetis*, vous profitassiez, *ou* vous profiteriez ; *prodessent*, ils profitassent, *ou* ils profiteroient.

PARFAIT. *Profuerim*, que j'aie profité ; *profueris*, tu aies profité ; *profuerit*, il ait profité.

Pluriel. *Profuerimus*, nous ayons profité ; *profueritis*, vous ayez profité ; *profuerint*, ils aient profité.

PLUSQUE-PARFAIT. *Profuissem*, que j'eusse, *ou* j'aurois profité ; *profuisses*, tu eusses, *ou* tu aurois profité ; *profuisset*, il eût, *ou* il auroit profité.

Pluriel. *Profuissemus*, nous eussions, *ou* nous aurions profité ; *profuissetis*, vous eussiez, *ou* vous auriez profité ; *profuissent*, ils eussent, *ou* ils auroient profité.

FUTUR. *Profuero*, j'aurai profité ; *profueris*, tu auras profité ; *profuerit*, il aura profité.

Pluriel. *Profuerimus*, nous aurons profité ; *profueritis*, vous aurez profité ; *profuerint*, ils auront profité.

INFINITIF PRÉSENT et IMPARFAIT. *Prodesse*, profiter.

PARFAIT et PLUSQUE-PARFAIT. *Profuisse*, avoir profité.

FUTUR. *Profore*, ou *profuturum*, *profuturam*, *profuturum esse*, ou *fuisse*, devoir profiter, qu'il profitera, *ou* qu'il auroit profité.

PARTICIPE du futur. *Profuturus*, *profutura*, *profuturum*, qui profitera, *ou* qui doit profiter.

Il n'a point d'autres temps.

❡ Ce verbe signifie encore en françois, *servir à quelqu'un*, ou *à quelque chose*.

FIO, VERBE NEUTRE PASSIF.

INDICATIF PRÉSENT. *Fio*, je suis fait, *ou* je deviens ; *fis*, tu es fait, *ou* tu deviens ; *fit*, il est fait, *ou* il devient.

Pluriel. *Fimus*, nous sommes faits, ou nous devenons ; *fitis*, vous êtes faits, *ou* vous devenez ; *fiunt*, ils sont faits, *ou* ils deviennent.

IMPARFAIT. *Fiebam*, j'étois fait, *ou* je devenois ; *fiebas*, tu étois fait, *ou* tu devenois ; *fiebat*, il étoit fait, *ou* il devenoit.

Pluriel. *Fiebamus*, nous étions faits, *ou* nous devenions ; *fiebatis*, vous étiez faits, *ou* vous deveniez ; *fiebant*, ils étoient faits, *ou* ils devenoient.

PARFAIT. *Factus sum*, ou *fui*, j'ai été fait, *ou* je fus fait, *ou* je suis devenu, *ou* je devins ; *factus es*, ou *fuisti*, tu as été fait, *ou* tu fus fait, *ou* tu es devenu, *ou* tu devins ; *factus est*, ou *fuit*, il a été fait, *ou* il fut fait, *ou* il est devenu, *ou* il devint.

Pluriel. *Facti sumus*, ou *fuimus*, nous avons été faits, *ou* nous fûmes faits, *ou* nous sommes devenus, *ou* nous devînmes ; *facti estis*, ou *fuistis*, vous avez été faits, *ou* vous fûtes faits, *ou* vous êtes devenus, *ou* vous devîntes ; *facti sunt*, ou *fuerunt*, ou *fuêre*, ils ont été faits, *ou* ils furent faits, *ou* ils sont devenus, *ou* ils devinrent.

PLUSQUE-PARFAIT. *Factus eram*, ou *fueram*, j'avois été fait, *ou* j'étois devenu ; *factus eras*, ou *fueras*, tu avois été fait, *ou* tu étois devenu ; *factus erat*, ou *fuerat*, il avoit été fait, *ou* il étoit devenu.

Pluriel. *Facti eramus*, ou *fueramus*, nous avions été faits, *ou* nous étions devenus ; *facti eratis*, ou *fueratis*, vous aviez été faits, *ou* vous étiez devenus ; *facti erant*, ou *fuerant*, ils avoient été faits, *ou* ils étoient devenus.

FUTUR. *Fiam*, je serai fait, *ou* je deviendrai ; *fies*, tu seras fait, *ou* tu deviendras ; *fiet*, il sera fait, *ou* il deviendra.

Pluriel. *Fiemus*, nous serons faits, *ou* nous deviendrons ; *fietis*, vous serez faits, *ou* vous deviendrez ; *fient*, ils seront faits, *ou* ils deviendront.

IMPÉRATIF PRÉSENT. *Fias*, sois fait, *ou* deviens ; *fiat*, qu'il soit fait, *ou* qu'il devienne.

Pluriel. *Fiamus*, soyons faits, *ou* devenons ; *fiatis*, soyez faits, *ou* devenez ; *fiant*, qu'ils soient faits, *ou* qu'ils deviennent.

FUTUR. *Fito* (*tu*), sois fait, *ou* deviens ; *fito* (*ille*), qu'il soit fait, *ou* qu'il devienne.

Pluriel. *Fiamus*, soyons faits, *ou* devenons ; *fitote*, soyez faits, *ou* devenez ; *fiunto*, qu'ils soient faits, *ou* qu'ils deviennent.

On trouve dans Plaute et Horace, *fi* au singulier, et *fite*, au pluriel de la seconde personne du présent de l'impératif.

SUBJONCTIF PRÉSENT. *Fiam*, que je sois fait, *ou que* je devienne ; *fias*, tu sois fait, *ou* tu deviennes ; *fiat*, il soit fait, *ou* il devienne.

Pluriel. *Fiamus*, nous soyons faits, *ou* nous devenions ; *fiatis* vous soyez faits, *ou* vous deveniez ; *fiant*, ils soient faits, *ou* ils deviennent.

IMPARFAIT. *Fierem*, que je fusse fait, *ou* je serois fait, *ou* je devinsse, *ou* je deviendrois ; *fieres*, tu fusses fait, *ou* tu serois fait, *ou* tu devinsses, *ou* tu deviendrois ; *fieret*, il fût fait, *ou* il seroit fait, *ou* il devînt, *ou* il deviendroit.

Pluriel. *Fieremus*, nous fussions faits, *ou* nous serions faits, *ou* nous devinssions, *ou* nous deviendrions ; *fieret*, vous fussiez faits, *ou* vous seriez faits, *ou* vous devinssiez, *ou* vous deviendriez ; *fierent*, ils fussent faits, *ou* ils seroient faits, *ou* ils devinssent, *ou* ils deviendroient.

PARFAIT. *Factus sim*, ou *fuerim*, que j'aie été fait, *ou* que je sois devenu ; *factus sis*, ou *fueris*, tu aies été fait, *ou* tu sois devenu ; *factus sit*, ou *fuerit*, il ait été fait, *ou* il soit devenu.

Pluriel. *Facti simus*, ou *fuerimus*, nous ayons été faits, *ou* nous soyons devenus ; *facti sitis*, ou *fueritis*, vous ayez été faits, *ou* vous soyez devenus ; *facti sint*, ou *fuerint*, ils aient été faits, *ou* ils soient devenus.

PLUSQUE-PARFAIT. *Factus essem*, ou *fuissem*, que j'eusse, *ou* j'aurois été fait, *ou* que je fusse, *ou* je serois devenu ; *factus esses*, ou *fuisses*, tu eusses, *ou* tu aurois été fait, *ou* tu fusses, *ou* tu serois devenu ; *factus esset*, ou *fuisset*, il eût, *ou* il auroit été fait, *ou* il fût, *ou* il seroit devenu.

Pluriel. *Facti essemus*, ou *fuissemus*, nous eussions, *ou* nous aurions été faits, *ou* nous fussions, *ou* nous serions devenus ; *facti essetis*, ou *fuissetis*, vous eussiez, *ou* vous auriez été faits, *ou* vous fussiez, *ou* vous seriez devenus ; *facti essent*, ou *fuissent*, ils eussent, *ou* ils auroient été faits, *ou* ils fussent, *ou* ils seroient devenus.

FUTUR. *Factus ero*, ou *fuero*, j'aurai été fait, *ou* je serai devenu, *factus eris*, ou *fueris*, tu auras été fait, *ou* tu seras devenu ; *factus erit*, ou *fuerit*, il aura été fait, *ou* il sera devenu.

Pluriel. *Facti erimus*, ou *fuerimus*, nous aurons été

faits, *ou* nous serons devenus, *facti eritis*, ou *fueritis*, vous aurez été faits . *ou* vous serez devenus; *facti erunt*, où *fuerint*, ils auront été faits, *ou* ils seront devenus.

INFINITIF PRÉSENT et IMPARFAIT. *Fieri*, être fait, *ou* devenir.

PARFAIT et PLUSQUE-PARFAIT. *Factum, factam, factum esse*, ou *fuisse*, avoir été fait, *ou* être devenu.

FUTUR. *Factum iri*, ou *faciendum, faciendam, faciendum esse*, ou *fuisse*, devoir devenir, qu'il deviendra, *ou* qu'il seroit devenu.

PARTICIPE du passé. *Factus, facta, factum*, qui a été fait, *ou* qui est devenu.

PARTICIPE du futur. *Faciendus, facienda, faciendum*, qui sera fait, *ou* qui doit être fait, *ou* qui deviendra, *ou* qui doit devenir.

FERO, VERBE ACTIF.

INDICATIF PRÉSENT. *Fero*, je porte ; *fers*, tu portes ; *fert*, il porte.

Pluriel. *Ferimus*, nous portons ; *fertis*, vous portez ; *ferunt*, ils portent.

IMPARFAIT. *Ferebam*, je portois ; *ferebas*, tu portois ; *ferebat*, il portoit.

Pluriel. *Ferebamus*, nous portions ; *ferebatis*, vous portiez ; *ferebant*, ils portoient.

PARFAIT. *Tuli*, j'ai porté, *ou* je portai ; *tulisti*, tu as porté, *ou* tu portas ; *tulit*, il a porté, *ou* il porta.

Pluriel. *Tulimus*, nous avons porté, *ou* nous portâmes ; *tulistis*, vous avez porté, *ou* vous portâtes ; *tulerunt*, ou *tulère*, ils ont porté, *ou* ils portèrent.

PLUSQUE-PARFAIT. *Tuleram*, j'avois porté ; *tuleras*, tu avois porté ; *tulerat*, il avoit porté.

Pluriel. *Tuleramus*, nous avions porté ; *tuleratis*, vous aviez porté ; *tulerant*, ils avoient porté.

FUTUR. *Feram*, je porterai ; *feres*, tu porteras ; *feret*, il portera.

Pluriel. *Feremus*, nous porterons ; *feretis*, vous porterez ; *ferent*, ils porteront.

IMPÉRATIF PRÉSENT. *Fer*, porte ; *ferat*, qu'il porte.

Pluriel. *Feramus*, portons ; *ferte*, portez ; *ferant*, qu'ils portent.

FUTUR. *Ferto* (*tu*), porte; *ferto* (*ille*), qu'il porte.

Pluriel. *Feramus*, portons; *fertote*, portez; *ferunto*, qu'ils portent.

SUBJONCTIF PRÉSENT. *Feram*, que je porte; *feras*, tu portes; *ferat*, il porte.

Pluriel. *Feramus*, nous portions; *feratis*, vous portiez; *ferant*, ils portent.

IMPARFAIT. *Ferrem*, que je portasse, *ou* je porterois; *ferres*, tu portasses, *ou* tu porterois; *ferret*, il portât, *ou* il porteroit.

Pluriel. *Ferremus*, nous portassions, *ou* nous porterions; *ferretis*, vous portassiez, *ou* vous porteriez; *ferrent*, ils portassent, *ou* ils porteroient.

PARFAIT. *Tulerim*, que j'aie porté; *tuleris*, tu aies porté; *tulerit*, il ait porté.

Pluriel. *Tulerimus*, nous ayons porté; *tuleritis*, vous ayez porté; *tulerint*, ils aient porté.

PLUSQUE-PARFAIT. *Tulissem*, que j'eusse, *ou* j'aurois porté; *tulisses*, tu eusses, *ou* tu aurois porté; *tulisset*, il eût, *ou* il auroit porté.

Pluriel. *Tulissemus*, nous eussions, *ou* nous aurions porté; *tulissetis*, vous eussiez, *ou* vous auriez porté; *tulissent*, ils eussent, *ou* ils auroient porté.

FUTUR. *Tulero*, j'aurai porté; *tuleris*, tu auras porté; *tulerit*, il aura porté.

Pluriel. *Tulerimus*, nous aurons porté; *tuleritis*, vous aurez porté; *tulerint*, ils auront porté.

INFINITIF PRÉSENT et IMPARFAIT. *Ferre*, porter.

PARFAIT et PLUS-QUE-PARFAIT. *Tulisse*, avoir porté.

FUTUR. *Laturum, laturam, laturum esse*, ou *fuisse*, devoir porter, qu'il portera, *ou* qu'il auroit porté.

GÉRONDIFS. *Ferendi*, de porter; *ferendo*, en portant; *ferendum*, à porter, *ou* pour porter.

SUPINS. *Latum*, aller porter; *latu*, à porter, *ou* d'être porté.

PARTICIPE du prétérit. *Ferens*, génitif *ferentis*, portant, qui porte, *ou* qui portoit.

PARTICIPE du futur. *Laturus, latura, laturum*, qui portera, *ou* qui doit porter.

LE PASSIF.

INDICATIF PRÉSENT. *Feror*, je suis porté ; *ferris*, ou *ferre*, tu es porté ; *fertur*, il est porté.

Pluriel. *Ferimur*, nous sommes portés ; *ferimini*, vous êtes portés ; *feruntur*, ils sont portés.

IMPARFAIT. *Ferebar*, j'étois porté ; *ferebaris*, ou *ferebare*, tu étois porté ; *ferebatur*, il étoit porté.

Pluriel. *Ferebamur*, nous étions portés ; *ferebamini*, vous étiez portés ; *ferebantur*, ils étoient portés.

PARFAIT. *Latus sum*, ou *fui*, j'ai été, ou je fus porté ; *latus es*, ou *fuisti*, tu as été, ou tu fus porté ; *latus est*, ou *fuit*, il a été, ou il fut porté.

Pluriel. *Lati sumus*, ou *fuimus*, nous avons été, ou nous fûmes portés ; *lati estis*, ou *fuistis*, vous avez été, ou vous fûtes portés ; *lati sunt*, ou *fuerunt*, ou *fuère*, ils ont été, ou ils furent portés.

PLUSQUE-PARFAIT. *Latus eram*, ou *fueram*, j'avois été porté ; *latus eras*, ou *fueras*, tu avois été porté ; *latus erat*, ou *fuerat*, il avoit été porté.

Pluriel. *Lati eramus*, ou *fueramus*, nous avions été portés ; *lati eratis*, ou *fueratis*, vous aviez été portés ; *lati erant*, ou *fuerant*, ils avoient été portés.

FUTUR. *Ferar*, je serai porté ; *fereris*, ou *ferere*, tu seras porté ; *feretur*, il sera porté.

Pluriel. *Feremur*, nous serons portés ; *feremini*, vous serez portés ; *ferentur*, ils seront portés.

IMPÉRATIF PRÉSENT. *Ferre*, sois porté ; *feratur*, qu'il soit porté.

Pluriel. *Feramur*, soyons portés ; *feramini*, soyez portés ; *ferantur*, qu'ils soient portés.

FUTUR. *Fertor* (*tu*), sois porté ; *fertor* (*lle*), qu'il soit porté.

Pluriel. *Feramur*, soyons portés ; *feriminor*, soyez portés ; *feruntor*, qu'ils soient portés.

SUBJONCTIF PRÉSENT. *Ferar*, que je sois porté ; *feraris*, ou *ferare*, tu sois porté ; *feratur*, il soit porté.

Pluriel. *Feramur*, nous soyons portés ; *feramini*, vous soyez portés ; *ferantur*, ils soient portés.

IMPARFAIT. *Ferrer*, que je fusse, ou je serois porté ; *ferreris*, ou *ferrere*, tu fusses, ou tu serois porté ; *ferretur*, il fût, ou il seroit porté.

Pluriel. *Ferremur*, nous fussions, *ou* nous serions portés; *ferremini*, vous fussiez, *ou* vous seriez portés; *ferrentur*, ils fussent, *ou* ils seroient portés.

PARFAIT. *Latus sim*, ou *fuerim*, que j'aie été porté; *latus sis*, ou *fueris*, tu aies été porté; *latus sit*, ou *fuerit*, il ait été porté.

Pluriel. *Lati simus*, ou *fuerimus*, nous ayons été portés; *lati sitis*, ou *fueritis*, vous ayez été portés; *lati sint*, ou *fuerint*, ils aient été portés.

PLUSQUE-PARFAIT. *Latus essem*, ou *fuissem*, que j'eusse, *ou* j'aurois été porté; *latus esses*, ou *fuisses*, tu eusses, *ou* tu aurois été porté; *latus esset*, ou *fuisset*, il eût, *ou* il auroit été porté.

Pluriel. *Lati essemus*, ou *fuissemus*, nous eussions, *ou* nous aurions été portés; *lati essetis*, ou *fuissetis*, vous eussiez, *ou* vous auriez été portés; *lati essent*, ou *fuissent*, ils eussent, *ou* ils auroient été portés.

FUTUR. *Latus ero*, ou *fuero*, j'aurai été porté; *latus eris*, ou *fueris*, tu auras été porté; *latus erit*, ou *fuerit*, il aura été porté.

Pluriel. *Lati erimus*, ou *fuerimus*, nous aurons été portés; *lati eritis*, ou *fueritis*, vous aurez été portés; *lati erunt*, ou *fuerint*, ils auront été portés.

INFINITIF PRÉSENT et IMPARFAIT. *Ferri*, être porté.

PARFAIT et PLUSQUE-PARFAIT. *Latum, latam, latum, esse*, ou *fuisse*, avoir été porté.

FUTUR. *Latum iri*, ou *ferendum, ferendam, ferendum esse*, ou *fuisse*, devoir être porté, qu'il sera porté, *ou* qu'il auroit été porté.

PARTICIPE du prétérit. *Latus, lata, latum*, qui a été porté, *ou* ayant été porté.

PARTICIPE du futur. *Ferendus, ferenda, ferendum*, qui sera porté, *ou* qui doit être porté.

VOLO.

INDICATIF PRÉSENT. *Volo*, je veux; *vis*, tu veux; *vult*, il veut.

Pluriel. *Volumus*, nous voulons; *vultis*, vous voulez; *volunt*, ils veulent.

IMPARFAIT. *Volebam*, je voulois; *volebas*, tu voulois; *volebat*, il vouloit.

Pluriel. *Volebamus*, nous voulions ; *volebatis*, vous vouliez ; *volebant*, ils vouloient.

PARFAIT. *Volui*, j'ai voulu, *ou* je voulus ; *voluisti*, tu as voulu, *ou* tu voulus ; *voluit*, il a voulu, *ou* il voulut.

Pluriel. *Voluimus*, nous avons voulu, *ou* nous voulûmes ; *voluistis*, vous avez voulu, *ou* vous voulûtes ; *voluerunt*, ou *voluêre*, ils ont voulu, *ou* ils voulurent.

PLUSQUE-PARFAIT. *Volueram*, j'avois voulu ; *volueras*, tu avois voulu ; *voluerat*, il avoit voulu.

Pluriel. *Volueramus*, nous avions voulu ; *volueratis*, vous aviez voulu ; *voluerant*, ils avoient voulu.

FUTUR. *Volam*, je voudrai ; *voles*, tu voudras ; *volet*, il voudra.

Pluriel. *Volemus*, nous voudrons ; *voletis*, vous voudrez ; *volent*, ils voudront.

Il n'a point d'impératif.

SUBJONCTIF PRÉSENT. *Velim*, que je veuille ; *velis*, tu veuilles ; *velit*, il veuille.

Pluriel. *Velimus*, nous veuillons ; *velitis*, vous veuillez ; *velint*, ils veuillent.

IMPARFAIT. *Vellem*, que je voulusse, *ou* je voudrois ; *velles*, tu voulusses, *ou* tu voudrois ; *vellet*, il voulût, *ou* il voudroit.

Pluriel. *Vellemus*, nous voulussions, *ou* nous voudrions ; *velletis*, vous voulussiez, *ou* vous voudriez ; *vellent*, ils voulussent, *ou* ils voudroient.

PARFAIT. *Voluerim*, que j'aie voulu ; *volueris*, tu aies voulu ; *voluerit*, il ait voulu.

Pluriel. *Voluerimus*, nous ayons voulu ; *volueritis*, vous ayez voulu ; *voluerint*, ils aient voulu.

PLUSQUE-PARFAIT. *Voluissem*, que j'eusse, *ou* j'aurois voulu ; *voluisses*, tu eusses, *ou* tu aurois voulu ; *voluisset*, il eût, *ou* il auroit voulu.

Pluriel. *Voluissemus*, nous eussions, *ou* nous aurions voulu ; *voluissetis*, vous eussiez, *ou* vous auriez voulu ; *voluissent*, ils eussent, *ou* ils auroient voulu.

FUTUR. *Voluero*, j'aurai voulu ; *volueris*, tu auras voulu ; *voluerit*, il aura voulu.

Pluriel. *Voluerimus*, nous aurons voulu ; *volueritis*, vous aurez voulu ; *voluerint*, ils auront voulu.

INFINITIF PRÉSENT et IMPARFAIT. *Velle*, vouloir.

PARFAIT et PLUSQUE-PARFAIT. *Voluisse*, avoir voulu.

GÉRONDIFS. *Volendi*, de vouloir ; *volendo*, en voulant ; *volendum*, à vouloir, *ou* pour vouloir.

PARTICIPE du présent. *Volens ;* génitif *volentis ,* voulant , qui veut , *ou* qui vouloit.

NOLO.

INDICATIF PRÉSENT. *Nolo ,* je ne veux pas ; *non vis ,* tu ne veux pas ; *non vult ,* il ne veut pas.

Pluriel. *Nolumus ,* nous ne voulons pas ; *non vultis ,* vous ne voulez pas ; *nolunt ,* ils ne veulent pas.

IMPARFAIT. *Nolebam ,* je ne voulois pas ; *nolebas ,* tu ne voulois pas ; *nolebat ,* il ne vouloit pas.

Pluriel. *Nolebamus ,* nous ne voulions pas ; *nolebatis ,* vous ne vouliez pas ; *nolebant ,* ils ne vouloient pas.

PARFAIT. *Nolui ,* je n'ai pas voulu , *ou* je ne voulus pas ; *noluisti ,* tu n'as pas voulu , *ou* tu ne voulus pas ; *noluit ,* il n'a pas voulu , *ou* il ne voulut pas.

Pluriel. *Noluimus ,* nous n'avons pas voulu , *ou* nous ne voulûmes pas ; *noluistis ,* vous n'avez pas voulu , *ou* vous ne voulûtes pas ; *noluerunt ,* ou *noluère ,* ils n'ont pas voulu , *ou* ils ne voulurent pas.

PLUSQUE-PARFAIT. *Nolueram ,* je n'avois pas voulu ; *nolueras ,* tu n'avois pas voulu ; *noluerat ,* il n'avoit pas voulu.

Pluriel. *Nolueramus ,* nous n'avions pas voulu ; *nolueratis ,* vous n'aviez pas voulu ; *noluerant ,* ils n'avoient pas voulu.

FUTUR. *Nolam ,* je ne voudrai pas ; *noles ,* tu ne voudras pas ; *nolet ,* il ne voudra pas.

Pluriel. *Nolemus ,* nous ne voudrons pas ; *noletis ,* vous ne voudrez pas ; *nolent ,* ils ne voudront pas.

IMPERATIF PRÉSENT. *Noli ,* ne veuille pas ; *nolit ,* qu'il ne veuille pas.

Pluriel. *Nolimus ,* ne veuillons pas ; *nolite ,* ne veuillez pas ; *nolint ,* qu'ils ne veuillent pas.

FUTUR. *Nolito (tu) ,* ne veuille pas ; *nolito (ille) ,* qu'il ne veuille pas.

Pluriel. *Nolimus ,* ne veuillons pas ; *nolitote ,* ne veuillez pas ; *nolunto ,* qu'ils ne veuillent pas.

SUBJONCTIF PRÉSENT. *Nolim ,* que je ne veuille pas ; *nolis ,* tu ne veuilles pas ; *nolit ,* il ne veuille pas.

Pluriel. *Nolimus ,* nous ne veuillons pas ; *nolitis ,* vous ne veuillez pas ; *nolint ,* ils ne veuillent pas.

IMPARFAIT. *Nollem*, que je ne voulusse pas, *ou* je ne voudrois pas; *nolles*, tu ne voulusses pas, *ou* tu ne voudrois pas; *nollet*, il ne voulût pas, *ou* il ne voudroit pas.

Pluriel. *Nollemus*, nous ne voulussions pas, *ou* nous ne voudrions pas; *nolletis*, vous ne voulussiez pas, *ou* vous ne voudriez pas; *nollent*, ils ne voulussent pas, *ou* ils ne voudroient pas.

PARFAIT. *Noluerim*, que je n'aie pas voulu; *nolueris*, tu n'aies pas voulu; *noluerit*, il n'ait pas voulu.

Pluriel. *Noluerimus*, nous n'ayions pas voulu; *nolueritis*, vous n'ayiez pas voulu; *noluerint*, ils n'aient pas voulu.

PLUSQUE-PARFAIT. *Noluissem*, que je n'eusse, *ou* je n'aurois pas voulu; *noluisses*, tu n'eusses, *ou* tu n'aurois pas voulu; *noluisset*, il n'eût, *ou* il n'auroit pas voulu.

Pluriel. *Noluissemus*, nous n'eussions, *ou* nous n'aurions pas voulu; *noluissetis*, vous n'eussiez, *ou* vous n'auriez pas voulu; *noluissent*, ils n'eussent, *ou* ils n'auroient pas voulu.

FUTUR. *Noluero*, je n'aurai pas voulu; *nolueris*, tu n'auras pas voulu; *noluerit*, il n'aura pas voulu.

Pluriel. *Noluerimus*, nous n'aurons pas voulu; *nolueritis*, vous n'aurez pas voulu; *noluerint*, ils n'auront pas voulu.

INFINITIF PRÉSENT et IMPARFAIT. *Nolle*, ne vouloir pas. PARFAIT et PLUSQUE-PARFAIT. *Noluisse*, n'avoir pas voulu.

GÉRONDIFS. *Nolendi*, de ne vouloir pas; *nolendo*, en ne voulant pas; *nolendum*, à ne vouloir pas, *ou* pour ne vouloir pas.

PARTICIPE du présent. *Nolens;* génitif *nolentis*, ne voulant pas, qui ne veut pas, *ou* qui ne vouloit pas.

MALO.

INDICATIF PRÉSENT. *Malo*, j'aime mieux; *mavis*, tu aimes mieux; *mavult*, il aime mieux.

Pluriel. *Malumus*, nous aimons mieux; *mavultis*, vous aimez mieux; *malunt*, ils aiment mieux.

IMPARFAIT. *Malebam*, j'aimois mieux; *malebas*, tu aimois mieux; *malebat*, il aimoit mieux.

Pluriel.

Pluriel. *Malebamus*, nous aimions mieux; *malebatis*, vous aimiez mieux; *malebant*, ils aimôient mieux.

PARFAIT. *Malui*, j'ai mieux aimé, *ou* j'aimai mieux; *maluisti*, tu as mieux aimé, *ou* tu aimas mieux; *maluit*, il a mieux aimé, *ou* il aima mieux.

Pluriel. *Maluimus*, nous avons mieux aimé, *ou* nous aimâmes mieux; *maluistis*, vous avez mieux aimé, *ou* vous aimâtes mieux; *maluerunt*, ou *maluêre*, ils ont mieux aimé, *ou* ils aimèrent mieux.

PLUSQUE-PARFAIT. *Malueram*, j'avois mieux aimé; *malueras*, tu avois mieux aimé; *maluerat*, il avoit mieux aimé.

Pluriel. *Malueramus*, nous avions mieux aimé; *malueratis*, vous aviez mieux aimé; *maluerant*, ils avoient mieux aimé.

FUTUR. *Malam*, j'aimerai mieux, *males*, tu aimeras mieux; *malet*, il aimera mieux.

Pluriel. *Malemus*, nous aimerons mieux; *maletis*, vous aimerez mieux; *malent*, ils aimeront mieux.

SUBJONCTIF PRÉSENT. *Malim*, que j'aime mieux; *malis*, tu aimes mieux; *malit*, il aime mieux.

Pluriel. *Malimus*, nous aimions mieux; *malitis*, vous aimiez mieux, *malint*, ils aiment mieux.

IMPARFAIT. *Mallem*, que j'aimasse mieux, *ou* j'aimerois mieux; *malles*, tu aimasses mieux, *ou* tu aimerois mieux; *mallet*, il aimât mieux, *ou* il aimeroit mieux.

Pluriel. *Mallemus* nous aimassions mieux, *ou* nous aimerions mieux; *malletis*, vous aimassiez, *ou* vous aimeriez mieux; *mallent*, ils aimassent mieux, *ou* ils aimeroient mieux.

PARFAIT. *Maluerim*, que j'aie mieux aimé; *malueris*, que tu aies mieux aimé; *maluerit*, il ait mieux aimé.

Pluriel. *Maluerimus*, nous ayions mieux aimé; *malueritis*, vous ayiez mieux aimé; *maluerint*, ils aient mieux aimé.

PLUSQUE-PARFAIT. *Maluissem*, que j'eusse, *ou* j'aurois mieux aimé; *maluisses*, tu eusses *ou* tu aurois mieux aimé; *maluisset*, il eût, *ou* il auroit mieux aimé.

Pluriel. *Maluissemus*, nous eussions, *ou* nous aurions mieux aimé; *maluissetis*, vous eussiez, *ou* vous auriez mieux aimé; *maluissent*, ils eussent, *ou* ils auroient mieux aimé.

G.

FUTUR. *Maluero*, j'aurai mieux aimé ; *malueris*, tu auras mieux aimé ; *maluerit*, il aura mieux aimé.

Pluriel. *Maluerimus*, nous aurons mieux aimé ; *malueritis*, vous aurez mieux aimé ; *maluerint*, ils auront mieux aimé.

INFINITIF PRÉSENT et IMPARFAIT. *Malle*, aimer mieux. PARFAIT et PLUSQUE-PARFAIT. *Maluisse*, avoir mieux aimé.

GÉRONDIFS. *Malendi*, d'aimer mieux ; *malendo*, en aimant mieux ; *malendum*, à aimer mieux, *ou* pour aimer mieux.

PARTICIPE du présent. *Malens* ; génitif, *malentis*, aimant mieux, qui aime mieux, *ou* qui aimoit mieux.

SEDEO, VERBE NEUTRE PASSIF.

INDICATIF PRÉSENT. *Sedeo*, je m'assieds, *ou* je suis assis ; *sedes*, tu t'assieds, *ou* tu es assis ; *sedet*, il s'assied, *ou* il est assis.

Pluriel. *Sedemus*, nous nous asseyons, *ou* nous sommes assis ; *sedetis*, vous vous asseyez, *ou* vous êtes assis ; *sedent*, ils s'asseyent, *ou* ils sont assis.

IMPARFAIT. *Sedebam*, je m'asseyois, *ou* j'étois assis ; *sedebas*, tu t'asseyois, *ou* tu étois assis ; *sedebat*, il s'asseyoit, *ou* il étoit assis.

Pluriel. *Sedebamus*, nous nous asseyions, *ou* nous étions assis ; *sedebatis*, vous vous asseyiez, *ou* vous étiez assis ; *sedebant*, ils s'asseyoient, *ou* ils étoient assis.

PARFAIT. *Sedi*, je me suis assis, *ou* j'ai été assis ; *sedisti*, tu t'es assis, *ou* tu as été assis ; *sedit*, il s'est assis, *ou* il a été assis.

Pluriel. *Sedimus*, nous nous sommes assis, *ou* nous avons été assis ; *sedistis*, vous vous êtes assis, *ou* vous avez été assis ; *sederunt*, ou *sedère*, ils se sont assis, *ou* ils ont été assis.

PLUSQUE-PARFAIT. *Sederam*, je m'étois assis, *ou* j'avois été assis ; *sederas*, tu t'étois assis, *ou* tu avois été assis ; *sederat*, il s'étoit assis, *ou* il avoit été assis.

Pluriel. *Sederamus*, nous nous étions assis, *ou* nous avions été assis ; *sederatis*, vous vous étiez assis, *ou* vous aviez été assis ; *sederant*, ils s'étoient assis, *ou* ils avoient été assis.

FUTUR. *Sedebo*, je m'assiérai, *ou* je serai assis ; *sedebis*, tu t'assiéras, *ou* tu seras assis ; *sedebit*, il s'assiéra, *ou* il sera assis.

Pluriel. *Sedebimus*, nous nous assiérons, *ou* nous serons assis ; *sedebitis*, vous vous assiérez, *ou* vous serez assis ; *sedebunt*, ils s'assiéront, *ou* ils seront assis.

IMPÉRATIF PRÉSENT. *Sede*, assieds-toi, *ou* sois assis ; *sedeat*, qu'il s'asseye, *ou* qu'il soit assis.

Pluriel. *Sedeamus*, asseyons-nous, *ou* soyons assis ; *sedete*, asseyez-vous, *ou* soyez assis ; *sedeant*, qu'ils s'asseyent, *ou* qu'ils soient assis.

FUTUR. *Sedeto* (*tu*), assieds-toi, *ou* sois assis ; *sedeto* (*ille*), qu'il s'asseye, *ou* qu'il soit assis.

Pluriel. *Sedeamus*, asseyons-nous, *ou* soyons assis ; *sedetote*, asseyez-vous, *ou* soyez assis ; *sedento*, qu'ils s'asseyent, *ou* qu'ils soient assis.

SUBJONCTIF PRÉSENT. *Sedeam*, que je m'asseye, *ou* que je sois assis ; *sedeas*, tu t'asseyes, *ou* tu sois assis ; *sedeat*, il s'asseye, *ou* il soit assis.

Pluriel. *Sedeamus*, nous nous asseyons, *ou* nous soyons assis ; *sedeatis*, vous vous asseyez, *ou* vous soyez assis ; *sedeant*, ils s'asseyent, *ou* ils soient assis.

IMPARFAIT. *Sederem*, que je m'assisse, *ou* je m'assiérois ; *sederes*, tu t'assisses, *ou* t'assiérois ; *sederet*, il s'assît, *ou* il s'assiéroit.

Pluriel. *Sederemus*, nous nous assissions, * *ou* nous nous assiérions ; *sederitis*, vous vous assissiez, * *ou* vous vous assiériez ; *sederent*, ils s'assissent, *ou* ils s'assiéroient.

IMPARFAIT. *Sederem*, que je fusse, *ou* je serois assis ; *sederes*, tu fusses, *ou* tu serois assis ; *sederet*, il fût, *ou* il seroit assis.

Pluriel. *Sederemus*, nous fussions, *ou* nous serions assis ; *sederetis*, vous fussiez, *ou* vous seriez assis ; *sederent*, ils fussent, *ou* ils seroient assis.

PARFAIT. *Sederim*, que je me sois assis, *ou* que j'aie été assis ; *sederis*, tu te sois assis, *ou* tu aies été assis ; *sederit*, il se soit assis, *ou* il ait été assis.

Pluriel. *Sederimus*, nous nous soyons assis, *ou* nous ayons été assis ; *sederitis*, vous vous soyez assis, *ou* vous ayez été assis ; *sederint*, ils se soient assis, *ou* ils aient été assis.

* Nous nous assissions et vous vous assissiez, ne sont pas en usage en françois.

PLUSQUE-PARFAIT. *Sedissem*, que je me fusse, *ou* je me serois assis, que j'eusse, *ou* j'aurois été assis ; *sedissetu* que tu te fusses, *ou* tu te serois assis, que tu eusses, *ou* tu aurois été assis ; *sedisset*, qu'il se fût, *ou* il se seroit assis ; qu'il eût, *ou* il auroit été assis.

Pluriel. *Sedissemus*, que nous nous fussions, *ou* nous nous serions assis, que nous eussions, *ou* nous aurions été assis ; *sedissetis*, que vous vous fussiez, *ou* vous vous seriez assis, que vous eussiez, *ou* vous auriez été assis ; *sedissent*, qu'ils se fussent, *ou* ils se seroient assis, qu'ils eussent, *ou* ils auroient été assis.

FUTUR. *Sedero*, je me serai assis, *ou* j'aurai été assis ; *sederis*, tu te seras assis, *ou* tu auras été assis ; *sederit*, il se sera assis, *ou* il aura été assis.

Pluriel. *Sederimus*, nous nous serons assis, *ou* nous aurons été assis ; *sederitis*, vous vous serez assis, *ou* vous aurez été assis ; *sederint*, ils se seront assis, *ou* ils auront été assis.

INFINITIF PRÉSENT et IMPARFAIT. *Sedere*, s'asseoir, *ou* être assis.

PARFAIT et PLUSQUE-PARFAIT. *Sedisse*, s'être assis, *ou* avoir été assis.

FUTUR. *Sessurum, sessuram, sessurum esse*, ou *fuisse*, devoir s'asseoir, devoir être assis, qu'il s'assiéra ; qu'il sera assis, qu'il se seroit assis, qu'il auroit été assis.

GÉRONDIFS. *Sedendi*, de s'asseoir ; *sedendo*, en s'asseyant ; *sedendum*, à s'asseoir, *ou* pour s'asseoir.

SUPINS. *Sessum, sessu*.

PARTICIPE du présent. *Sedens, sedentis*, s'asseyant, qui s'assied, *ou* qui s'asseyoit ; étant assis, qui s'assied, *ou* qui étoit assis.

PARTICIPE du futur. *Sessurus, sessura, sessurum*, qui s'assiéra, *ou* qui doit s'asseoir ; qui sera assis, *ou* devant être assis.

GAUDEO, VERBE NEUTRE.

INDICATIF PRÉSENT. *Gaudeo*, je me réjouis ; *gaudes*, tu te réjouis ; *gaudet*, il se réjouit.

Pluriel. *Gaudemus*, nous nous réjouissons ; *gaudetis*, vous vous réjouissez ; *gaudent*, ils se réjouissent.

IMPARFAIT. *Gaudebam*, je me réjouissois ; *gaudebas*, tu te réjouissois ; *gaudebat*, il se réjouissoit.

Pluriel. *Gaudebamus*, nous nous réjouissions ; *gaudebatis*, vous vous réjouissiez ; *gaudebant*, ils se réjouissoient.

PARFAIT. *Gavisus sum*, ou *fui*, je me suis réjoui, *ou* je me réjouis ; *gavisus es*, ou *fuisti*, tu t'es réjoui, *ou* tu te réjouis ; *gavisus est*, ou *fuit*, il s'est réjoui, *ou* il se réjouit.

Pluriel. *Gavisi sumus*, ou *fuimus*, nous nous sommes réjouis, *ou* nous nous réjouîmes ; *gavisi estis*, ou *fuistis*, vous vous êtes réjouis, *ou* vous vous réjouîtes ; *gavisi sunt*, ou *fuerunt*, ou *fuêre*, ils se sont réjouis, *ou* ils se réjouirent.

PLUSQUE-PARFAIT. *Gavisus eram*, ou *fueram*, je m'étois réjoui ; *gavisus eras*, ou *fueras*, tu t'étois réjoui ; *gavisus erat*, ou *fuerat*, il s'étoit réjoui.

Pluriel. *Gavisi eramus*, ou *fueramus*, nous nous étions réjouis ; *gavisi eratis*, ou *fueratis*, vous vous étiez réjouis ; *gavisi erant*, ou *fuerant*, ils s'étoient réjouis.

FUTUR. *Gaudebo*, je me réjouirai ; *gaudebis*, tu te réjouiras ; *gaudebit*, il se réjouira.

Pluriel. *Gaudebimus*, nous nous réjouirons ; *gaudebitis*, vous vous réjouirez ; *gaudebunt*, ils se réjouiront.

IMPÉRATIF PRÉSENT. *Gaude*, réjouis-toi ; *gaudeat*, qu'il se réjouisse.

Pluriel. *Gaudeamus*, réjouissons-nous ; *gaudete*, réjouissez-vous ; *gaudeant*, qu'ils se réjouissent.

FUTUR. *Gaudeto* (*tu*), réjouis-toi ; *gaudeto* (*ille*), qu'il se réjouisse.

Pluriel. *Gaudeamus*, réjouissons-nous ; *gaudetote*, réjouissez-vous ; *gaudento*, qu'ils se réjouissent.

SUBJONCTIF PRÉSENT. *Gaudeam*, que je me réjouisse ; *gaudeas*, tu te réjouisses ; *gaudeat*, il se réjouisse.

Pluriel. *Gaudeamus*, nous nous réjouissions ; *gaudeatis*, vous vous réjouissiez ; *gaudeant*, ils se réjouissent.

IMPARFAIT. *Gauderem*, que je me réjouisse, *ou* je me réjouirois ; *gauderes*, tu te réjouisses, *ou* tu te réjouirois ; *gauderet*, il se réjouît, *ou* il se réjouiroit.

Pluriel. *Gauderemus*, nous nous réjouissions, *ou* nous nous réjouirions ; *gauderetis*, vous vous réjouissiez, *ou* vous vous réjouiriez ; *gauderent*, ils se réjouissent, *ou* ils se réjouiroient.

3

Parfait. *Gavisus sim*, ou *fuerim*, que je me sois réjoui ; *gavisus sis*, ou *fueris*, tu te sois réjoui ; *gavisus sit*, ou *fuerit*, il se soit réjoui.

Pluriel. *Gavisi simus*, ou *fuerimus*, nous nous soyons réjouis ; *gavisi sitis*, ou *fueritis*, vous vous soyez réjouis ; *gavisi sint*, ou *fuerint*, ils se soient réjouis.

Plus-que-parfait. *Gavisus essem*, ou *fuissem*, que je me fusse, *ou* je me serois réjoui ; *gavisus esses*, ou *fuisses*, tu te fusses, *ou* tu te serois réjoui ; *gavisus esset*, ou *fuisset*, il se fût, *ou* il se seroit réjoui.

Pluriel. *Gavisi essemus*, ou *fuissemus*, nous nous fussions, *ou* nous nous serions réjouis ; *gavisi essetis*, ou *fuissetis*, vous vous fussiez, *ou* vous vous seriez réjouis ; *gavisi essent*, ou *fuissent*, ils se fussent, *ou* ils se seroient réjouis.

Futur. *Gavisus ero*, ou *fuero*, je me serai réjoui ; *gavisus eris*, ou *fueris*, tu te seras réjoui ; *gavisus erit*, ou *fuerit*, il se sera réjoui.

Pluriel. *Gavisi erimus*, ou *fuerimus*, nous nous serons réjouis ; *gavisi eritis*, ou *fueritis*, vous vous serez réjouis ; *gavisi erunt*, ou *fuerint*, ils se seront réjouis.

Infinitif présent et **Imparfait.** *Gaudere*, se réjouir. **Parfait** et **Plusque-parfait.** *Gavisum*, *gavisam*, *gavisum esse*, ou *fuisse*, s'être réjoui.

Futur. *Gavisurum*, *gavisuram*, *gavisurum esse*, ou *fuisse*, devoir se réjouir, qu'il se réjouira, *ou* qu'il se seroit réjoui.

Gérondifs. *Gaudendi*, de se réjouir ; *gaudendo*, en se réjouissant ; *gaudendum*, à se réjouir, *ou* pour se réjouir.

Supins. *Gavisum*, aller se réjouir ; *gavisu*, de s'être réjoui.

Participe du présent. *Gaudens*, génitif *gaudentis*, se réjouissant, qui se réjouit, *ou* qui se réjouissoit.

Participe du futur. *Gavisurus*, *gavisura*, *gavisurum*, qui se réjouira, *ou* qui doit se réjouir.

On conjugue comme *Gaudeo*, les verbes *Soleo*, j'ai coutume, *solitus sum*, ou *fui*, j'ai eu coutume ; *Audeo*, j'ose, *ausus sum*, ou *fui*, j'ai osé.

FIDO, Verbe Neutre Passif.

Indicatif présent. *Fido*, je me fie ; *fidis*, tu te fies ; *fidit*, il se fie.

Pluriel. *Fidimus*, nous nous fions ; *fiditis*, vous vous fiez ; *fidunt*, ils se fient.

Imparfait. *Fidebam*, je me fiois ; *fidebas*, tu te fiois ; *fidebat*, il se fioit.

Pluriel. *Fidebamus*, nous nous fiions ; *fidébatis*, vous vous fiiez ; *fidebant*, ils se fioient.

Parfait. *Fisus sum*, ou *fui*, je me suis fié, *ou* je me fiai ; *fisus es*, ou *fuisti*, tu t'es fié, *ou* tu te fias ; *fisus est*, ou *fuit*, il s'est fié, *ou* il se fia.

Pluriel. *Fisi sumus*, ou *fuimus*, nous nous sommes fiés, *ou* nous nous fiâmes ; *fisi estis*, ou *fuistis*, vous vous êtes fiés, *ou* vous vous fiâtes ; *fisi sunt*, ou *fuerunt*, ou *fuère*, ils se sont fiés, *ou* ils se fièrent.

Plusque-parfait. *Fisus eram*, ou *fueram*, je m'étois fié ; *fisus eras*, ou *fueras*, tu t'étois fié ; *fisus erat*, ou *fuerat*, il s'étoit fié.

Pluriel. *Fisi eramus*, ou *fueramus*, nous nous étions fiés ; *fisi eratis*, ou *fueratis*, vous vous étiez fiés ; *fisi erant*, ou *fuerant*, ils s'étoient fiés.

Futur. *Fidam*, je me fierai ; *fides*, tu te fieras ; *fidet*, il se fiera.

Pluriel. *Fidemus*, nous nous fierons ; *fidetis*, vous vous fierez ; *fident*, ils se fieront.

Imperatif présent. *Fide*, fie-toi ; *fidat*, qu'il se fie.
Pluriel. *Fidamus*, fions-nous ; *fidete*, fiez-vous ; *fidant*, qu'ils se fient.

Futur. *Fidito* (*tu*), fie-toi ; *fidito* (*ille*), qu'il se fie.
Pluriel. *Fidamus*, fions-nous ; *fiditote*, fiez-vous ; *fidunto*, qu'ils se fient.

Subjonctif présent. *Fidam*, que je me fie ; *fidas*, tu te fies ; *fidat*, il se fie.

Pluriel. *Fidamus*, nous nous fiions ; *fidatis*, vous vous fiiez ; *fidant*, ils se fient.

Imparfait. *Fiderem*, que je me fiasse, *ou* je me fierois ; *fideres*, tu te fiasses, *ou* tu te fierois ; *fideret*, il se fiât, *ou* il se fieroit.

Pluriel. *Fideremus*, nous nous fiassions, *ou* nous nous

fierions ; *fideretis*, vous vous fiassiez , *ou* vous vous fie-riez ; *fiderent* , ils se fiassent, *ou* ils se fieroient.

PARFAIT. *Fisus sim*, ou *fuerim*, que je me sois fié ; *fisus sis*, ou *fueris*, tu te sois fié ; *fisus sit* , ou *fuerit* , il se soit fié.

Pluriel. *Fisi simus*, ou *fuerimus*, nous nous soyons fiés ; *fisi sitis*, ou *fueritis*, vous vous soyez fiés ; *fisi sint*, ou *fuerint* , ils se soient fiés.

PLUSQUE-PARFAIT. *Fisus essem*, ou *fuissem*, que je me fusse, *ou* je me serois fié ; *fisus esses*, ou *fuisses*, tu te fusses, *ou* tu te serois fié ; *fisus esset*, ou *fuisset*, il se fût, *ou* il se seroit fié.

Pluriel. *Fisi essemus*, ou *fuissemus*, nous nous fussions, *ou* nous nous serions fiés ; *fisi essetis*, ou *fuissetis*, vous vous fussiez, *ou* vous vous seriez fiés ; *fisi essent*, ou *fuissent*, ils se fussent , *ou* ils se seroient fiés.

FUTUR. *Fisus ero*, ou *fuero*, je me serai fié ; *fisus eris*, ou *fueris*, tu te seras fié ; *fisus erit*, ou *fuerit*, il se sera fié.

Pluriel. *Fisi erimus*, ou *fuerimus*, nous nous serons fiés ; *fisi eritis*, ou *fueritis*, vous vous serez fiés ; *fisi erunt*, ou *fuerint*, ils se seront fiés.

INFINITIF PRÉSENT et IMPARFAIT. *Fidere*, se fier.

PARFAIT et PLUSQUE-PARFAIT. *Fisum, fisam, fisum esse*, ou *fuisse*, s'être fié.

FUTUR. *Fisurum, fisuram, fisurum esse*, ou *fuisse*, devoir se fier, qu'il se fiera, *ou* qu'il se seroit fié.

GÉRONDIFS. *Fidendi*, de se fier ; *fidendo*, en se fiant ; *fidendum*, à se fier, *ou* pour se fier.

SUPINS. *Fisum*, aller se fier ; *fisu*, de s'être fié.

PARTICIPE du présent. *Fidens*; génitif, *fidentis*, se fiant, qui se fie, *ou* qui se fioit.

PARTICIPE du futur. *Fisurus, fisura, fisurum*, qui se fiera, *ou* qui doit se fier.

Ces deux Verbes, *se réjouir, se fier*, s'appellent réfléchis en françois ; de manière que pour bien conjuguer tous les verbes réfléchis, il faudra prendre garde aux temps françois de *se réjouir*, ou *se fier* ; et quand on aura connu de quel temps sera le verbe, en françois, il le faudra mettre au même temps en latin, selon sa conjugaison. Par exemple, *je me fusse promené* ; je cherche, *je me fusse fié*, et je trouve que c'est le plusque-parfait du subjonctif ; je mets donc *ambulavissem*, parce que *amo*, a *amavissem* au plusque-parfait du subjonctif.

EDO.

INDICATIF PRÉSENT. *Edo*, je mange, *edis*, ou *es*, tu manges; *edit*, ou *est*, il mange.

Pluriel. *Edimus*, nous mangeons; *editis*, ou *estis*, vous mangez; *edunt*, ils mangent.

IMPARFAIT. *Edebam*, je mangeois; *edebas*, tu mangeois; *edebat*, il mangeoit.

Pluriel. *Edebamus*, nous mangions; *edebatis*, vous mangiez; *edebant*, ils mangeoient.

PARFAIT. *Edi*, j'ai mangé, *ou* je mangeai; *edisti*, tu as mangé, *ou* tu mangeas; *edit*, il a mangé, *ou* il mangea.

Pluriel. *Edimus*, nous avons mangé, *ou* nous mangeâmes; *edistis*, vous avez mangé, *ou* vous mangeâtes; *ederunt*, ou *edêre*, ils ont mangé, *ou* ils mangèrent.

PLUSQUE-PARFAIT. *Ederam*, j'avois mangé; *ederas*, tu avois mangé; *ederat*, il avoit mangé.

Pluriel. *Ederamus*, nous avions mangé; *ederatis*, vous aviez mangé; *ederant*, ils avoient mangé.

FUTUR. *Edam*, je mangerai; *edes*, tu mangeras; *edet*, il mangera.

Pluriel. *Edemus*, nous mangerons; *edetis*, vous mangerez; *edent*, ils mangeront.

IMPÉRATIF PRÉSENT. *Ede*, ou *es*, mange; *edat*, qu'il mange.

Pluriel. *Edamus*, mangeons; *edite*, ou *este*, mangez; *edant*, qu'ils mangent.

FUTUR. *Edito*, ou *esto* (*tu*), mange; *edito*, ou *esto* (*ille*), qu'il mange.

Pluriel. *Edamus*, mangeons; *editote*, ou *estote*, mangez; *edunto*, qu'ils mangent.

SUBJONCTIF PRÉSENT. *Edam*, que je mange; *edas*, tu manges; *edat*, il mange.

Pluriel. *Edamus*, nous mangions; *edatis*, vous mangiez; *edant*, ils mangent.

IMPARFAIT. *Ederem*, ou *essem*, que je mengeasse, ou je mangerois; *ederes*, ou *esses*, tu mangeasses, *ou* tu mangerois; *ederet*, ou *esset*, il mangeàt, *ou* il mangeroit.

Pluriel. *Ederemus*, ou *essemus*, nous mangeassions;

ou nous mangerions; *ederetis*, ou *essetis*, vous man-
geassiez, *ou* vous mangeriez; *ederent*, ou *essent*, ils
mangeassent, *ou* ils mangeroient.

PARFAIT. *Ederim*, que j'aie mangé; *ederis*, tu aies
mangé; *ederit*, il ait mangé.

Pluriel. *Ederimus*, nous ayons mangé; *ederitis*, vous
ayez mangé; *ederint*, ils aient mangé.

PLUS-QUE-PARFAIT. *Edissem*, que j'eusse, *ou* j'aurois
mangé; *edisses*, tu eusses, *ou* tu aurois mangé; *edisset*,
il eût, *ou* il auroit mangé.

Pluriel. *Edissemus*, nous eussions, *ou* nous aurions
mangé; *edissetis*, vous eussiez, *ou* vous auriez mangé;
edissent, ils eussent, *ou* ils auroient mangé.

FUTUR. *Edero*, j'aurai mangé; *ederis*, tu auras mangé;
ederit, il aura mangé.

Pluriel. *Ederimus*, nous aurons mangé; *ederitis*, vous
aurez mangé; *ederint*, ils auront mangé.

INFINITIF PRÉSENT et IMPARFAIT. *Edere*, ou *esse*,
manger.

PARFAIT et PLUSQUE-PARFAIT. *Edisse*, avoir mangé.

FUTUR. *Esurum*, *esuram*, *esurum*, ou *esturum*, *esturam*,
esturum esse, ou *fuisse*, devoir manger, qu'il mangera,
ou qu'il aura mangé.

GÉRONDIFS. *Edendi*, de manger; *edendo*, en mangeant,
edendum, à manger, *ou* pour manger.

SUPINS. *Esum*, ou *estum*, aller manger; *esu*, ou *estu*;
d'être mangé.

PARTICIPE du présent. *Edens*; génitif, *edentis*, mangeant, qui mange, *ou* qui mangeoit.

PARTICIPE du futur. *Esurus*, *esura*, *esurum*, ou *esturus*,
estura, *esturum*, qui mangera, *ou* qui doit manger.

Ainsi se conjugue *Comedo*, je mange; *comedis*, ou
comes, tu manges, etc. Parfait, *Comedi*; Supins, *Come-*
sum, ou *comestum*; Infinitif, *Comedere*, ou *comesse*,
manger.

DES VERBES DÉFECTUEUX.

MEMINI.

INDICATIF PRÉSENT et IMPARFAIT. *Memini*, je me souviens, *ou* je me suis souvenu, *ou* je me souvins ; *meministi*, tu te souviens, *ou* tu t'es souvenu, *ou* tu te souvins ; *meminit*, il se souvient, *ou* il s'est souvenu, *ou* il se souvint.

Pluriel. *Meminimus*, nous nous souvenons, *ou* nous nous sommes souvenus, *ou* nous nous souvînmes ; *meministis*, vous vous souvenez, *ou* vous vous êtes souvenus, *ou* vous vous souvîntes ; *meminerunt*, ou *meminêre*, ils se souviennent, *ou* ils se sont souvenus, *ou* ils se souvinrent.

IMPARFAIT et PLUSQUE-PARFAIT. *Memineram*, je me souvenois, *ou* je m'étois souvenu ; *memineras*, tu te souvenois, *ou* tu t'étois souvenu ; *meminerat*, il se souvenoit, *ou* il s'étoit souvenu.

Pluriel. *Memineramus*, nous nous souvenions, *ou* nous nous étions souvenus ; *memineratis*, vous vous souveniez, *ou* vous vous étiez souvenus ; *meminerant*, ils se souvenoient, *ou* ils s'étoient souvenus.

FUTUR. *Meminero*, je me souviendrai, *ou* je me serai souvenu ; *memineris*, tu te souviendras, *ou* tu te seras souvenu ; *meminerit*, il se souviendra, *ou* il se sera souvenu.

Pluriel. *Meminerimus*, nous nous souviendrons, *ou* nous nous serons souvenus ; *memineritis*, vous vous souviendrez, *ou* vous vous serez souvenus ; *meminerint*, ils se souviendront, *ou* ils se seront souvenus.

IMPÉRATIF PRÉSENT et FUTUR. *Memento* (*tu*) souviens-toi ; *memento* (*ille*), qu'il se souvienne.

Pluriel. *Mementote*, souvenez-vous ; *meminerint*, qu'ils se souviennent

SUBJONCTIF PRÉSENT et PARFAIT. *Meminerim*, que je me souvienne, *ou* que je me sois souvenu ; *memineris*, tu te souviennes, *ou* tu te sois souvenu ; *meminerit*, il se souvienne, *ou* il se soit souvenu.

Pluriel. *Meminerimus*, nous nous souvenions, *ou* nous nous soyons souvenus ; *memineritis*, vous vous souveniez, *ou* vous vous soyez souvenus ; *meminerint*, ils se souviennent , *ou* ils se soient souvenus.

IMPARFAIT et PLUSQUE-PARFAIT. *Meminissem*, que je me souvinsse , *ou* que je me fusse souvenu , *ou* je me souviendrois , *ou* je me serois souvenu ; *meminisses*, tu te souvinsses , *ou* tu te fusses souvenu , *ou* tu te souviendrois, *ou* tu te serois souvenu ; *meminisset*, il se souvînt, *ou* il se fût souvenu , *ou* il se souviendrois, *ou* il se seroit souvenu.

Pluriel. *Meminissemus* , nous nous souvinssions , *ou* nous nous fussions souvenus, *ou* nous nous souviendrions, *ou* nous nous serions souvenus ; *meminissetis* , vous vous souvinssiez , *ou* vous vous fussiez souvenus , *ou* vous vous souviendriez , *ou* vous vous seriez souvenus; *meminissent*, ils se souvinssent , *ou* ils se fussent souvenus , *ou* ils se souviendroient , *ou* ils se seroient souvenus.

FUTUR. *Meminero* , je me serai souvenu ; *memineris*, tu te seras souvenu ; *meminerit*, il se sera souvenu.

Pluriel. *Meminerimus* , nous nous serons souvenus ; *memineritis*, vous vous serez souvenus ; *meminerint* , ils se seront souvenus.

INFINITIF PRÉSENT et IMPARFAIT. *Meminisse*, se souvenir , *ou* s'être souvenu.

On conjugue comme *Memini* , les verbes suivans : *Odi* , je hais, *ou* j'ai haï ; *Novi* , je connois , *ou* j'ai connu ; *Cœpi* , je commence , *ou* j'ai commencé ; mais ils n'ont point d'Impératif.

A I O.

INDICATIF PRÉSENT. *Aio*, je dis ; *ais*, tu dis ; *ait*, il dit. Pluriel. *Aiunt*, ils disent.

IMPARFAIT. *Aiebam* , je disois ; *aiebas*, tu disois ; *aiebat* , il disoit.

Pluriel. *Aiebamus*, nous disions ; *aiebatis*, vous disiez ; *aiebant*, ils disoient.

PARFAIT. *Aisti* , tu as dit, *ou* tu dis.

Pluriel. *Aistis* , vous avez dit, *ou* vous dites ; * *aierunt*, ils ont dit , *ou* ils dirent. (*Tertul.*)

IMPERATIF PRÉSENT. * *Ai* , dis. (*Nev.*)

SUBJONCTIF PRÉSENT. *Aiam*, que je dise ; *aias*, tu dises ; *aiat*, il dise.

Pluriel. *Aiamus*, nous disions ; *aiatis*, vous disiez ; *aiant*, qu'ils disent. Il n'a point d'infinitif.

PARTICIPE du présent. *Aiens*, génitif *aientis*, disant, qui dit, *ou* qui disoit.

INQUIO.

INDICATIF PRÉSENT. *Inquio*, ou *inquam*, je dis, *ou* (dis-je) ; *inquis*, tu dis ; *inquit*, il dit.

Pluriel. * *Inquimus*, nous disons ; * *inquitis*, vous dites ; *inquiunt*, ils disent. (*Hor. Arn.*)

IMPARFAIT. *Inquiebam*, je disois ; *inquiebas*, tu disois ; *inquiebat*, il disoit.

Pluriel. *Inquiebamus*, nous disions ; *inquiebatis*, vous disiez ; *inquiebant*, ils disoient.

PARFAIT. *Inquisti*, tu as dit, *ou* tu dis.

Pluriel. *Inquistis*, vous avez dit, *ou* vous dites.

FUTUR. *Inquies*, tu diras ; *inquiet*, il dira.

Pluriel. *Inquient*, ils diront.

IMPÉRATIF. *Inque*, ou *inquito* ; dis, (*Ter. Plaut.*)

SUBJONCTIF PRÉSENT. *Inquiam*, que je dise ; *inquias*, tu dises, *inquiat*, il dise.

Pluriel. *Inquiant*, qu'ils disent.

PARTICIPE du présent. *Inquiens* ; génitif, *inquientis*, disant, qui dit, *ou* qui disoit.

Ces deux verbes, *Aio* et *Inquio*, ont encore certains autres temps rarement en usage, comme *aimus*, *aitis*, etc. mais on a mis seulement ceux qui sont reçus de tout le monde, et ceux qui ne se trouvent que dans les anciens auteurs, qu'on a marqués d'une astérisque *.

FOREM.

SUBJONCTIF IMPARFAIT. *Forem*, que je fusse, *ou* je serois ; *fores*, tu fusses, *ou* tu serois ; *foret*, il fût, *ou* il seroit.

Pluriel. *Forent*, ils fussent, *ou* ils seroient.

FUTUR de l'infinitif. *Fore*, ou *futurum esse*, devoir être, *ou* qu'il sera.

FAXO.

INDICATIF FUTUR. *Faxo*, je ferai; *faxis*, tu feras; *faxit*, il fera.

Pluriel. *Faxint*, ils feront.

SUBJONCTIF PRÉSENT. *Faxim*, que je fasse; *faxis*, tu fasses; *faxit*, il fasse.

Pluriel. *Faxint*, ils fassent.

AUSIM.

SUBJONCTIF. *Ausim*, que j'ose, *ou* j'oserois; *ausis*, tu oses, *ou* tu oserois; *ausit*, il ose, *ou* il oseroit.

Pluriel. *Ausint*, qu'ils osent, *ou* qu'ils oseroient.

QUÆSO.

INDICATIF PRÉSENT. *Quæso*, je vous prie.

Pluriel. *Quæsumus*, nous vous prions.

DEFIT, pour DEEST.

INDICATIF PRÉSENT. *Defit*, il manque.

FUTUR. *Defiet*, il manquera.

SUBJONCTIF PRÉSENT. *Defiat*, qu'il manque.

INFIT.

INDICATIF PRÉSENT. *Infit*, il commence, *ou* il dit.

SALVE.

IMPÉRATIF. *Salve*, ou *salveto*, je te salue, bon jour.

Pluriel. *Salvete*, ou *salvetote*, je vous salue.

INFINITIF PRÉSENT. *Salvere*. Exemple : *Salvere te jubet Cicero*, Cicéron vous salue. (*Cic.*)

A V E.

IMPÉRATIF. *Ave*, ou *aveto*, je te salue ; bon jour, bon soir, (selon le temps.)

Pluriel. *Avete*, ou *avetote*, je vous salue, *etc.*

INFINITIF PRÉSENT. *Avere.* Exemple : *avere te jubet*, il vous salue. (*Mart.*)

V A L E.

IMPERATIF. *Vale*, ou *valeto*, adieu, bon soir.

Pluriel. *Valete*, ou *valetote*, adieu, *etc.*

INFINITIF PRÉSENT. *Valere.* Exemple. *Illum valere jussi*, je lui ai dit adieu, *etc.*

On trouve encore *Valebis* et *Salvebis*. Exemples : *Valebis igitur, et valere Piliam jubebis.* Adieu donc, et saluez Pilias. (*Cic.*)

Salvebis à meo filio, mon fils vous salue. (*Cic.*)

Ces deux verbes, *Valeo*, je me porte bien, et *Aveo*, je désire fort, se conjuguent comme *Doceo ;* mais *Aveo* n'a point de parfait ni de supin.

Il y a encore d'autres verbes défectifs qui sont rarement en usage, et ne se trouvent d'ordinaire que chez les anciens poëtes comiques, comme :

Sodes, pour *si audes*, si tu oses.

Ambest, il est ici autour.

Sis, pour *si vis*, si tu veux ; *sultis*, pour *si vultis*, si vous voulez.

Capsis, pour *cape si vis*, prends si tu veux.

Apage, retire-toi ; pluriel, *apagite*, retirez-vous.

Age, courage ; pluriel, *agite*, courage.

Ovat, il triomphe de joie ; participe, *ovans ;* génitif, *ovantis*, triomphant de joie.

Cedo, donne-moi, *ou* dis-moi ; pluriel, *cedite*, donnez-moi, *ou* dites-moi.

Verbe impersonnel de la voix passive.

INDICATIF PRÉSENT. *Amatur*, on aime.
IMPARFAIT. *Amabatur*, on aimoit.
PARFAIT. *Amatum est*, ou *fuit*, on a aimé, *ou* on aima.
PLUSQUE-PARFAIT. *Amatum erat*, ou *fuerat*, on avoit aimé.
FUTUR. *Amabitur*, on aimera.
IMPÉRATIF PRÉSENT. *Amatur*, que l'on aime.
SUBJONCTIF PRÉSENT. *Ametur*, que l'on aime.
IMPARFAIT. *Amaretur*, que l'on aimât, *ou* on aimeroit.
PARFAIT. *Amatum sit*, ou *fuerit*, que l'on ait aimé.
PLUSQUE-PARFAIT. *Amatum esset*, ou *fuisset*, que l'on eût aimé, *ou* on auroit aimé.
FUTUR. *Amatum erit*, ou *fuerit*, que l'on aura aimé.
INFINITIF PRÉSENT et IMPARFAIT. *Amari*, être aimé, *ou* que l'on aime.
PARFAIT et PLUSQUE-PARFAIT. *Amatum esse*, ou *fuisse*, que l'on a aimé.
FUTUR. *Amatum iri*, que l'on aimera.

Les verbes impersonnels, de la voix passive, se conjuguent de même par la troisième personne du singulier, selon la conjugaison ; par exemple : *legitur*, on lit ; *scribitur*, on écrit ; *luditur*, on joue.

Verbe impersonnel de la voix active.

OPORTET.

INDICATIF PRÉSENT. *Oportet*, il faut.
IMPARFAIT. *Oportebat*, il falloit.
PARFAIT. *Oportuit*, il a fallu, *ou* il fallut.
FUTUR. *Oportebit*, il faudra.
IMPÉRATIF PRÉSENT. *Oporteat*, qu'il faille.
SUBJONCTIF PRÉSENT. *Oporteat*, qu'il faille.
IMPARFAIT. *Oporteret*, qu'il fallût, *ou* qu'il faudroit.
PARFAIT. *Oportuerit*, qu'il ait fallu.
PLUSQUE-PARFAIT. *Oportuisset*, qu'il eût fallu, *ou* il auroit fallu.
FUTUR. *Oportuerit*, qu'il aura fallu.
INFINITIF PRÉSENT et IMPARFAIT. *Oportere*, falloir.
PARFAIT et PLUSQUE-PARFAIT. *Oportuisse*, avoir fallu.

Verbe

Verbe impersonnel de la voix active.

PUDET.

INDICATIF PRÉSENT. *Me pudet*, j'ai honte ; *te pudet*, tu as honte ; *illum pudet*, il a honte.

Pluriel. *Nos pudet*, nous avons honte ; *vos pudet*, vous avez honte ; *illos pudet*, ils ont honte.

IMPARFAIT. *Me pudebat*, j'avois honte ; *te pudebat*, tu avois honte ; *illum pudebat*, il avoit honte.

Pluriel. *Nos pudebat*, nous avions honte ; *vos pudebat*, vous aviez honte ; *illos pudebat*, ils avoient honte.

PARFAIT. *Me puduit*, j'ai eu honte, *ou* j'eus honte ; *te puduit*, tu as eu honte, *ou* tu eus honte ; *illum puduit*, il a eu honte, *ou* il eut honte.

Pluriel. *Nos puduit*, nous avons eu honte, *ou* nous eûmes honte ; *vos puduit*, vous avez eu honte, *ou* vous eûtes honte ; *illos puduit*, ils ont eu honte, *ou* ils eurent honte.

PLUSQUE-PARFAIT. *Me puduerat*, j'avois eu honte ; *te puduerat*, tu avois eu honte ; *illum puduerat*, il avoit eu honte.

Pluriel. *Nos puduerat*, nous avions eu honte ; *vos puduerat*, vous aviez eu honte ; *illos puduerat*, ils avoient eu honte.

FUTUR. *Me pudebit*, j'aurai honte ; *te pudebit*, tu auras honte ; *illum pudebit*, il aura honte.

Pluriel. *Nos pudebit*, nous aurons honte ; *vos pudebit*, vous aurez honte ; *illos pudebit*, ils auront honte.

Au lieu de l'impératif, on se sert du présent du subjonctif.

SUBJONCTIF PRÉSENT. *Me pudeat*, que j'aie honte ; *te pudeat*, tu aies honte ; *illum pudeat*, il ait honte.

Pluriel. *Nos pudeat*, nous ayons honte ; *vos pudeat*, vous ayez honte ; *illos pudeat*, ils aient honte.

IMPARFAIT. *Me puderet*, que j'eusse, *ou* j'aurois honte ; *te puderet*, tu eusses, *ou* tu aurois honte ; *illum puderet*, il eût, *ou* il auroit honte.

Pluriel. *Nos puderet*, nous eussions, *ou* nous aurions honte ; *vos puderet*, vous eussiez, *ou* vous auriez honte ; *illos puderet*, ils eussent, *ou* ils auroient honte.

H

PARFAIT. *Me puduerit*, que j'aie eu honte; *te puduerit*, tu aies eu honte; *illum puduerit*, il ait eu honte.

Pluriel. *Nos puduerit*, nous ayons eu honte; *vos puduerit*, vous ayez eu honte; *illos puduerit*, ils aient eu honte.

PLUSQUE-PARFAIT. *Me puduisset*, que j'eusse, *ou* j'aurois eu honte; *te puduisset*, tu eusses, *ou* tu aurois eu honte; *illum puduisset*, il eût, *ou* il auroit eu honte.

Pluriel. *Nos puduisset*, nous eussions, *ou* nous aurions eu honte : *vos puduisset*, vous eussiez, *ou* vous auriez eu honte ; *illos puduisset*, ils eussent, *ou* ils auroient eu honte.

FUTUR. *Me puduerit*, j'aurai eu honte ; *te puduerit*, tu auras eu honte ; *illum puduerit*, il aura eu honte.

Pluriel. *Nos puduerit*, nous aurons eu honte ; *vos puduerit*, vous aurez eu honte ; *illos puduerit*, ils auront eu honte.

INFINITIF PRÉSENT et IMPARFAIT. *Pudere*, avoir honte.
PARFAIT et PLUSQUE-PARFAIT. *Puduisse*, avoir eu honte.

Ce verbe fait encore au parfait de l'indicatif, et aux autres temps qui en sont formés. *Puditum*, comme, *me puditum est*; j'ai eu honte ; *te puditum est*, tu as eu honte, etc.

Ainsi se conjuguent ces verbes impersonnels de la voix active.

Piget, piguit, pigitum est, ou *pigere*, être marri, être fâché, avoir du regret.

Tædet, tæduit, ou *pertæsum est*, *tædere*, s'ennuyer être ennuyé.

Miseret, misertum est, miserere, avoir pitié, porter compassion.

PŒNITET.

INDICATIF PRÉSENT. *Me pœnitet*, je me repens ; *te pœnitet*, tu te repens; *illum pœnitet*, il se repent.

Pluriel. *Nos pœnitet*, nous nous repentons; *vos pœnitet*, vous vous repentez; *illos pœnitet*, ils se repentent.

IMPARFAIT. *Me pœnitebat*, je me repentois; *tu pœnitebat*, tu te repentois ; *illum pœnitebat*, il se repentoit.

Pluriel. *Nos pœnitebat*, nous nous repentions ; *vos pœnitebat*, vous vous repentiez; *illos pœnitebat*, ils se repentoient.

PARFAIT. *Me pænituit*, je me suis repenti, *ou* je me repentis; *te pænituit*, tu t'es repenti, *ou* tu te repentis; *illum pænituit*, il s'est repenti, *ou* il se repenti.

Pluriel. *Nos pænituit*, nous nous sommes repentis, où nous nous repentîmes; *vos pænitu t*, vous vous êtes repentis, *ou* vous vous repentîtes; *illos pænituit*, ils se sont repentis, *ou* ils se repentirent.

PLUSQUE-PARFAIT. *Me pænituerat*, je m'étois repenti; *te pænituerat*, tu t'étois repenti; *illum pænituerat*, il s'étoit repenti.

Pluriel. *Nos pænituerat*, nous nous étions repentis; *vos pænituerat*, vous vous étiez repentis; *illos pænituerat*, ils s'étoient repentis.

FUTUR. *Me pænitebit*, je me repentirai; *te pænitebit*, tu te repentiras; *illum pænitebit*, il se repentira.

Pluriel. *Nos pænitebit*, nous nous repentirons; *vos pænitebit*, vous vous repentirez; *illos pænitebit*, ils se repentiront.

SUBJONCTIF PRÉSENT. *Me pæniteat*, que je me repente; *te pæniteat*, que tu te repentes; *illum pæniteat*, qu'il se repente.

Pluriel. *Nos pæniteat*, que nous nous repentions; *vos pæniteat*, que vous vous repentiez; *illos pæniteat*, qu'ils se repentent.

IMPARFAIT. *Me pæniteret*, que je me repentisses, *ou* je me repentirois; *te pæniteret*, que tu te repentisses, ou tu te repentirois; *illum pæniteret*, qu'il se repentît, *ou* il se repentiroit.

Pluriel. *Nos pæniteret*, que nous nous repentissions, *ou* nous repentirions; *vos pæniteret*, que vous vous repentissiez, *ou* vous vous repentiriez; *illos pæniteret*, qu'ils se repentissent, *ou* ils se repentiroient.

PARFAIT. *Me pænituerit*, que je me sois repenti; *te pænituerit*, que tu te sois repenti; *illum pænituerit*, qu'il se soit repenti.

Pluriel. *Nos pænituerit*, que nous nous soyons repentis; *vos pænituerit*, que vous vous soyez repentis; *illos pænituerit*, qu'ils se soient repentis.

PLUSQUE-PARFAIT. *Me pænituisset*, que je me fusse, ou je me serois repenti; *te pænituisset*, que tu te fusses, ou tu te serois repenti; *illum pænituisset*, qu'il se fût, ou il se seroit repenti.

Pluriel. *Nos pænituisset*, que nous nous fussions, ou

nous nous serions repentis ; *vos pœnituisset*, que vous vous fussiez, *ou* vous vous seriez repentis ; *illos pœnituisset*, ils se fussent, *ou* ils se seroient repentis.

FUTUR. *Me pœnituerit*, je me serai repenti ; *te pœnituerit*, tu te seras repenti ; *illum pœnituerit*, il se sera repenti.

Pluriel. *Nos pœnituerit*, nous nous serons repentis ; *vos pœnituerit*, vous vous serez repentis ; *illos pœnituerit*, ils se seront repentis.

INFINITIF PRÉSENT et IMPARFAIT. *Pœnitere*, se repentir.

PARFAIT et PLUSQUE-PARFAIT. *Pœnituisse*, s'être repenti.

Ces deux verbes, *Satisfieri*, être satisfait, *Persuasum esse*, être persuadé, se conjuguent de cette sorte.

INDICATIF PRÉSENT. *Mihi satisfit*, je suis satisfait, *tibi satisfit*, tu es satisfait ; *illi satisfit*, il est satisfait.

Pluriel. *Nobis satisfit*, nous sommes satisfaits ; *vobis satisfit*, vous êtes satisfaits ; *illis satisfit*, ils sont satisfaits.

IMPARFAIT. *Mihi satisfiebat*, j'étois satisfait ; *tibi satisfiebat*, tu étois satisfait ; *illi satisfiebat*, il étoit satisfait.

Pluriel. *Nobis satisfiebat*, nous étions satisfaits ; *vobis satisfiebat*, vous étiez satisfaits ; *illis satisfiebat*, ils étoient satisfaits.

PARFAIT. *Mihi satisfactum est*, ou *fuit*, j'ai été, ou je fus satisfait ; *tibi satisfactum est*, ou *fuit*, tu as été, ou tu fus satisfait ; *illi satisfactum est*, ou *fuit*, il a été, ou il fut satisfait.

Pluriel. *Nobis satisfactum est*, ou *fuit*, nous avons été, ou nous fûmes satisfaits ; *vobis satisfactum est*, ou *fuit*, vous avez été, ou vous fûtes satisfaits ; *illis satisfactum est*, ou *fuit*, ils ont été, ou ils furent satisfaits.

PLUSQUE-PARFAIT. *Mihi satisfactum fuerat*, j'avois été satisfait ; *tibi satisfactum fuerat*, tu avois été satisfait ; *illi satisfactum fuerat*, il avoit été satisfait.

Pluriel. *Nobis satisfactum fuerat*, nous avions été satisfaits ; *vobis satisfactum fuerat*, vous aviez été satisfaits ; *illis satisfactum fuerat*, ils avoient été satisfaits.

FUTUR. *Mihi satisfiet*, je serai satisfait ; *tibi satisfiet*, tu seras satisfait ; *illi satisfiet*, il sera satisfait.

Pluriel. *Nobis satisfiet*, nous serons satisfaits; *vobis satisfiet*, vous serez satisfaits; *illis satisfiet*, ils seront satisfaits.

IMPÉRATIF PRÉSENT. *Tibi satisfiat*, sois satisfait; *illi satisfiat*, qu'il soit satisfait.

Pluriel. *Nobis satisfiat*, soyons satisfaits; *vobis satisfiat*, soyez satisfaits; *illis satisfiat*, qu'ils soient satisfaits.

SUBJONCTIF PRÉSENT. *Mihi satisfiat*, que je sois satisfait; *tibi satisfiat*, tu sois satisfait; *illi satisfiat*, il soit satisfait.

Pluriel. *Nobis satisfiat*, nous soyons satisfaits; *vobis satisfiat*, vous soyez satisfaits; *illis satisfiat*, ils soient satisfaits.

IMPARFAIT. *Mihi satisfieret*, que je fusse, *ou* je serois satisfait; *tibi satisfieret*, tu fusses, *ou* tu serois satisfait; *illi satisfieret*, il fût, *ou* il seroit satisfait.

Pluriel. *Nobis satisfieret*, nous fussions, *ou* nous serions satisfaits; *vobis satisfieret*, vous fussiez, *ou* vous seriez satisfaits; *illis satisfieret*, ils fussent, *ou* ils seroient satisfaits.

PARFAIT. *Mihi satisfactum fuerit*, que j'aie été satisfait; *tibi satisfactum fuerit*, tu aies été satisfait; *illi satisfactum fuerit*, il ait été satisfait.

Pluriel. *Nobis satisfactum fuerit*, nous ayons été satisfaits; *vobis satisfactum fuerit*, vous ayez été satisfaits; *illis satisfactum fuerit*, ils aient été satisfaits.

PLUSQUE-PARFAIT. *Mihi satisfactum fuisset*, que j'eusse, *ou* j'aurois été satisfait; *tibi satisfactum fuisset*, tu eusses, *ou* tu aurois été satisfait; *illi satisfactum fuisset*, il eût, *ou* il auroit satisfait.

Pluriel. *Nobis satisfactum fuisset*, nous eussions, *ou* nous aurions été satisfaits; *vobis satisfactum fuisset*, vous eussiez, *ou* vous auriez été satisfaits; *illis satisfactum fuisset*, ils eussent, *ou* ils auroient été satisfaits.

FUTUR. *Mihi satisfactum fuerit*, j'aurai été satisfait; *tibi satisfactum fuerit*, tu auras été satisfait; *illi satisfactum fuerit*, il aura été satisfait.

Pluriel. *Nobis satisfactum fuerit*, nous aurons été satisfaits; *vobis satisfactum fuerit*, vous aurez été satisfaits; *illis satisfactum fuerit*, ils auront été satisfaits.

INFINITIF PRÉSENT et IMPARFAIT. *Satisfieri*, être satisfait.

PARFAIT et PLUSQUE-PARFAIT. *Satisfactum fuisse*, avoir été satisfait.

FUTUR. *Satisfactum iri*, ou *satisfaciendum esse*, devoir être satisfait.

INDICATIF PRÉSENT. *Mihi persuasum est*, je suis persuadé, *ou* je suis assuré; *tibi persuasum est*, tu es persuadé; *illi persuasum est*, il est persuadé.

Pluriel. *Nobis persuasum est*, nous sommes persuadés; *vobis persuasum est*, vous êtes persuadés; *illis persuasum est*, ils sont persuadés.

IMPARFAIT. *Mihi persuasum erat*, j'étois persuadé; *tibi persuasum erat*, tu étois persuadé; *illi persuasum erat*, il étoit persuadé.

Pluriel. *Nobis persuasum erat*, nous étions persuadés; *vobis persuasum erat*, vous étiez persuadés; *illis persuasum erat*, ils étoient persuadés.

PARFAIT. *Mihi persuasum fuit*, j'ai été, *ou* je fus persuadé; *tibi persuasum fuit*, tu as été, *ou* tu fus persuadé; *illi persuasum fuit*, il a été, *ou* il fut persuadé.

Pluriel. *Nobis persuasum fuit*, nous avons été, *ou* nous fûmes persuadés; *vobis persuasum fuit*, vous avez été, *ou* vous fûtes persuadés; *illis persuasum fuit*, ils ont été, *ou* ils furent persuadés.

PLUSQUE-PARFAIT. *Mihi persuasum fuerat*, j'avois été persuadé; *tibi persuasum fuerat*, tu avois été persuadé; *illi persuasum fuerat*, il avoit été persuadé.

Pluriel. *Nobis persuasum fuerat*, nous avions été persuadés; *vobis persuasum fuerat*, vous aviez été persuadés; *illis persuasum fuerat*, ils avoient été persuadés.

FUTUR. *Mihi persuasum erit*, je serai persuadé; *tibi persuasum erit*, tu seras persuadé; *illi persuasum erit*, il sera persuadé.

Pluriel. *Nobis persuasum erit*, nous serons persuadés; *vobis persuasum erit*, vous serez persuadés; *illis persuasum erit*, ils seront persuadés.

IMPÉRATIF PRÉSENT. *Tibi persuasum sit*, sois persuadé; *illi persuasum sit*, qu'il soit persuadé.

Pluriel. *Nobis persuasum sit*, soyons persuadés; *vobis persuasum sit*, soyez persuadés; *illis persuasum sit*, qu'ils soient persuadés.

SUBJONCTIF PRÉSENT. *Mihi persuasum sit*, que je sois persuadé ; *tibi persuasum sit*, tu sois persuadé ; *illi persuasum sit*, il soit persuadé.

Pluriel. *Nobis persuasum sit*, nous soyons persuadés ; *vobis persuasum sit*, vous soyez persuadés ; *illis persuasum sit*, ils soient persuadés.

IMPARFAIT. *Mihi persuasum esset*, que je fusse, *ou* je serois persuadé ; *tibi persuasum esset*, tu fusses, *ou* tu serois persuadé ; *illi persuasum esset*, il fût, *ou* il seroit persuadé.

Pluriel. *Nobis persuasum esset*, nous fussions, *ou* nous serions persuadés ; *vobis persuasum esset*, vous fussiez, *ou* vous seriez persuadés ; *illis persuasum esset*, ils fussent, *ou* ils seroient persuadés.

PARFAIT. *Mihi persuasum fuerit*, que j'aie été persuadé ; *tibi persuasum fuerit*, tu aies été persuadé ; *illi persuasum fuerit*, il ait été persuadé.

Pluriel. *Nobis persuasum fuerit*, nous ayons été persuadés ; *vobis persuasum fuerit*, vous ayez été persuadés ; *illis persuasum fuerit*, ils aient été persuadés.

PLUSQUE-PARFAIT. *Mihi persuasum fuisset*, que j'eusse, *ou* j'aurois été persuadé ; *tibi persuasum fuisset*, tu eusses, *ou* tu aurois été persuadé ; *illi persuasum fuisset*, il eût, *ou* il auroit été persuadé.

Pluriel. *Nobis persuasum fuisset*, nous eussions, *ou* nous aurions été persuadés ; *vobis persuasum fuisset*, vous eussiez, *ou* vous auriez été persuadés ; *illis persuasum fuisset*, ils eussent, *ou* ils auroient été persuadés.

FUTUR. *Mihi persuasum fuerit*, j'aurai été persuadé ; *tibi persuasum fuerit*, tu auras été persuadé ; *illi persuasum fuerit*, il aura été persuadé.

Pluriel. *Nobis persuasum fuerit*, nous aurons été persuadés ; *vobis persuasum fuerit*, vous aurez été persuadés ; *illis persuasum fuerit*, ils auront été persuadés.

INFINITIF PRÉSENT et IMPARFAIT. *Persuasum esse*, être persuadé.

PARFAIT et PLUSQUE-PARFAIT. *Persuasum fuisse*, avoir été persuadé.

FUTUR. *Persuasum fore*, devoir être persuadé.

Il n'a point d'autres temps.

IMPÉRATIFS IRRÉGULIERS.

DICO, je dis, fait à l'impératif *dic*, et non pas *dice*.
DUCO, je conduis. Impératif *duc*, et non pas *duce*.
FERO, je porte. Impératif *fer*, et non pas *fere*.
FACIO, je fais. Impératif *fac*, et non pas *face*.
Mais les composés de *facio*, font leur impératif en *e*, à l'ordinaire, comme :
PERFICIO, j'achève. Impératif, *perfice*,

FIN DES VERBES.

DE LA GRAMMAIRE.

QU'EST-CE que la *Grammaire* ?
C'est un art qui apprend à bien parler et à bien écrire.
Combien a-t-elle de parties ?
Elle en a quatre : la Lettre, la Syllabe, la Diction et l'Oraison.
Combien y a-t-il de Lettres ?
Il y en a vingt-trois : a, b, c, d, e, f, g, h, i, k, l, m, n, o, p, q, r, s, t, u, x, y, z.
En quoi se divisent les lettres ?
Elles se divisent en voyelles et en consonnes.
Qu'est-ce qu'une voyelle ?
C'est une lettre qui a d'elle-même un son distinct, et peut seule faire une syllabe.
Qu'est-ce qu'une consonne ?
C'est une lettre qui ne peut d'elle-même former un son articulé, ni composer une syllabe, si elle n'est jointe à une voyelle.
Combien y a-t-il de voyelles ?
Il y en a six : a, e, i, o, u, et y grec ; mais l'*i* et l'*u* sont quelquefois consonnes.
Quand est-ce que l'i est consonne ?
Dans les syllabes ja, je, ji, jo, ju, et on alonge le caractère par en-bas.

Quand est-ce que l'u est consonne ?

Dans les syllabes va, ve, vi, vo, vu, vra, vre, vri, vro, vru.

Combien y a-t-il de consonnes ?

Il y en a seize : b, c, d, f, g, k, l, m, n, p, q, r, s, t, x, z : l'*h* n'est pas une consonne, mais une aspiration seulement.

Qu'est-ce qu'une diphthongue ?

Ce sont deux voyelles jointes ensemble, qui se prononcent comme une seule dans une syllabe, comme : *ætas*, *cæna*, *audio*, *hei*, *euge* : on prononce æ et œ comme *e* simple, etc.

Combien y a-t-il de diphthongues qui se font des voyelles ?

Il y en a cinq : æ, œ, au, ei, eu.

De quoi se fait la syllabe ?

La syllabe se fait de lettres, comme : *Pa*.

De quoi se fait la diction ?

La diction, c'est-à-dire, le mot, se fait de plusieurs syllabes, comme : *Pater*.

De quoi se fait l'oraison ?

L'oraison, c'est-à-dire, le discours, se fait de plusieurs mots joints ensemble, comme *Pater adest*, le Père est présent ; et ces mots qui composent le discours, s'appellent parties d'oraison.

Combien y a-t-il de parties d'oraison ?

Il y en a huit : le Nom, le Pronom, le Verbe, le Participe, l'Adverbe, la Préposition, la Conjonction, et l'Interjection.

DU NOM.

Qu'est-ce que le nom ?

C'est une partie d'oraison, ou un mot qui sert à nommer, ou à qualifier quelque chose, et qui se décline par des cas.

Combien y a-t-il de sortes de noms ?

Il y en a de deux sortes ; le nom substantif et le nom adjectif.

Qu'est-ce que le nom substantif ?

C'est un nom qui signifie simplement la chose, et qui

n'a qu'un ou deux genres, sous une seule terminaison, comme : *hæc tabula*, la planche, *hic et hæc parens*, le père ou la mère.

Qu'est-ce que le nom adjectif ?

C'est un nom qui qualifie la chose, et qui est de tout genre, sous une seule, ou deux, ou trois différentes terminaisons, comme : *hic et hæc*, *et hoc prudens*, prudent, prudente ; *hic et hæc fortis*, *et hoc forte*, fort, forte ; *bonus*, *bona*, *bonum*, bon, bonne.

Combien y a-t-il de sortes de noms substantifs ?

Il y en a de deux sortes : le nom propre, qui ne convient qu'à une seule chose, comme : *Petrus*, Pierre ; *Roma*, Rome ; *Tiberis*, le Tibre ; et le nom appellatif, qui convient à plusieurs, comme : *homo*, homme ; *urbs*, ville ; *flumen*, rivière.

Combien y a-t-il de sortes de noms adjectifs ?

Il y en a de trois sortes : l'adjectif nom, comme : *bonus*, *bona*, *bonum* : l'adjectif pronom, comme : *meus*, *mea*, *meum* : l'adjectif participe, comme : *amans*, génitif *amantis*, aimant ; *amatus*, *amata*, *amatum*, aimé, ou qui a été aimé.

Outre ces trois sortes d'adjectifs, il y a encore les adjectifs partitifs, qui marquent une partie d'un plus grand nombre, comme : *aliquis*, quelque, quelqu'un ; *quidam*, un certain ; *quivis*, quiconque, qui que ce soit ; *alter*, un autre, l'autre ; *nullus*, nul, pas un, personne ; *neuter*, ni l'un ni l'autre.

Les interrogatifs, comme *quis*, qui, lequel ? *quotus*, le quantième ? *uter*, qui des deux ? lequel des deux ?

Les pronoms partitifs, comme : *ille*, celui-là ; *hic*, celui-ci.

Les noms de nombre, comme : *unus*, *duo*, etc.

Comment connoit-on un nom substantif en françois ?

On le connoît, quand on ne peut pas ajouter ce mot, *chose*. Par exemple, je connois que *Père* est un nom substantif, parce qu'on ne peut pas dire, *père chose*, ni *chose père*.

Comment connoît-on un nom adjectif en françois ?

On le connoît, quand on peut ajouter ce même mot, *chose*. Par exemple, je connois que ce mot, *agréable*, est un adjectif, parce que je peux ajouter *chose*, et dire *chose agréable*.

DU PRONOM.

Qu'est-ce *que le pronom ?*

C'est une partie d'oraison qui se met en place du nom, et qui se décline par des cas.

Combien y a-t-il de pronoms ?

Il y en a dix-huit : *ego, tu, suî, ille, ipse, iste, hic, is, quis,* ou *qui, meus, tuus, suus, cujus, noster, vester, nostras, vestras,* et *cujas.*

Combien y a-t-il de pronoms possessifs ?

Il y en a six : *meus, tuus, suus, noster, vester,* et *cujus, cuja, cujum*

Combien y a-t-il de pronoms qui signifient la nation ou le pays ?

Il y en a trois : *nostras, vestras,* et *cujas.*

Combien y a-t-il de pronoms réciproques ?

Il y en a deux : *suî* et *suus.*

Combien y a-t-il de pronoms démonstratifs ?

Il y en a huit : *ego, tu, suî, ille, ipse, iste, hic,* et *is*

Combien y a-t-il de pronoms relatifs ?

Il y en a sept : *ille, ipse, iste, hic, is, qui,* et *idem.*

DU VERBE.

Qu'est-ce *que le verbe ?*

C'est une partie d'oraison, ou un mot qui marque le jugement que l'on fait des choses, et qui se conjugue par mœufs et par temps.

En combien de sortes se divise le verbe ?

Il se divise en deux sortes : en personnel et en impersonnel.

Qu'est-ce que le verbe personnel ?

Le verbe personnel est celui qui se conjugue par trois personnes, comme : *amo,* j'aime ; *amas,* tu aimes ; *amat,* il aime ; et au pluriel, *amamus,* nous aimons ; *amatis,* vous aimez ; *amant,* ils aiment.

Qu'est-ce que le verbe impersonnel ?

Le verbe impersonnel est celui qui se conjugue seulement par la troisième personne du singulier, comme : *oportet,* il faut ; *amatur,* on aime.

Combien y a-t-il de sortes de verbes personnels ?

Il y en de cinq sortes; l'actif, le passif, le neutre, le déponent et le commun.

Qu'est-ce que le verbe actif ?

Le verbe actif est celui qui se termine en *o*, et qui forme de soi le passif, en ajoutant *r*, comme : *amo*, j'aime; passif, *amor*, je suis aimé.

Qu'est-ce que le verbe passif ?

Le verbe passif est celui qui se termine en *or*, et qui se forme de l'actif, comme : *amor*, je suis aimé, qui se forme d'*amo*, j'aime.

Qu'est-ce que le verbe neutre ?

Le verbe neutre est celui qui se termine en *o*, comme l'actif, mais qui ne forme point de soi le passif en *or*, comme : *sto*, je suis debout; *curro*, je cours; car on ne dit pas *stor*, ni *curror*.

Qu'est-ce que le verbe déponent ?

Le verbe déponent est celui qui se termine en *or*, comme le passif, mais qui n'est point formé de l'actif, et a seulement la signification active, comme : *loquor*, je parle; *sequor*, je suis.

Qu'est-ce que le verbe commun ?

Le verbe commun est celui qui se termine en *or*, comme le passif, mais qui n'est point formé de l'actif, et a la signification active et passive, comme : *criminor*, je blâme, *ou* je suis blâmé.

En combien de sortes se divise le verbe impersonnel ?

En deux sortes, en verbe impersonnel de la voix active, qui se termine en *t*, comme : *oportet*, il faut; et en verbe impersonnel de la voix passive, qui se termine en *tur*, comme : *amatur*, on aime.

Combien y a-t-il de sortes de gérondifs dans les verbes ?

Il y en a de trois sortes; le gérondif en *di*, le gérondif en *do*, et le gérondif en *dum*, comme : *amandi*, d'aimer; *amando*, en aimant; *amandum*, à aimer, *ou* pour aimer.

Combien y a-t-il de supins ?

Il y en a deux; le supin en *um*, comme : *amatum*, aller aimer, et le supin en *u*, comme : *amatu*, à aimer, *ou* d'être aimé.

DU PARTICIPE.

QU'EST-CE que le participe ?

C'est un nom adjectif dérivé d'un verbe ; et qui, en sa signification, marque le temps, et se décline comme les noms.

Combien les participes ont-ils de temps ?

Ils en ont trois ; le participe du présent, terminé en *ans*, ou *ens*, comme : *amans ; legens ;* le participe du prétérit, terminé en *us, a, um,* comme : *amatus, ta, tum ;* et le participe du futur, terminé en *rus, ra, rum,* ou *dus, da, dum,* comme : *amaturus, ra, rum ; amandus, da, dum.*

Quelle signification ont les participes ?

Le participe actif a la signification du verbe actif ; le participe passif a la signification du verbe passif ; le participe déponent a la signification du verbe déponent ; le participe neutre a la signification du verbe neutre ; et le participe commun a la signification du verbe commun.

Combien le verbe actif a-t-il de participes ?

Le verbe actif a deux participes ; le participe du présent, en *ans*, ou *ens*, comme : *amans ;* génitif, *amantis,* aimant, *ou* qui aime ; *legens ;* génitif, *legentis,* lisant, *ou* qui lit ; et le participe du futur en *rus, ra, rum,* comme : *amaturus, ra, rum,* qui aimera, *ou* qui doit aimer.

Combien le verbe passif a-t-il de participes ?

Le verbe passif a deux participes ; le participe du prétérit, *ou* passé, en *us, a, um,* comme : *amatus, ta, tum,* aimé, qui a été aimé, *ou* ayant été aimé ; et le participe du futur, en *dus, da, dum,* comme : *amandus, da, dum,* qui sera aimé, *ou* qui doit être aimé.

Combien le verbe déponent a-t-il de participes ?

Le verbe déponent a trois participes : le participe du présent en *ans,* ou *ens,* comme, *precans ;* génitif *precantis,* priant, *ou* qui prie ; *pollicens ;* génitif *pollicentis,* promettant, *ou* qui promet ; le participe du passé, en *us, a, um,* comme, *precatus, ta, tum,* qui a prié, *ou* ayant prié ; et le participe du futur, en *rus, ra, rum,* comme, *precaturus, ra, rum,* qui priera, *ou* qui doit prier.

Combien le verbe neutre a-t-il de participes ?

Le verbe neutre a deux participes ; le participe du

présent, en *ans*, ou *ens*, comme : *stans* ; génitif *stantis*, étant debout, *ou* qui est debout; *currens*, génitif *currentis*, courant, *ou* qui court; et le participe du futur en *rus*, *ra*, *rum*, comme *staturus*, *ra*, *rum*, qui sera debout, *ou* qui doit être debout; *cursurus*, *ra*, *rum*, qui courra, *ou* qui doit courir.

Combien le verbe commun a-t-il de participes ?

Le verbe commun a quatre participes; le participe du présent en *ans*, comme : *criminans*, génitif *criminantis*, blâmant, *ou* qui blâme ; le participe du prétérit, en *us*, *a*, *um*, comme *criminatus*, *ta*, *tum*, qui a blâmé, *ou* ayant blâmé, *et en signification passive*, blâmé, qui a été blâmé, *ou* ayant été blâmé; le participe du futur, en *rus*, *ra*, *rum*, comme *criminaturus*, *ra*, *rum*, qui blâmera, *ou* qui doit blâmer ; et en *dus*, *da*, *dum*, comme, *criminandus*, *da*, *dum*, qui sera blâmé, *ou* qui doit être blâmé.

On ne doit pas cependant se servir de ces participes en signification passive, sans une bonne autorité.

DE L'ADVERBE.

QU'EST-CE que l'adverbe ?

L'adverbe est une partie d'oraison, ou un mot indéclinable, qui étant joint à un verbe, ou à un nom, détermine et spécifie leur signification.

Les adverbes ont-ils des degrés de comparaison ?

Plusieurs adverbes terminés en *e* et en *er*, ont trois degrés de comparaison : le positif, comme : *docte*, doctement; *fortiter*, fortement; le comparatif, comme : *doctiùs*, plus doctement; *fortiùs*, plus fortement ; le superlatif, comme : *doctissimè*, très-doctement; *fortissimè*, très-fortement.

Combien y a-t-il d'adverbes ?

Il y en a de diverses sortes ; les adverbes de temps, les adverbes de quantité, *etc.*

Quels sont les adverbes de temps ?

Nunc, maintenant ; *hodiè*, aujourd'hui ; *cras*, demain ; *heri*, hier : *perendiè*, après-demain ; *donec*, jusques à ce que ; *quotidiè*, tous les jours ; *pridiè*, le jour de devant, *ou* la veille ; *postridiè*, le jour d'après, *ou* le lendemain, *etc.*

Quels sont les adverbes de quantité ?

Parùm, peu, guère ; *multùm*, beaucoup ; *plus*, davantage, ou plus ; *minùs*, moins ; *tantùm*, autant ; *quantùm*, combien ; *satis*, assez, *etc.*

Quels sont les adverbes qui marquent la manière ?

Doctè, doctement, ou avec science ; *fortiter*, vaillamment ; *bené*, bien ; *malé*, mal, *etc.*

Quels sont les adverbes de lieu ?

Ubi terrarum, en quel lieu de la terre ? *longè gentium*, bien loin d'ici ; *nusquàm gentium*, nulle part ; *undè gentium*, de quelle nation, de quel pays ? et ceux des quatre questions de lieu.

Quels sont les adverbes qui marquent la ressemblance ?

Quemadmodum, *ceu*, *ut*, *uti*, *velut*, *veluti*, comme : *ita*, *sic*, ainsi ; *quasi*, comme si ; *sicut*, de même que, tout ainsi que ; *tanquam*, comme ; *etc.*

Quels sont les adverbes d'assurer ?

Etiam, *ita*, oui ; *certè*, *quidem*, *sanè*, certes, en vérité ; *profectò*, assurément, certainement ; *procul dubio*, *haud dubiè*, sans doute, *etc.*

Quels sont les adverbes de nier ?

Non, *haud*, non ; *nequaquàm*, nullement ; *minimè*, point du tout, *etc.*

Quels sont les adverbes d'interroger ?

Cur, *quare*, *quid ita* ? pourquoi ? *quamobrem* ? pour quel sujet ? pour quelle raison ? *quorsum* ? à quoi bon ? à quel propos ? à quel dessein ? pourquoi cela ? à quelle fin ? *etc.*

Quels sont les adverbes de douter ?

Forsan, *forsitan*, *fortassis*, *fortasse*, peut-être, peut être que.

Quels sont les adverbes d'assembler ?

Simul, *unà*, ensemble, de compagnie, avec, *etc.*

Quels sont les adverbes d'appeler ?

O ! *heus !* ô ! hola ! *hem !* hé, ho-ho !

Quels sont les adverbes d'exhorter ?

Ei, *euge*, courage, çà, *age*, *agedùm*, ô çà, *etc.*

Quels sont les adverbes de souhaiter ?

Utinam ! plût à Dieu que ! ô que ! Dieu veuille que ! si ô, ô si !

Quels sont les adverbes qui servent à montrer ?

En, *ecce*, voici, voilà.

Il y a encore d'autres sortes d'adverbes que l'usage apprendra.

DE LA PRÉPOSITION.

QU'EST-CE *que la préposition ?*

La préposition est une partie d'oraison, ou un mot indéclinable, qui se met devant d'autres mots, soit séparément, comme : *apud patrem*, chez le père ; soit par composition, comme ; *adduco*, j'amène.

Les prépositions qui se mettent devant les mots séparément, régissent, les unes l'accusatif, les autres l'ablatif.

Combien y a-t-il de prépositions qui régissent l'accusatif ?

Il y en a trente, savoir :

Ad, auprès, chez, d'ici à.
Adversùm, ou *adversùs*, vis-à-vis, contre, envers.
Antè, devant, avant.
Apud, chez, auprès.
Circà, environ, auprès.
Circùm, autour, à l'endroit.
Cis, ou *citrà*, deçà, au deçà.
Contrà, contre, vis à-vis.
Ergà, envers, à l'endroit.
Extrà, hors, outre, excepté.
Infrà, sous, dessous, au dessous.
Inter, entre, parmi.
Intrà, dans, d'ici à.
Juxtà, auprès, proche, selon.
Ob, pour, devant, à cause.
Penès, en la puissance.

Per, par, durant, au travers, pendant.
Ponè, après, derrière.
Post, après, depuis, dans.
Præter, excepté, hormis, outre.
Propter, à cause de, pour l'amour de.
Secundùm, selon, suivant.
Secùs, auprès, le long.
Suprà, au-dessus, par-dessus.
Trans, au-delà.
Ultrà, au-delà.
Circiter, environ, à-peu-près.
Propè, proche, auprès de.
Versùs, vers, du côté.
Usque, jusques.

Remarquez que *circiter*, *propè*, *versùs*, *usque*, que l'on met d'ordinaire au nombre de ces prépositions, sont plutôt de simples adverbes, et que le cas auquel on les joint est gouverné par une préposition sous-entendue, et souvent même exprimée.

Il y a des prépositions qui deviennent adverbes, et ne gouvernent aucun cas, comme : *infrà*, en bas ; au comparatif, *inferiùs*, plus bas ; au superlatif, *infimè*, très-bas ; *extrà*, au dehors, par dehors ; *ultrà*, plus ; *ultrà quàm oportet*, plus qu'il ne faut ; *contrà*, au contraire ; *juxtà*, également, aussi-bien que ; *suprà*, ci-devant, ci-dessus.

Combien

Combien y a-t-il de prépositions qui gouvernent l'ablatif ?

Il y en a quinze, savoir :

A, ab, abs, de, du, des, depuis, par.	*De*, touchant, de.
Absque, sans.	*E, ex*, de.
Clàm, à l'insu.	*Palàm*, en présence.
Coràm, devant, en présence.	*Præ*, devant, au prix.
Cum, avec.	*Pro*, pour, au lieu de.
	Sine, sans.

Remarquez que la préposition *Cum*, avec, se met toujours après les pronoms *me, te, se, nobis, vobis*, et même après le relatif *qui, quæ, quod;* car on dit *mecum*, avec moi; *tecum*, avec toi; *quocum, quibuscum*, avec qui.

Tenùs, jusques à, régit l'ablatif d'un nom singulier, comme : *capulo tenùs*, jusqu'à la garde; et le génitif d'un nom pluriel, comme : *aurium tenùs*, jusqu'aux oreilles, et il se met toujours après le cas qu'il gouverne.

Les quatre prépositions suivantes, savoir ; *sub*, sous; *super*, dessus; *in*, en, dedans ; *subter*, dessous, veulent l'ablatif, lorsqu'il n'y a point de mouvement; mais lorsqu'il y a du mouvement, elles veulent l'accusatif.

DE LA CONJONCTION.

QU'EST-CE que la conjonction ?

La conjonction est une partie d'oraison, ou un mot indéclinable, qui sert à joindre et à unir ensemble les mots et le sens dans le discours.

Combien y a-t-il de sortes de conjonctions ?

Il y en a de six sortes, savoir : les copulatives, les disjonctives, les causales, les ratiocinatives, les adversatives et les conditionnelles.

Quelles sont les copulatives ?

Les copulatives sont celles qui unissent le sens et les mots dans le discours, comme : *et, que, quoque, etiam, atque, ac*, et, aussi; *prætereà*, de plus, outre cela, davantage ; *cùm, tùm*, non-seulement, mais aussi.

Quelles sont les disjonctives ?

Les disjonctives sont celles qui servent à séparer, comme : *aut, ve, vel*, ou, ou bien; *sive, seu*, soit que ; *nec, neque*, ni, non plus.

Quelles sont les causales ?

Les causales sont celles qui servent à rendre raison, comme : *nam, namque, enim, etenim,* car ; *quòd, quia, propterà quòd, quippè quoniam, quandoquidem,* parce que ; *siquidem,* puisque ; *ut,* afin que.

Quelles sont les ratiocinatives ?

Les ratiocinatives sont celles qui servent à conclure, comme : *ergò, igitur,* donc ; *ideò, idcircò, itaque, quamobrem,* etc. partant, par conséquent, c'est pourquoi.

Quelles sont les adversatives ?

Les adversatives sont celles qui servent à faire distinction, comme : *sed, enim, verùm, at, atqui, autem, verò, porrò,* mais ; *tamen, verumtamen,* toutefois ; *etsi, etiamsi, quamvis, licèt, quamquam, tametsi,* bien que, encore que, quoique ; *saltem,* au moins, du moins, à tout le moins ; *cæterùm, porrò,* au reste ; *imò,* ou *immò, quin, etiam, quin potiùs,* mais qui plus est, mais au contraire.

Quelles sont les conditionnelles ?

Les conditionnelles sont celles qui servent à marquer les conditions, comme : *si, si modò, dummodò,* si, pourvu que ; *sin, nisi,* sinon que, si ce n'est que ; *ita ut,* de sorte que, de manière que, tellement que.

Les conjonctions qui se mettent toujours au commencement et devant les mots, s'appellent prépositives, comme, *et, ac, atque, aut, vel, sive, nec, neque, nam, sed, verùm, at, ast, atqui, sin, nisi,* etc.

Celles qui ne se mettent qu'après quelque mot, jamais au commencement, s'appellent postpositives, comme : *que, quoque, ve, enim, autem, verò,* etc.

Celles qui se mettent tantôt devant, et tantôt après quelque mot, s'appellent communes, comme : *ergò, igitur, ideò, tamen, saltem,* etc.

DE L'INTERJECTION.

QU'EST-CE que l'interjection ?

L'interjection est une partie d'oraison, ou un mot indéclinable, qui sert à marquer les mouvemens de l'âme de celui qui parle.

Oh ! evax ! marquent la joie,	*ho ! ha !*
Heu ! hei ! ha ! marquent la douleur,	*hélas ! ha ! ha !*
Proh ! heu ! marquent l'indignation,	*ò ! ha !*
Papæ ! hui ! ò ! marquent l'admiration,	*ha ! hoho ! ò !*

DES CONCORDANCES.

COMBIEN y a-t-il de concordances ?
Il y en a quatre.

La première est la concordance de l'adjectif avec le substantif.

La seconde est la concordance du relatif avec l'antécédent.

La troisième est la concordance du verbe avec le nominatif.

La quatrième est la concordance de la réponse avec la demande.

PREMIÈRE CONCORDANCE.

Accord de l'Adjectif avec le Substantif.

Deus sanctus ; Dieu saint.

QU'ENSEIGNE cette règle ?
Elle enseigne que l'adjectif qui est nom, pronom, ou participe, s'accorde avec son substantif, exprimé, ou sous-entendu, en genre, en nombre et en cas ; exemples :
Affaire difficile, *negotium operosum.*
Cette lumière, *hoc lumen.*
Une étincelle négligée, *scintilla contempta.*
Harangue plus longue, *oratio prolixior.*
Manières très-douces, *mores suavissimi.*
Sciences les plus considérables, *scientiæ gravissimæ.*

Ludovicus Rex ; Louis Roi.

QU'ENSEIGNE cette règle ?
Elle enseigne que deux, ou plusieurs noms substantifs, ou surnoms, joints ensemble, et appartenans à une même chose, se mettent au même cas : exemples :
Aristote, homme grec, philosophe, *Aristoteles, homo græcus, philosophus.*
Cicéro, orater, *Cicero, orator.*

2

Jules César empereur, *Julius Cæsar imperator*.

¶ Lorsqu'il y a un nom substantif précédé de deux autres, auxquels il se rapporte comme à une même chose, ce substantif se met au pluriel, et au même cas, exemple :

Romulus et Remus, frères, *Romulus et Remus, fratres*.

On connoît que deux noms substantifs françois appartiennent à une même chose, quand l'une de ces particules *de*, *du*, *des*, ne se rencontre pas entre les deux substantifs.

Urbs Roma, la ville de Rome.

QU'ENSEIGNE *cette règle?*
　　Elle enseigne que quand il y a la particule *de* entre deux noms substantifs qui se rapportent à une même chose, les deux noms substantifs se mettent a même cas ; exemples :

La rivière de Marne, *fluvius Matrona*.
L'île de Chypre, *insula Cyprus*.
Le mois de Juin, *mensis Junius*.
La ville de Langres, *urbs Lingonæ*.

On connoît que ces deux noms substantifs se rapportent à une même chose, quand la particule, *de*, ou *du*, qui est entre les deux substantifs, peut se tourner par *qui est*, ou *qui est appelé* ; comme :

La ville de Rome ; on peut dire, *ville qui est Rome*, ou *ville qui est appelée Rome*.

Liber Petri, le livre de Pierre.

QU'ENSEIGNE *cette règle ?*
　　Elle enseigne que quand il y a une de ces particules, *de*, *du*, *des*, entre deux noms substantifs qui signifient diverses choses, il faut mettre le dernier au génitif ; exemples :

L'amour de la vertu, *amor virtutis*.
La rigueur de l'hiver, *asperitas hyemis*.
Abondance de fruits, *copia frugum*.
Le champ de bataille, *locus prælii*.

Il faut quelquefois exprimer le dernier substantif par un nom adjectif dérivé du même substantif ; exemples :

Le parlement de Paris, *senatus Parisiensis*.

La république de Venise, *respublica Veneta*.

Le collège de Langres, *collegium Lingonense*.

Un marchand de Dijon, *mercator Divionensis*.

Quelquefois, pour mieux distinguer la chose possédée de celui qui la possède, on se sert de l'ablatif avec la préposition *à* ou *ab*, au lieu du génitif ; exemple :

Voici l'homme du cheval que vous marchandiez, *ecce homo ab equo quem licitabaris*, et non pas *homo equi*.

Mais il vaut mieux, pour ôter toute ambiguité, tourner la phrase ainsi : voici l'homme dont vous marchandiez le cheval, *ecce homo cujus equum licitabaris*.

¶ On connoît que deux noms substantifs signifient diverses choses, quand la particule *de*, ou *du*, ou *des*, qui est entre les deux substantifs, ne peut pas se tourner par *qui est*, ou *qui est appelé*; comme :

Le livre de Pierre, on ne peut pas dire, *livre qui est Pierre*, ni *Pierre qui est livre*, etc.

SECONDE CONCORDANCE.

Accord du Relatif avec l'Antécédent.

Deus qui adoratur, Dieu qui est adoré.

QU'ENSEIGNE cette règle ?

Elle enseigne que le relatif *qui*, devant un verbe personnel, se met au nominatif, et s'accorde avec son antécédent en genre, en nombre et en personne ; exemples :

Moi qui prie, *ego qui precor*.

Toi qui étudies, *tu qui studes*.

Celui qui cause, *ille qui garrit*, ou mieux, *qui garrit*, en retranchant *ille*.

La raison qui commande, *ratio quæ jubet*.

Avertissement.

Le relatif est un mot qui se rapporte à un autre, avec lequel il s'accorde toujours en genre et en nombre.

Le relatif le plus ordinaire en françois est *qui*, *que*, *quel*, *quelle*, *lequel*, *laquelle*, *lesquels*, *lesquelles*, qui s'exprime en latin par le pronom relatif, *qui*, *quæ*, *quod*, etc. selon le genre et le nombre du nom ou pronom auquel il se rapporte.

L'antécédent est un hom substantif, ou un pronom démonstratif, qui est devant le relatif, et auquel se rapporte le relatif.

Les noms substantifs sont de la troisième personne.

Il y a trois pronoms démonstratifs ; *ego*, *tu*, *ille*, et au pluriel, *nos*, *vos*, *illi.*

Ego, moi, est de la première personne du singulier.

Tu, toi, est de la seconde.

Ille, lui *ou* celui, est de la troisième.

Nos, nous, est de la première personne du pluriel.

Vos, vous, est de la seconde.

Illi, eux *ou* ceux, est de la troisième.

Il y a deux sortes de *qui*, le relatif et le démonstratif.

Le *qui* est relatif, quand il est précédé d'un antécédent.

Le *qui* est démonstratif quand il n'a point d'antécédent devant soi.

Le *qui* relatif, devant un verbe personnel, se met toujours au nominatif ; mais le *qui*, ou *quel* démonstratif, est quelquefois le régime du verbe qui suit, et quelquefois son nominatif, et s'accorde en genre, en nombre et en cas avec le substantif suivant, exprimé, ou sous-entendu.

Il faut remarquer que le *qui*, ou *quel* démonstratif, entre deux verbes, gouverne le second verbe au subjonctif, et s'exprime en latin par *quis*, s'il se rapporte à un masculin, et s'il est le nominatif du verbe ; exemples :

Je désire savoir qui a dit cela ; *cupio scire quis hoc dixerit.*

Vous savez quelle est la violence des grands, *quæ sit magnatum vis non ignoras.*

Je ne sais qui vous voulez dire, *nescio quem velis dicere.*

¶ Quand il y a *à qui*, *auquel*, *à laquelle*, ou *auxquels*, il faut mettre le relatif *qui*, *quæ*, *quod*, au cas que régit le verbe suivant, le faisant accorder avec son antécédent en genre et en nombre ; comme :

Mes amis à qui j'ai écrit, *amici mei quibus*, ou *ad quos scripsi.*

Les écoliers à qui *ou* auxquels il importe d'étudier, *scholastici quorum refert studere.*

¶ Quand il y a, *dont*, *de qui*, *duquel*, *de laquelle*, *desquels*, et que ces particules dépendent d'un substantif suivant, ou d'un adjectif dérivé d'un verbe, il les faut mettre en latin au génitif, du même genre et du même nombre que l'antécédent ; comme :

Les martyrs dont nous admirons la fermeté, *martyres quorum miramur constantiam.*

La louange dont j'étois désireux, *laus cujus eram cupidus.*

¶ Mais si ces particules dépendent d'un verbe suivant, il les faut mettre au cas de ce verbe ; comme :

Le livre dont je me sers, *liber quo utor.*

Mes parens de qui j'ai reçu de l'argent, *parentes mei à quibus pecuniam accepi.*

Ceux de votre âge dont vous serez aimé, *æquales tui à quibus amaberis.*

Ego quem pœnitet, moi qui me repens.

QU'ENSEIGNE cette règle ?

Elle enseigne que le relatif *qui*, devant ces verbes impersonnels, *pœnitet*, *pudet*, *tædet*, *miseret*, *piget*, se met à l'accusatif, et s'accorde avec son antécédent en genre et en nombre ; exemples :

Toi qui n'as point de regret de tes désordres, *tu quem non piget flagitiorum tuorum.*

Lui qui s'ennuie de la vie, *ille qui tædet vitæ.*

Les gens de bien qui ont compassion de mes maux, *viri boni quos miseret malorum meorum.*

Les jeunes gens qui se repentent de n'avoir pas suivi les avis des personnes sages, *adolescentes quos pœnitet sapientium consiliis non paruisse.*

DU QUE RELATIF.

Deus quem adoramus, Dieu que nous adorons.

QU'ENSEIGNE cette règle ?

Elle enseigne que le relatif *que*, après un nom substantif, ou un pronom démonstratif, se met au cas que régit le verbe suivant, et auquel il se rapporte, et s'accorde avec son antécédent en genre et en nombre ; exemples :

La leçons que j'étudie, *lectio cui studeo.*

La maison que je vous défends, *domus quâ tibi interdico.*

Les justes que Dieu favorise, *justi quibus Deus favet.*

4

Je me servirai du livre que vous voudrez, *utar libro quo voles*, parce que le *que* se rapporte au même verbe *uti*, qui est sous-entendu.

Avertissement.

On connoît un *que* relatif lorsqu'il est après un substantif, ou qu'il peut se tourner par *lequel*, *laquelle*, ou *lesquels*.

S'il y a *lequel*, *laquelle*, ou *lesquels*, il faut voir si on peut tourner *lequel*, *laquelle*, ou *lesquels*, par *qui*, ou par *que* : si *lequel* se tourne par *qui* relatif, et qu'il soit devant un verbe personnel, il le faut mettre au nominatif; mais s'il se tourne par *que*, il faut mettre ce *que* au cas que régit le verbe suivant; exemples :

Pierre lequel étudie, *Petrus qui studet.*

Pierre lequel j'aime, *Petrus quem amo.*

¶ Si *qui*, ou *que* relatif se trouve entre deux substantifs de différens genres, il peut s'accorder indifféremment avec l'un ou avec l'autre des deux substantifs; mais mieux avec le dernier, sur-tout si c'est un nom propre; comme

L'étoile qui est appelée Phaéton, *stella qui Phaëton dicitur.*

Pompée qui a été l'honneur et l'ornement de l'empire Romain, *Pompeius qui*, ou *quod imperii Romani decus et ornamentum fuit.*

L'animal que nous appelons homme, *animal quem*, ou *quod vocamus hominem.*

¶ Si le *qui* démonstratif, ou le *que* relatif sont suivis de deux verbes, dont le dernier soit à l'infinitif, ils doivent être mis au cas que régit le dernier, qui est à l'infinitif; comme :

Je ne sais qui je dois favoriser, *nescio cui debeam favere.*

Les préceptes que nous devons étudier, *præcepta quibus debemus studere.*

Quand le relatif *que* se rapporte à deux verbes qui régissent différens cas, il le faut répéter en latin; mettre le premier *que* au cas que régit le premier verbe, et le second *que* au cas que régit le dernier; comme :

Les écoliers modestes que je chéris et favorise, *scholastici modesti quos diligo, quibusque faveo.*

Les lois que les brigands suivoient et observoient, *leges quibus parebant latrones, quasque observabant.*

¶ On met élégamment le relatif devant l'antécédent,

soit que l'antécédent soit au nominatif; ou qu'il soit à un autre cas ; et pour lors l'antécédent doit être au même cas que le relatif, ajoutant *hic* ou *is*, que l'on met au cas où devoit être l'antécédent ; comme :

La lettre que vous m'avez écrite m'a été fort agréable ; *quam ad me scripsisti epistolam, ea mihi gratissima fuit.*

Je lis le livre que j'ai acheté, *quem emi librum, hunc lego.*

Frater et soror sunt boni, le frère et la sœur sont bons.

QU'ENSEIGNE cette règle ?

Elle enseigne que quand il y a deux noms substantifs de choses animées, et de différens genres, devant un adjectif, ou un relatif, il faut mettre l'adjectif ou le relatif au pluriel, et le faire accorder avec le substantif du plus noble genre ; exemples :

Mon père et ma mère que j'aime, *pater meus et mater mea quos amo.*

Lucrèce et sa servante ont été chastes, *Lucretia et mancipium ejus castæ fuerunt.*

¶ Le masculin est plus noble que le féminin, et le féminin est plus noble que le neutre.

Virtus et vitium sunt contraria, la vertu et le vice sont contraires.

QU'ENSEIGNE cette règle ?

Elle enseigne que quand il y a deux noms substantifs de choses inanimées, et de différens genres, devant un adjectif ou un relatif, il faut mettre l'adjectif ou le relatif au neutre du pluriel ; exemples ;

L'honneur et la vertu me sont très-chers, *honor et virtus mihi sunt carissima.*

Le château et la maison que nous avons achetés, *castellum et domus quæ emimus.*

Le travail et le plaisir sont bien différens, *labor voluptasque sunt dissimillima.*

Avertissement.

Quand les deux substantifs de choses inanimées sont de même genre, il faut mettre l'adjectif, ou le relatif au pluriel du même genre que les deux substantifs ; exemples :

Le courage et la prudence sont nécessaires à un général d'armée, *fortitudo et prudentia sunt imperatori exercitûs necessariæ.*

La louange et la gloire que nous recherchons, *laus et gloria quas consectamur.*

¶ On peut mettre aussi l'adjectif, ou le relatif au neutre du pluriel, après deux substantifs de choses inanimées et de même genre ; exemple :

La nuit et le butin retardèrent les ennemis, *nox et præda hostes sunt remorata.*

¶ Quelquefois on fait accorder l'adjectif avec le substantif le plus proche, sur-tout si les deux substantifs sont du pluriel ; exemple :

Je vois le visage et les yeux de tous tournés sur moi, *video omnium ora atque oculos in me conversos.*

TROISIÈME CONCORDANCE.

Accord du Verbe avec le Nominatif.

Ego audio, j'écoute.

QU'ENSEIGNE cette règle ?

Elle enseigne que tout verbe personnel, qui n'est point à l'infinitif, veut devant soi un nominatif exprimé, ou sous-entendu, avec lequel il s'accorde en nombre et en personne ; exemple :

Vous enseignez, et nous apprenons, *tu doces, nos discimus.*

La nuit s'approche, *nox instat.*

Il se promène, *ille ambulat.*

La véritable gloire dure long-temps, *vera gloria diutiùs durat.*

Les profondes racines s'étendent bien loin, *altæ radices longè latèque propagantur.*

Nota. On doit mettre au nominatif tout ce qui vient en réponse à la question *Qui est-ce qui*, faite sur un verbe personnel qui n'est pas à l'infinitif.

Petrus et Joannes garriunt et rident, Pierre et Jean causent et rient.

QU'ENSEIGNE cette règle ?

Elle enseigne premièrement, que quand il y a deux ou plusieurs noms substantifs du singulier, et de même personne, joints ensemble devant un verbe, il faut mettre le verbe au pluriel, et de la même personne ; exemples :

L'envie et l'ingratitude me mettent en colère, *invidia ingratusque animus bilem mihi commovent.*

La louange, l'honneur et la gloire excitent l'esprit, *laus, honor et gloria excitant animum.*

On met le verbe au pluriel, parce que deux singuliers valent un pluriel.

Secondement, elle enseigne qu'une conjonction copulative ou disjonctive, entre deux noms, veut devant et après semblables cas, et entre deux verbes, semblable mœuf, si ce n'est que quelque règle expresse demande divers cas, ou divers mœufs.

Exemples du même cas.

J'aime Pierre et sa diligence, *amo Petrum ejusque diligentiam.*

Lisez Platon, ou Aristote, *lege Platonem, vel Aristotelem.*

L'amitié s'entretient par les présens et par les honnêtetés, *muneribus ac officiis colitur amicitia.*

Exemples de divers cas.

Il importe à Pierre et à moi, *refert Petri et meâ.*

J'étudierai à Dijon, ou à Lyon, *studebo Divione, aut Lugduni.*

Ce livre est à moi et à mon frère, *hic liber est meus et fratris mei.*

Exemple du même mœuf.

Faites ensorte que votre libéralité soit profitable à vos amis, et ne porte dommage à personne, *vide ut liberalitas tua prosit amicis, et nemini noceat.*

Tu paterque vultis, vous le voulez, vous et votre père.

Qu'ENSEIGNE cette règle ?

Elle enseigne que quand il y a deux, ou plusieurs noms substantifs de diverses personnes devant un verbe, il faut mettre le verbe au pluriel, et le faire accorder avec le substantif de la plus noble personne, laquelle s'exprimera la première en latin ; exemples :

Pierre, vous, et moi étudions, *ego, tu et Petrus studemus.*

Vous et lui m'êtes très-chers, *tu et illi mihi carissimi estis.*

¶ La première personne est plus noble que la seconde, et la seconde est plus noble que la troisième.

DES VERBES IMPERSONNELS.

Me tædet studii, je m'ennuie de l'étude.

QU'ENSEIGNE *cette règle ?*
    Elle enseigne que les verbes *pænitet*, *pudet*, *tædet*, *miseret*, *piget*, veulent la personne qu'ils ont pour nominatif à l'accusatif, et la chose au génitif; exemples :
    Vous vous repentirez de votre faute, *te pænitebit culpæ tuæ.*
    Je suis bien marri d'avoir fait cela, *hujus facti me piget.*
    J'ai pitié de cet homme, *miseret me hujus hominis.*
    J'ai honte de mon péché, *me pudet mei peccati.*

Incipit me pænitere, je commence à me repentir.

QU'ENSEIGNE *cette règle ?*
    Elle enseigne que quand il y a un verbe personnel, excepté, *nolo*, *malo*, *volo*, devant l'infinitif d'un de ces verbes impersonnels, *pænitet*, *pudet*, *tædet*, *miseret*, *piget*, il faut mettre ce verbe personnel à la troisième personne du singulier, et son nominatif, qui est la personne, à l'accusatif; exemples :
    Vous devriez avoir honte de votre paresse, *pigritiæ tuæ pudere te deberet.*
    Personne ne pourra s'ennuyer de cette lecture, *hujus lectionis tædere neminem poterit.*
    Vous cessez d'être marri, *desinit te pigere.*

Avertissement.

Ces deux verbes, *soleo*, *videor*, devant *pænitet*, *pudet*, etc. se mettent aussi à la troisième personne du singulier, et deviennent impersonnels, même dans les temps passés; exemples :
    On dit que les Israélites avoient coutume de se repentir, lorsque, *etc. dicitur Israëlitas solitum fuisse pænitere cùm*, etc.
    Je crois que vos frères ont souvent paru s'ennuyer

on classe, *puto fratres tuos sæpiùs visum fuisse tædere in schola*, et non pas *visos.*

Mais ces verbes *nolo*, *malo*, *volo*, restent toujours personnels devant *pænitet*, *pudet*, *tædet*, *miseret*, *piget*, et suivent le nombre et la personne de leur nominatif; mais on n'exprime point *me*, *te*, *se*, etc. exemples :

Je ne veux pas me repentir, *nolo pænitere*, et non pas *non vult me pænitere*, ni *nolo me pænitere.*

Vous aimez mieux vous repentir, *mavis pænitere.*

DU VERBE ACTIF.

Amo Deum, j'aime Dieu.

QU'ENSEIGNE cette règle ?
Elle enseigne que le verbe actif, ou qui a la signification active, quoiqu'il soit suivi de l'une de ces particules *de*, *du*, *des*, veut le nom qui suit à l'accusatif ; exemples :

Mettre bas toute crainte, cesser de craindre, *metum omnem deponere.*

Acquérir de la gloire, *gloriam acquirere.*

Venger un affront, *ulcisci injuriam.*

Promettre bien des choses, *polliceri plurima.*

Avertissement.

Lorsqu'il y a deux verbes de signification active, et de divers régimes, joints ensemble, devant un nom seul, il faut mettre ce nom au cas du premier verbe, et se servir de *ille*, *illa*, *illud*, pour être au cas du second verbe ; exemple :

Le flatteur loue et caresse ses amis ; *tournez :* le flatteur loue ses amis, et les caresse, *amicos suos laudat adulator*, *illisque blanditur.*

Remarquez que ces particules *le*, *la*, *les*, *en*, *y*, *lui*, ou *leur*, mises devant un verbe, s'expriment par les pronoms relatifs *ille*, *ipse*, *iste*, *hic*, ou *is*, qu'on met au cas que le verbe suivant demande, les faisant accorder en genre et en nombre avec le nom précédent auquel il se rapporte ; comme :

Je vous ai promis un livre, vous l'aurez demain, *librum tibi promisi, illum cras habebis.*

Je l'ai vu, *illum*, ou *illam*, ou *illud vidi.*

Je les porterai, *illos*, ou *illas*, ou *illa feram*, selon le genre et le nombre des choses qui précèdent, et auxquelles ces relatifs se rapportent.

DU VERBE PASSIF.

Amor à Deo, je suis aimé de Dieu.

QU'ENSEIGNE cette règle ? Elle enseigne que le verbe passif, ou qui a la signification passive, quoiqu'il soit neutre, ou commun; s'il est suivi de l'une de ces particules, *de*, *du*, *des*, ou de la particule *par*, devant un nom de chose animée; veut ce nom chose animée à l'ablatif, avec la préposition *à*, ou *ab*.

On met la préposition *à*, devant un nom qui commence par une consonne, et *ab*, devant un nom qui commence par une voyelle; exemples :

Nous sommes gouvernés par un prince très-sage, *regimur à principe sapientissimo*.

Je suis soutenu de mes amis, *defendor ab amicis*.

Si le verbe passif est suivi d'un substantif de chose inanimée, il faut mettre ce substantif à l'ablatif, sans préposition; exemples :

Dieu est offensé par le péché, *Deus offenditur culpâ*.

Avertissement.

Si le verbe qui est passif en françois, n'a point de passif en latin, il faut changer le passif en actif.

Pour changer le passif en actif, il faut que le nominatif du verbe passif devienne le cas de l'actif, et que le cas du même passif devienne le nominatif de l'actif qui se mettra au même temps et au même mœuf qu'il étoit au passif, mais du même nombre et de la même personne que le nom, ou pronom, qui est devenu son nominatif; exemples :

J'ai été favorisé de tout le monde; *tournez* : tout le monde m'a favorisé, *omnes mihi faverunt*.

Louis le grand sera admiré de la postérité, *Ludovicum magnum mirabuntur posteri*.

Lorsqu'il y a deux verbes de voix passive en françois joints ensemble, et que l'un des deux n'a point de passif en latin, il faut changer pareillement les deux passifs en actifs; exemples :

Vous serez aimé et imité de vos compagnons; *tournez,* vos compagnons vous aimeront et vous imiteront; *condis-cipuli tui te amabunt et te imitabuntur.*

J'ai été aimé et favorisé de Fabius, *me amavit Fabius, mihique favit.*

Lorsque le pronom *se* se trouve devant un verbe actif, et que le nominatif est une chose inanimée, il faut changer l'actif en passif; exemples :

Le fer s'use, *tournez :* le fer est usé, *ferrum atteritur.*

Le vin se gâte, *vinum corrompitur.*

Voyez dans l'abrégé des particules, la particule *Se.*

DES VERBES SUBSTANTIFS ET VOCATIFS.

Deus est æternus, Dieu est éternel.

QU'ENSEIGNE cette règle ?

Elle enseigne que les verbes *sum, fio, habeo, videor,* etc. quand ils ne sont point à l'infinitif, veulent devant et après eux un nominatif; exemples :

La vie m'est ennuyeuse, *vita mihi est acerba.*

Nous devenons bons avec les bons, *fimus boni cum bonis.*

Les riches passent pour heureux, *divites habentur beati;*

Votre conduite semble, ou paroît contraire à la raison, *tua agendi ratio videtur à ratione aliena.*

Avertissement.

Les verbes vocatifs, les verbes neutres, et même les verbes passifs, quand ils ne sont pas suivis de l'une de ces particules *de, du, des,* ou de la particule *par,* suivent la règle, *Deus est æternus ;* exemples :

Il s'appelle Pierre ; *tournez :* il est appelé Pierre, *vocatur Petrus.*

Un poëte se promène seul, *poeta ambulat solus.*

Ma mère est retournée en colère, *mater mea rediit irata.*

Il a été estimé très-sage, *judicatus est sapientissimus.*

Son livre est intitulé, la Sagesse, *liber ipsius inscriptus est, Sapientia.*

L'adjectif qui est après *sum, fio, videor,* etc. doit être du même genre, du même nombre et au même cas que le nominatif de *sum, fio,* etc. Que s'il y a un substantif, il ne doit point changer de nombre, il se met seulement au même cas que celui qui est devant *sum*, *fio*, etc. exemples :

Ces malheurs sont la cause de tant de larmes, *hæ calamitates sunt causa tot lacrymarum.*

La science et la vertu sont des richesses très-assurées, *scientia et virtus sunt tutissimæ divitiæ.*

Dico Joannem esse doctum, je dis que Jean est savant.

Qᴜ'ᴇɴsᴇɪɢɴᴇ *cette règle* ?

Elle enseigne que les verbes *sum*, *fio*, *habeor*, *videor*, et les verbes vocatifs, quand ils sont à l'infinitif, veulent semblables cas après eux que devant ; exemples :

Je ne veux pas être long, *nolo esse longus.*

Vous diriez que cette demeure est digne des Muses, *diceres hanc sedem esse dignam Musis.*

Avertissement.

Quand il y a un cas oblique devant l'infinitif *esse*, ou *fieri*, etc. il faut mettre à l'accusatif le nom qui est après *esse*, *fieri*, etc. exemples :

Il importe à vous et à votre cadet d'être modestes, *refert tuâ et fratris tui natu minoris esse modestos*, ou *ut sitis modesti.*

Il ne nous est pas permis d'être méchans, *non licet nobis esse malos.*

Après le datif, on peut mettre aussi le même cas ; exemple :

Il nous est expédient d'être bons, *expedit nobis esse bonos.*

Il y a quatre cas obliques ; le génitif, le datif, l'accusatif, et l'ablatif.

QUATRIÈME.

QUATRIÈME CONCORDANCE.

De la Réponse avec la Demande.

Quis mundum condidit ? Deus. Qui a créé le monde ?
Dieu.

QU'ENSEIGNE cette règle ?
Elle enseigne que la réponse se met au même cas
que la demande, à moins que quelque règle particulière
ne demande divers cas.

Avertissement.

La demande est ordinairement le premier des mots qui
sont devant le point d'interrogation; et la réponse est le
mot qui le suit immédiatement ; exemples :

Qui est venu ici ? un marchand de Lyon.

Qui est la demande, et *marchand* est la réponse ; ainsi
il faut dire.

Quis, ou *quisnam huc venit ? mercator Lugdunensis.*
Qui aimez-vous ? Dieu. *Quem amas? Deum.*
A qui appartient le livre ? à moi. *Cujus est liber? meus.*

A qui est le troupeau ? à Mélibée. *Cujus pecus ? Me-
libœi :* à cause de la règle particulière, *hic ortus est
avunculi mei,* qu'on verra ci-après.

Remarquez qu'au lieu d'exprimer *oui*, par *ita*, ou
etiam, et *non*, par *non*, ou *minimè*, après une interrogation, il faut se servir du même verbe qui est dans
l'interrogation ; exemples

Aimez-vous Dieu ? oui. *An amas Deum ? amo.*
Avez-vous donné le livre ? non. *Dedistine librum ?
non dedi.*

Du QUI interrogatif.

LE *qui* interrogatif, ou *quel*, *lequel*, ou *laquelle*, s'exprime par *quis*, ou *quisnam*, s'il est le nominatif du
verbe suivant, et s'il se rapporte à un masculin ; par
quœnam, s'il se rapporte à un féminin, et par *quodnam*,
s'il se rapporte à un neutre ; exemples :

Qui est beaucoup estimé ? *Quis multi æstimatur ?*
Quel homme est-ce ? *Quisnam homo est ?*
Quelle est la science la plus utile ? *Quœnam scientia
est utilissima ?*

K

Quel est le ciel le plus haut ? *Quodnam cœlum est altissimum ?*

Si le *qui* interrogatif n'est pas le nominatif du verbe suivant, il en devient le régime ; comme :

Qui connoissez-vous ? *Quem nosti ?*

Qui favorisez-vous ? *Cui faves ?*

Quand après *qui* ou *lequel* interrogatifs, on parle de deux choses, ou de deux personnes seulement, on exprime *qui*, ou *lequel*, par *uter*, *utra*, *utrum*, selon le genre du substantif auquel il se rapporte ; et si *qui*, ou *lequel*, n'est pas le nominatif du verbe, il faut mettre *uter*, *utra*, *utrum* au cas que régit le verbe ; comme :

Qui de nous deux ? *uter nostrûm ?* et non pas *nostri.*

Qui de vous deux ? *uter vestrûm ?* et non pas *vestri.*

Laquelle des deux femmes ? *utra ambarum mulierum ?*

Lequel des deux temples ? *utrum ambarum templorum ?*

Qui des deux, ou lequel des deux favorisez-vous ? *utri amborum faves ?*

Si après *qui*, ou *lequel*, il y a deux noms ou pronoms séparés par la particule *ou*, ces deux noms se mettent au même cas que le *qui* ; et la particule *ou* s'exprime par *an*, précédé de *ne*, exprimé ou sous-entendu ; comme :

Qui de Pierre, ou de Paul, est le plus sage ? *uter sapientior est, Petrusne, an Paulus ?*

Laquelle de ces deux vertus estimez-vous le plus, de la prudence, ou de la force ? *utram harum virtutum pluris æstimas, prudentiamne, an fortitudinem ?*

Qui des deux se repentira le premier, de Pierre ou de Jean ? *tournez ;* je ne sais lequel des deux sera qui se, etc. *Nescio uter futurus sit, quem priorem pœniteat, Petrumne, an Joannem.*

Du *QUE* interrogatif.

LE *que* interrogatif s'exprime en latin par *quid*, s'il est le nominatif, ou le régime d'un verbe qui gouverne l'accusatif ; comme :

Que sert-il ? *quid prodest ?*

Que faites-vous ici ? *quid hic agis ?*

¶ Mais si le *que* interrogatif est le régime d'un verbe qui gouverne le génitif, il le faut exprimer en latin par *cujus rei ;* si le verbe gouverne le datif, par *cui rei ;* et si le verbe gouverne l'ablatif, par *quânam re.* Exemples :

Qu'avez-vous oublié ? *cujus rei oblitus es ?*

Qu'étudiez-vous ? *cui rei studes ?*

Que vous défendent vos parens ? *quânam ré tibi inter-dicunt parentes tui ?*

¶ Le *que* interrogatif joint à un verbe de prix, se tourne, en françois, par combien, et s'exprime, en latin, par *quanti*. Exemple :

Que vous a coûté votre maison ? deux mille livres ; c'est-à-dire, combien vous a coûté votre maison ?

Quanti tibi constitit domus tua ? ou *quanti emisti domum tuam ? duobus millibus librarum.*

On connoît le *que* interrogatif quand le nominatif est après le verbe.

DU QUE ADVERBE.

On connoît qu'un *que* est adverbe, quand il ne peut pas se tourner par *lequel*, *laquelle*, *lesquels*, *lesquelles*, ou *quelle chose*.

Du *Que* retranché entre deux verbes.

Dicis me legere, vous dites que je lis.

Qu'ENSEIGNE *cette règle ?*

Elle enseigne que la particule *que* entre deux verbes, ne s'exprime point en latin, en mettant le verbe qui est après le *que*, et qui s'y rapporte, à l'infinitif, et le nom ou pronom, qui est son nominatif, à l'accusatif. Exemples :

Je crois qu'il est en vie, *arbitror illum vivere.*

Je ne crois pas que vous soyez paresseux, *non puto te esse pigrum.*

Ne sais-je pas que vous avez dit cela ? *num scio dixisse te illud?*

Croyez-vous que mon oncle ait dîné ? *credisne meum patruum prandisse?*

Le bruit couroit qu'il avoit été tué, *rumor erat illum occisum fuisse.*

Je crois que Marie aimera, *puto Mariam amaturam.*

Je crois que Marie sera aimée, *puto Mariam amatum iri*, et non pas *amatam.*

2

Avertissement.

Quand il y a un *que* entre deux verbes, le verbe qui est après le *que*, se met ordinairement en latin au même temps de l'infinitif qu'il est en françois à l'indicatif ou au subjonctif, *c'est-à-dire*, que le présent de l'indicatif ou du subjonctif se met en latin au présent de l'infinitif.

Le parfait de l'indicatif ou du subjonctif, et le plusque-parfait de l'indicatif, se mettent au parfait de l'infinitif.

Le futur de l'indicatif se met au futur en *rum*, *ram*, *rum*, avec *esse*, si c'est l'actif, et au futur en *um*, *iri*, qui est indéclinable, si c'est le passif.

Mais si le verbe n'a point de futur à l'infinitif, il faut exprimer le *que* par *fore ut*, ou *futurum ut*, et mettre le verbe au présent du subjonctif. Je crois que Jean étudiera, *puto fore ut*, ou *futurum ut Joannes studeat.*

Je crois que Paul se repentira, *puto fore ut*, ou *futurum ut Paulum pœniteat.*

¶ Il y a des exceptions sur l'imparfait de l'indicatif, et sur quelques temps du subjonctif, que l'on peut voir dans l'Abrégé des particules, *page* 5 et les suivantes. Cet abrégé est imprimé séparément en un petit livre.

DE L'AMPHIBOLOGIE.

L'AMPHIBOLOGIE est un double sens qui se trouve dans une phrase, ce qui se connoît quand l'infinitif est entre deux accusatifs de choses animées, et qui s'y rapportent : pour l'éviter, il faut changer l'actif en passif. Exemple :

Je vois bien que vous m'aimez ; *tournez*, je vois bien que je suis aimé de vous, *intelligo me à te amari.*

Du changement de l'Actif en Passif.

POUR changer l'actif en passif, il faut que le nominatif du verbe actif devienne le cas, et que le cas du même actif devienne le nominatif du passif, qui se mettra au même temps et au même mœuf qu'étoit l'actif ; mais du même nombre et de la même personne que le nom ou pronom qui est devenu son nominatif. Exemples :

Pierre aime Dieu, *Petrus amat Deum :* et par le passif, Dieu est aimé de Pierre, *Deus amatur à Petro.*

Dieu m'aime, *Deus me amat ; tournez*, je suis aimé de Dieu, *amor à Deo.*

Avertissement.

1.º Quand on change l'actif en passif, on ne prend le cas du verbe actif, pour en faire le nominatif du passif, que quand ce cas est à l'accusatif, sans être gouverné d'aucune préposition : c'est pourquoi, si le cas du verbe actif n'est pas un accusatif, ou si c'est un accusatif joint à quelque préposition, il faut mettre le verbe au passif impersonnellement, laissant le cas tel qu'il étoit en l'actif. Exemples :

Pierre m'a écrit que, *Petrus mihi*, ou *ad me scripsit :* et par le passif, *mihi*, ou *ad me scriptum est à Petro.*

Je vous défends ma maison, *interdico tibi domo meâ :* et par le passif, *tibi à me interdicitur domo meâ.*

2.º Si le verbe actif gouverne deux différens cas, l'accusatif de la chose et le datif de la personne, ou l'accusatif de la personne et l'ablatif de la chose, il faut toujours prendre celui qui est l'accusatif pour en faire le nominatif du passif, laissant l'autre au même cas qu'il étoit en l'actif. Exemples :

Le messager m'a donné une lettre, *tabellarius mihi reddidit epistolam :* et par le passif, *epistola mihi à tabellario reddita est.*

Votre arrivé m'a grandement réjoui, *adventus tuus magnâ me affecit lætitiâ :* et par le passif, *ego ex adventu tuo magnâ lætitiâ affectus sum.*

Pierre m'a averti de votre arrivée, *Petrus me monuit de adventu tuo :* et par le passif, *ego monitus sum à Petro de adventu tuo.*

Mais si le verbe actif gouverne deux accusatifs, voyez la règle *Doceo pueros grammaticam*, ci-après.

DU *QUE* PAR *QUOD.*

Doleo quòd ægrotes, je suis fâché que vous soyez malade.

QU'ENSEIGNE *cette règle ?*
Elle enseigne que la particule *que*, après les verbes *gaudeo*, *lætor*, *doleo*, *miror*, s'exprime par *quòd*, avec le subjonctif, ou bien il se supprime, en mettant le

verbe suivant à l'infinitif, et son nominatif à l'accusatif, selon la règle, *Dicis me legere.* Exemples :

Je suis fâché que vous lui ayez répondu, *doleo quòd illi responderis,* ou *te illi respondisse.*

Je m'étonne que vous ne m'écriviez rien, *miror quòd ad me nihil scribas,* ou *te ad me nihil scribere.*

Je suis bien aise, je me réjouis que vous ayez terminé vos affaires comme vous le souhaitiez, *gaudeo quòd tua negotia ex sententiâ tuâ confeceris.*

DU *QUE* PAR *UT.*

Oportet ut legas, il faut que vous lisiez.

Qu'*ENSEIGNE cette règle ?*
    Elle enseigne que la particule *que,* après ces verbes *oportet, volo, nolo, cupio, facio, curo, rogo, precor, fit, accidit, evenit,* etc. s'exprime en latin par *ut,* en mettant le verbe suivant au subjonctif. Exemples :

Je prierai mon ami qu'il ait un grand soin de vos affaires; *amicum meum rogabo, ut negotia tua diligenter curet.*

Faites en sorte qu'il connoisse, *fac,* ou *da operam ut intelligat.*

Ayez soin qu'il emploie bien le temps, *cura ut tempus rectè insumat.*

Je désire que vous différiez votre voyage à un autre temps, *cupio ut iter tuum in aliud tempus differas,* ou *rejicias.*

DE LA PARTICULE *SI,*

devant un adjectif ou un adverbe.

Deus est tàm bonus, ut amet homines, Dieu est si bon qu'il aime les hommes.

Qu'*ENSEIGNE cette règle ?*
    Elle enseigne que la particule *si,* devant un adjectif, ou un adverbe, s'exprime en latin par *itâ, tàm,* ou *adeò,* et le *que* qui est après, par *ut,* avec le subjonctif. Exemples :
Il est si savant que tout le monde l'admire, *adeò doctus est, ut eum omnes mirentur.*

Je ne suis pas si ignorant que de nier cela ; *c'est-à-dire*, que je nie cela, *non sum itâ ignarus, ut id negem.*

Il est si insolent, que de mépriser son maître, *c'est-à-dire*, qu'il méprise son maître, *usque adeò impudens est, ut præceptorem suum contemnat.*

¶ Quand il y a *si* devant *grand* ou *grande*, il faut exprimer *si grand*, ou *si grande*, par *tantus, tanta, tantum*, et le *que* qui suit, par *ut*, avec le subjonctif. Exemples :

J'ai une si grande joie, que je ne puis vous l'exprimer, *tantâ lætitiâ afficior, ut eam tibi exprimere non possim.*

De la Particule *Si*, devant un Verbe.

¶ LA même particule, devant un verbe, s'exprime en latin par *si*, et le verbe suivant se met au subjonctif, et quelquefois à l'indicatif, quand il est en françois au présent ou au parfait de l'indicatif.

Observez les règles suivantes.

Le verbe se met à l'indicatif, quand on parle d'une chose comme assurée, ce qui se connoît quand on peut résoudre *si* par *puisque*. Exemples :

Si vous pouvez l'assister, faites-le, *si potes ei subvenire subveni.*

Si vous avez résolu de le faire, je ne l'empêche pas, *si tibi certum est*, ou *si tibi visum est id facere, per me licet.*

Si je vous ai chéri comme mon frère, pourquoi ne m'aimeriez-vous pas ? *si te germani fratris loco dilexi, quare me non amabis ?*

¶ Le verbe se met au subjonctif quand on parle d'une chose incertaine et conditionnelle ; en un mot, quand on ne peut pas résoudre *si* par *puisque*. Exemples :

Si mon frère est de retour, vous le saluerez de ma part, *si frater meus redierit, illum verbis meis salutabis.*

Si Lélius me parle de votre affaire, *si de tuo negotio mecum agat Lœlius.*

Si mes affaires ont un bon succès, *si negotia mea felicem habeant exitum,*

Le présent de l'indicatif, après la particule *si*, se met élégamment au futur de l'indicatif ou du subjonctif, lorsque le verbe qui le suit est au futur. Exemples :

Si je lui montre le chemin, je l'obligerai, *si ei viam indicabo*, ou *indicavero, rem gratam illi faciam.*

Si vous faites cela, vous gagnerez votre procès; mais si vous le négligez, vous le perdrez, *id si feceris, litem obtinebis; sin neglexeris, lite cito cades.*

L'imparfait et le plusque-parfait de l'indicatif, après la particule *si*, se mettent au subjonctif. Exemples :

Si nous étions modestes, on nous aimeroit, *si modesti essemus, amaremur.*

Si j'avois dit cela à votre père, *hoc patri tuo si dixissem.*

¶ Quand la particule *si* signifie *lorsque*, l'imparfait qui suit se met à l'indicatif. Exemples :

Si j'entrois, il sortoit; *c'est-à-dire*, lorsque j'entrois, il sortoit, *si ego intrabam, ille exibat.*

Si quelqu'un avoit besoin de moi, j'y courois aussitôt, *si quis meâ operâ indigebat, advolabam illicò.*

¶ La particule *si*, suivie d'une négation, s'exprime indifféremment par *nisi*, ou *si non*; mais mieux par *nisi*, quand on peut la tourner par *à moins que*. Exemples :

Si vous n'étudiez, vous serez châtié; *nisi studeas*, ou *nisi studueris, pœnas dabis.*

Si je n'ai pas fait une fois mon devoir, je ne suis pas pour cela paresseux, *si semel officium meum non præstiti, non ideò sum piger.*

¶ La particule *si*, après les verbes *ne savoir*, *douter*, *demander*, *s'informer*, *voir*, *connoître*, *savoir*, et semblables, ou après *refert* et *interest*, s'exprime par *an* ou *utrùm*, avec le subjonctif. Exemples :

Je ne sais s'il vous a écrit, *nescio an ad te scripserit.*

Je doute s'il vous a fait réponse, *dubito utrùm tibi rescripserit.*

Il importe peu si vous l'avez fait vous même, ou si vous l'avez fait faire par d'autres, *parvi refert utrùm ipse feceris, an aliis faciendum mandaveris.*

¶ Le futur de l'indicatif actif, après ces conjonctions, *ut, quin, an, utrùm*, etc. s'exprime par le futur en *rus, ra, rum*, avec *sim, sis, sit*. Exemples :

Il est si désireux d'apprendre, qu'il surpassera bientô ses compagnons, *est adeò cupidus discendi, ut condiscipulos suos brevi superaturus sit.*

Je ne sais s'ils partiront, *nescio an profecturi sint.*

¶ Le futur de l'indicatif passif, après les mêmes conjonctions, s'exprime par le futur en *dus*, *da*, *dum*, avec *sim*, *sis*, *sit*. Exemples :

Je doute s'il sera beaucoup estimé, *dubito an multi æstimandus sit.*

Mais si le verbe n'a point de futur en *rus*, ni en *dus*, il faut mettre *futurum sit ut*, immédiatement après la conjonction, et le verbe suivant au présent du subjonctif. Exemple :

Je ne sais s'il étudiera, *nescio an futurum sit ut studeat.*

L'imparfait et le plusque-parfait du subjonctif, après les mêmes conjonctions, s'expriment aussi par le futur en *rus*, *ra*, *rum*, si c'est l'actif; et en *dus*, *da*, *dum*, si c'est le passif, en ajoutant *essem*, *esses*, *esset*, etc. pour l'imparfait, et *fuissem*, *fuisses*, *fuisset*, etc. pour le plusque-parfait, selon le genre, le nombre et la personne du nominatif du verbe. Exemples :

Je désirois savoir s'il feroit cela, *scire cupiebam utrùm id facturus esset.*

Les citoyens étoient réduits à une telle extrémité, que la ville eût été plutôt prise, si elle eût été plutôt assiégée, *ad eas angustias adducti erant oppidani, ut citiùs oppidum capiendum fuisset, si citiùs obsessum.*

Candidior nive, plus blanc que la neige.

QU'ENSEIGNE *cette règle ?*
Elle enseigne que quand après le *que* qui suit le comparatif, il y a un substantif, il faut mettre ce substantif à l'ablatif, et ne point exprimer le *que* en latin. Exemples :

La paix est meilleure que la victoire, *pax est melior victoriâ.*

Il n'est rien de plus charitable que lui, *nihil est eo benignius.*

Le renard est plus fin que le loup, *vulpes callidior est lupo.*

On peut exprimer le *que* par *quàm*, mettant ordinairement le substantif qui est après, au même cas que celui qui est devant. Exemples :

Cicéron étoit plus savant que Salluste, *Cicero erat doctior Sallustio*, ou *quàm Sallustius.*

Le cerf court plus vite que le loup, *cervus currit velociùs lupo*, ou *quàm lupus*.

Je dis que vous êtes plus savant que Pierre, *dico te esse doctiorem Petro*, ou *quàm Petrum*, ou bien *quàm est Petrus*,

On connoît un comparatif en françois, quand il y a *plus* devant un adjectif ou un adverbe, comme *plus savant*, *plus diligemment*; pour lors il faut mettre l'adjectif ou l'adverbe au comparatif, et ne point exprimer *plus* en latin. Exemples :

Plus savant, *doctior*.

Plus diligemment, *diligentiùs*.

Le comparatif adjectif se termine en *ior*, pour le masculin et le féminin, comme : *hic et hæc fortior*; et en *ius*, pour le neutre, comme *hoc fortius*, plus fort.

Le comparatif adverbe se termine aussi en *iùs*, comme, plus courageusement, avec plus de courage; *fortiùs*.

Les adjectifs terminés en *us*, qui ont une voyelle devant *us*, n'ont point de comparatif, comme il a été dit ci-devant.

Lorsque l'adjectif n'a point de comparatif, il faut laisser l'adjectif ou l'adverbe au positif, exprimer plus par *magis*, et le *que* toujours par *quàm*, et mettre le nom qui est après *quàm*, au même cas que le nom ou pronom qui est joint au comparatif. Exemples :

Votre cadet est plus pieux que vous, *frater tuus natu minor est magis pius quàm tu*.

Le vin est plus nécessaire aux poëtes que l'eau, *vinum est magis necessarium poetis quàm aqua*.

Plus dévotement que, *etc. magis piè quàm*, etc.

Quand *plus* est joint à un verbe actif, il faut l'exprimer en latin par *magis*, ou par *plus*, comme :

J'ai plus aimé, *magis amavi*.

J'ai plus écrit, *plus scripsi*, ou *plura scripsi*.

Mais quand il est joint à un verbe de prix, ou d'estime, ou à *refert*, il s'exprime par *pluris*, comme :

Il a plus coûté, *pluris constitit*.

J'estime plus, *pluris facio*.

Il importe plus, davantage, *pluris refert*.

Il faut observer que ces adverbes, *peu*, *beaucoup*, *quelque peu*, *combien*, devant un comparatif, et devant *antè* et *post*, s'expriment par ces adverbes, *paulò*, *multò*, *aliquantò*, *quantò*. Exemples :

Un peu plus sage, *paulò sapientior.*

J'estime beaucoup plus, *multò pluris facio.*

On combattit de part et d'autre avec un peu plus d'ar-
deur, *pugnatum est utrinque aliquant   acriùs.*

Combien est-il plus raisonnable ? *quantò æquius est ?*

Un peu après, *paulò post.*

Un peu avant, *paulò antè.*

Long-temps avant qu'il partît, *multò antè quàm profi-
cisceretur.*

Quelque temps après, *aliquantò post.*

On met aussi *multò* devant *aliter*, ou *secùs.* Exemple :

La chose est arrivée bien autrement, *multò aliter*, ou
multò secùs evenit.

Magis pius quàm doctus, plus dévot que savant.

QU'ENSEIGNE *cette règle ?*

Elle enseigne que quand après le *que* qui suit le
comparatif, il y a un adjectif ou un adverbe, il faut
exprimer *plus* par *magis*, et le *que* par *quàm*, et mettre
les deux adjectifs ou les deux adverbes au positif.
Exemples :

Table plus longue que large, *mensa magis longa quàm
lata.*

Maison plus belle que commode, *domus magis pulchra
quàm commoda.*

Avertissement.

On peut mettre aussi les deux adjectifs ou les deux
adverbes au comparatif, exprimant toujours le *que* par
quàm, pourvu qu'ils aient tous deux un comparatif.
Exemples :

Il est plus heureux que prudent, *felicior est quàm
prudentior.*

Il combat plus heureusement que vaillamment, *pugnat
feliciùs quàm fortiùs.*

Mais si l'un des deux adjectifs ou des deux adverbes
avoit un comparatif, et que l'autre n'en eût point, il
seroit plus sûr de suivre la première règle.

Est felicior quàm putas, où *quàm putes*, il est plus
heureux que vous ne pensez,

Q*u'enseigne cette règle ?*
　　Elle enseigne que quand après le *que* qui suit un
comparatif, il y a un verbe précédé d'une négation, il
faut rendre le *que* par *quàm*, et ne point exprimer la
négation qui est devant le verbe. Exemples :

Il été plus long-temps absent que je n'aurois voulu,
diutiùs abfuit quàm voluissem.

Vous avez écrit plus tard qu'il ne falloit, *scripsisti
seriùs quàm oportuit.*

Il est plus sage que vous ne pensez, *sapientior est
quàm tibi videtur.*

Doctissimus poëtarum, le plus savant des poëtes.

Q*u'enseigne cette règle ?*
　　Elle enseigne que le superlatif, suivi de l'une de
ces particules, *de*, *du*, *des*, veut le substantif qui est
après au génitif. Exemples :

Hector a été le plus vaillant des Troyens, *Hector fuit
fortissimus Trojanorum.*

Homme le plus méchant du monde, *homo nequissimus
omnium.*

La plus sainte des lois, *legum sanctissima.*

Il a écrit le plus élégamment de tous les orateurs,
elegantissimè omnium oratorum scripsit.

On connoît un superlatif en françois, quand il y a une
de ces particules, *le*, *la*, *les*, *de*, *du*, *des*, *à*, *au*, *aux*,
ou un de ces pronoms, *mon*, *ton*, *son*, *notre*, *votre*,
leur, devant *plus*, joint à un adjectif ou à un adverbe,
comme : *le plus sage*, *la plus sage*; *du plus saint*, *de la
plus sainte*; *au plus vaillant*; *le plus diligemment*, etc. et
pour lors il faut mettre l'adjectif ou l'adverbe au superlatif, et ne point exprimer en latin *plus*. Exemples :

Le plus sage de tous, *sapientissimus omnium.*

Mon plus cher ami, *carissimus amicus meus.*

Notre plus cher ami, *carissimus amicus noster.*

Le superlatif adjectif se termine ordinairement en
issimus, *issima*, *issimum*; comme le plus sage, *sapien-*

tissimus, et le superlatif adverbe en *issimè*; comme, le plus diligemment, *diligentissimè*. Il y a quelques exceptions, qu'on peut voir ci-devant.

Les adjectifs terminés en *us*, qui ont une voyelle devant *us*, n'ont point de superlatif. *Voyez ci-devant.*

Lorsque l'adjectif n'a point de superlatif, il faut exprimer *le plus*, *la plus*, etc. par *maximè*, et laisser l'adjectif ou l'adverbe au positif. Exemples :

La chose la plus nécessaire, *res maximè necessaria.*

Le plus dévotement, *maximè piè.*

Lorsqu'il y a une de ces particules, *le*, *la*, *les*, devant *pire*, *moindre*, *meilleur*, *moins*, *mieux*, il faut exprimer en latin ces mots de cette sorte : le pire *pessimus*; le moindre, *minimus*; le meilleur, *optimus*; le moins, *minimè*; le mieux, *optimè*. Exemple :

C'est le moins diligent de tous, *est omnium minimè diligens.*

Avertissement.

Quand il y a *très* ou *fort* devant un adjectif ou un adverbe, il faut mettre l'adjectif ou l'adverbe au superlatif, sans exprimer *très* ou *fort*. Exemples :

Question fort difficile, *quæstio difficillima.*

Très-volontiers, *libentissimè.*

On peut aussi exprimer *le plus*, *la plus*, *très* ou *fort*, par *valdè*, ou *maximè*, ou *per*, ou *admodùm*, avec le positif, comme :

Cicéron étoit le plus éloquent de tous les orateurs, *Cicero omnium oratorum erat maximè eloquens.*

Fort diligent, *valdè studiosus ac diligens.*

Jardin très-beau et très-agréable, *hortus perjucundus, perque amœnus.*

Cela nous sera très-agréable, *hoc erit nobis admodùm gratum.*

Il faut remarquer que le superlatif s'accorde en genre avec le génitif qui le suit, comme :

La plus petite des planètes, *minimus planetarum.*

Mais le génitif, avec lequel le superlatif doit s'accorder en genre, est quelquefois sous entendu. Exemple :

Le plus savant du collége, *doctissimus collegii*, parce qu'on sous-entend *puerorum*, ou *scholasticorum*, etc. avec quoi s'accorde *doctissimus*, et non pas avec *collegii.*

Quand après un superlatif il y a un *qui* ou *que* relatif,

il faut ajouter au superlatif ces mots, *de tous ceux*, ou *toutes celles*, etc. avec lesquels on fera accorder le *qui*, ou *que*, en genre et en nombre. Exemples :

C'est le plus savant que je connoisse; *on tourne*, c'est le plus savant de tous ceux que je connois, ou bien c'est le plus savant lequel je connoisse, ou bien, par le comparatif, je n'en connois point de plus savant que lui ; *est omnium quos novi*, ou *quos noverim doctissimus*, ou *est quem noverim doctissimus*, ou *neminem novi illo doctiorem.*

Le plus savant qui ait été, *omnium qui extiterint doctissimus.*

C'est le moins diligent que je connoisse, *est omnium quos novi minimè diligens.*

Si le superlatif est adverbe, le *que* s'exprimera par *quàm*, et se mettra devant le superlatif. Exemples :

Le plus souvent que je pourrai *quàm sæpissimè potero.*

Le moins mal que je pourrai, *quàm minimè malè potero.*

Fortior manuum, la plus forte des deux mains.

Qu'enseigne cette règle ?

Elle enseigne que quand après le superlatif on parle d'une, ou de deux choses seulement, il faut se servir du comparatif, au lieu du superlatif, et mettre le nom qui suit au génitif. Exemples :

A la plus grande gloire de Dieu ; *ad majorem Dei gloriam.*

C'est le moins diligent des deux, *est amborum minùs diligens.*

L'aîné, *ou* le plus grand des deux frères, *natu major amborum fratrum.*

Eò doctior quò diligentior, d'autant plus savant que diligent.

Qu'enseigne cette règle ?

Elle enseigne que quand il y a *d'autant* devant *plus*, suivi d'un adjectif ou d'un adverbe, il faut exprimer *d'autant* par *eò*, et mettre l'adjectif *ou* l'adverbe qui suit au comparatif, et le *que* par *quò*, s'il est suivi d'un adjectif ou d'un adverbe, qu'il faut aussi mettre au comparatif.

Mais si après le *que*, il y a un verbe sans comparatif, il faut exprimer ce *que* par *quòd*, avec l'indicatif. Exemples :

Il est d'autant plus prudent que vaillant, *eò prudentior est quò generosior*.

Je vous écris d'autant plus volontiers, que je reçois plus souvent de vos lettres, *eò libentiùs ad te scribo, quò sæpiùs à te litteras accipio*, ou *quò crebriores à te accipio litteras*.

Il est d'autant plus sage, qu'il s'en fait moins accroire, *eò sapientior est, quò minùs sibi arrogat*.

J'ai différé d'autant plus à vous écrire, que je vous attendois de jour en jour, *eò tardiùs ad te scripsi, quòd quotidiè te expectabam*.

Il est d'autant plus aimable, qu'il est aussi modeste que savant, *eò amabilior est, quòd æquè modestus est ao doctus*.

D'autant plus devant un adjectif, qui n'a point de comparatif, s'exprime par *eò magis*, avec le positif, et *d'autant moins* par *eò minùs* et le *que* par *quò*, s'il est suivi d'un comparatif, ou de *magis*, ou *minùs :* mais s'il est suivi d'un verbe sans comparatif, il s'exprimera par *quò* avec l'indicatif. Exemples :

Il est d'autant plus dévot, qu'il est vertueux, *est eò magis pius, quòd majore virtute præditus*.

Il est d'autant moins louable, qu'il est moins modeste, *ou, ce qui est le même*, moins il est modeste, moins il est louable, *eò minùs laudabilis est, quò minùs modestus*.

Avertissement.

D'autant plus, joint à un verbe qui n'est point de prix, s'exprime par *eò magis;* mais s'il est joint à un verbe de prix, on à *refert*, il faut l'exprimer par *eò pluris*, et mettre le *que* qui suit, selon les règles précédentes. Exemples :

La bassesse de cet homme paroît d'autant plus, qu'on la veut cacher, *tenuitas hujus hominis eò magis elucet, quò magis occultatur*.

J'estime d'autant plus la vertu, etc. *eò pluris virtutem facio*, etc.

Remarquez qu'au lieu d'*eò* et *quò*, on met fort bien *tantò, quantò*. Exemples :

Il est d'autant plus aimable qu'il est modeste, *ou, ce qui est le même*, plus il est modeste, plus il est aimable, *eò amabilior est, quò modestior*, ou *tantò amabilior est, quantò modestior.*

Je le souhaite d'autant plus, qu'il est long-temps absent, *tantò magis eum cupio quantò diutiùs abest.*

Quand *plus* ou *moins* se trouvent répétés dans une phrase, le premier s'exprime par *quò*, et le second par *eò*, avec le comparatif. Exemples :

Plus vous serez diligent, plus vous serez estimé, *quò diligentior eris, eò pluris æstimaberis.*

Moins vous mépriserez les autres, moins ils vous mépriseront, *quò minùs alios aspernaberis, eò minùs te aspernabuntur.*

Lorsque devant *d'autant plus* ou *d'autant moins*, répétés, il y a un *que* à retrancher, c'est le verbe qui est après le second *d'autant plus* ou *d'autant moins*, qu'il faut mettre à l'infinitif, selon la règle. *Dicis me legere.* Exemples :

Je suis persuadé que d'autant moins votre frère s'en fait accroire, d'autant plus il est estimé d'un chacun, *quò minùs sibi arrogat frater tuus, eò pluris illum ab unoquoque æstimari pro certo habeo.*

Je crois que plus vous avez d'esprit, plus vous devez vous appliquer à l'étude, *quò plus ingenii habes, eò magis ad studium animum tibi appellendum esse existimo.*

Tenez pour une chose certaine, que d'autant moins vous serez vertueux, d'autant moins on vous estimera, *quò minùs virtutem coles, eò minoris te æstimatum iri pro certo habeas.*

Sapientior est quàm ut garriat, il est trop sage pour causer.

QU'ENSEIGNE *cette règle ?*

Elle enseigne que quand la particule *trop* est devant un adjectif ou un adverbe, il faut mettre l'adjectif ou l'adverbe au comparatif, en exprimant point la particule *trop*, et exprimer *pour* qui suit, par *quàm ut*, avec le subjonctif. Exemples :

Vous êtes d'un naturel trop bienfaisant pour me refuser cette grâce, *benigniore es ingenio quàm ut id beneficii mihi deneges.*

Il étoit trop prudent pour parler ainsi, *prudentior erat quàm ut sic loqueretur.*

Avertissement.

Avertissement.

On peut exprimer *trop*, devant un adjectif ou un ad-verbe, par *nimis*, avec le positif. Exemples :

Il est trop savant pour ignorer ces choses, *nimis doctus est quàm ut hæc ignoret*. *Trop*, devant un substantif pluriel, s'exprime par *nimis multi, nimis multæ, nimis multa*. Exemples :

Trop de choses, *nimis multa*.

¶ *Trop*, devant un substantif singulier, s'exprime par *nimis*, ou *nimiùm*, avec le génitif, comme :

Trop de vin, *nimiùm vini*.

¶ *Trop grand* s'exprime par *nimius, nimia, nimium*, comme :

Cela vient d'une trop grande oisiveté, *id fit ex nimio otio*.

¶ Remarquez qu'au lieu de *quàm ut*, on met fort bien *quàm qui, quàm quæ, quàm quod*, selon le genre et le nombre du nominatif du verbe, que l'on met au subjonctif. Exemples :

Il est trop sage pour ne pas savoir que la vertu vaut mieux que les richesses, *sapientior est quàm ut*, ou *quàm qui ignoret virtutem opibus præstare*.

Aliquis vestrûm, quelqu'un d'entre vous.

QU'ENSEIGNE cette règle ?
Elle enseigne que les adjectifs partitifs, les noms de nombre, et les pronoms interrogatifs, suivis de l'une de ces particules, *de*, *du*, *des*, gouvernent le génitif ou l'ablatif, avec la préposition *ex* ; ou l'accusatif, avec la préposition *inter*. Exemples :

Qui de vous ? *quis vestrûm*, ou *quis ex vobis* ? ou *quis inter vos* ?

Le premier de tous, *primus omnium*.

Une de mes sœurs, *una sororum mearum*.

Deux de ceux-là, *duo istorum*.

Plusieurs de mes amis, *multi amicorum meorum*, ou *ex amicis meis*.

La plupart des hommes fuient le travail, *plerique hominum*, ou *plerique homines fugiunt laborem*.

L

Parùm vini, peu de vin.

QU'ENSEIGNE *cette règle ?*
 Elle enseigne que les adverbes de quantité, de temps et de lieu, gouvernent le génitif. Exemples :

Beaucoup d'eau, *multùm aquæ.*

Moins de science que de vanité, *minùs eruditionis quàm superbiæ.*

Plus de vanité que de science, *plus superbiæ quàm scientiæ.*

Autant de bonheur, *tantùm felicitatis.*

Combien de peine, *quantùm laboris.*

Assez d'argent, *sat pecuniæ.*

Il vint le jour de devant, ou la veille de la fête, *pridiè festi venit.*

Le jour d'après, ou le lendemain du combat ; *postridiè pugnæ.*

En ce temps-là, *tunc temporis.*

De quelle nation ? *undè gentium ?*

Avertissement.

Lorsque *pridiè* ou *postridiè* sont suivis de la particule *que*, il faut exprimer le *que* par *quàm.* Exemples :

Le jour de devant, ou la veille qu'il mourut, *pridiè quàm moreretur.*

Le jour d'après, ou le lendemain qu'il fut tué, *postridiè quàm occisus fuit.*

¶ La particule *plus* ou *moins*, devant un substantif de chose qui ne se compte point, s'exprime souvent mieux par les comparatifs adjectifs *major*, ou *minor*, qu'on fait accorder avec le substantif en genre, en nombre et en cas, que par les adverbes *plus*, ou *minùs ;* et il est même quelquefois nécessaire de se servir de ces comparatifs, comme lorsque la phrase demande un ablatif. Exemples :

On n'a pas besoin de moins de précaution, *non minori cautione opus est.*

Il agit avec plus de diligence, *utitur majori diligentia.*

¶ Il faut observer que ces quatre adverbes de quantité, *parùm*, *multùm*, *plus*, *minus* se changent en adjectifs quand ils sont devant un substantif pluriel ; *c'est-à-dire*, que *peu* s'exprime par *pauci*, *paucæ*, *pauca ; beaucoup*,

multi , multæ , multa ; plus , par plures , plura ;
ins , par pauciores , pauciora , que l'on fait accorder en
ire , en nombre et en cas avec le substantif. Exemples :
Peu de capitaines , *pauci duces.*
Beaucoup de voleurs , *multi latrones.*
Plus de fruits que de feuilles , *plures fructus quàm folia.*
Moins de feuilles que de fruits , *pauciora folia quàm
ctus.*
Quand après *plus,* ou *moins,* il y a un nom de nombre,
exprime *plus* par *plus,* ou *ampliùs ;* et *moins* par
nùs, et on sous-entend *quàm.* Exemples :
Il a vécu plus de cent ans , *plus centum annos vixit.*
Il y a plus de six mois , *ampliùs sex menses sunt.*
Il y a moins de vingt ans , *minùs viginti anni sunt.*
Il n'y en a guère moins de trois cents , *haud multò mi-
trecenti sunt.*

De l'Infinitif après un Verbe, etc.

Volo legere , je veux lire.

U'ENSÉIGNE cette règle ?
Elle enseigne que quand il y a un verbe de repos
vant un autre verbe , le dernier se met à l'infinitif.
emples :
Vous pourrez apprendre de Trébatius, *poteris cognos-
e ex Trebatio.*
J'ai résolu d'attendre , *constitui expectare.*
Il a envie de se promener , *cupit ambulare.*

Avertissement.

Après les verbes *voir, ouïr, entendre,* l'infinitif qui
it se change en participe du présent. Exemples :
J'ai ouï chanter le rossignol; *tournez:* j'ai ouï le rossignol
antant, *audivi canentem lusciniam.*
Je les ai vu sortir ; *tournez :* je les ai vu sortant, *vidi
s exeuntes.*
¶ Ces deux verbes , *ne laisser pas , ne manquer pas,*
vant un infinitif, ne s'expriment point en latin , mais
verbe qui est à l'infinitif se met au même temps, au

2

mêmé nombre, et à la même personne qu'est le ver:
laisser ou *manquer*. Exemples :

Je ne laisserai pas de l'écarter d'ici ; *tournez :* je l'éc
terai d'ici, *hinc eum amovebo.*

Je ne manquerai pas de faire ce qui est de mon devo
quod erit officii mei præstabo.

¶ Quand le verbe *laisser* devant un infinitif, signi
permettre ou *souffrir*, il s'exprime par *sinere, sino, su*
situm, ou par *pati, patior, passus sum*, et le verbe suiv:
se met à l'infinitif, selon la règle. *Dicis me legere,* ou
subjonctif avec *ut*, exprimé ou sous-entendu. Exempl

Laissez-moi parler, *sine me loqui*, ou *sine ut loquar*,
sine loquar.

Je ne les laisserai pas plaider, *non patiar eos litigi*

Eo lusum, je vais jouer.

Qu'ENSEIGNE cette règle ?

Elle enseigne que quand il y a un verbe qui sign
mouvement, c'est-à-dire, *aller* ou *venir en quelque l:*
devant un autre verbe, le dernier se met au supin en u
Exemples :

Il viendra se promener, *veniet ambulatum.*
J'irai chasser aux sangliers, *ibo venatum apros.*

Avertissement.

Au lieu du supin en *um*, on peut se servir du futur
rus, ra, rum, qui s'accordera en genre et en nombre a
le nominatif du verbe précédent, qui doit être de mo
fini. Exemples :

Nous irons jouer, *ibimus lusuri,*
Je vais déjeûner, *eo jentaturus.*

¶ Si le verbe n'a point de supin, il faut tourne
phrase par la particule *pour*, qui s'exprimera par *ad*, a
le gérondif en *dum*, ou par *afin que*, qui s'exprimera
ut, avec le subjonctif, de même nombre et de mê
personne que le premier verbe. Exemples :

J'irai à Paris étudier ; *tournez :* j'irai à Paris pour é
dier, *ou* afin que j'étudie, *ibo Lutetiam ad studendu*
ou *ut studeam.*

Nous étions venus étudier, *veneramus ad studendu*

ou *ut studeremus* , ou *studendi causâ* , ou *studiorum causâ.*

¶ Lorsqu'il y a un infinitif après ces verbes, *venir*, ou *retourner de quelque lieu*, il faut mettre le gérondif en *lo* , et mettre *à* ou *ab* devant le gérondif. Exemples :

Je venois de visiter mes terres, *veniebam* ou *redibam à visendo agros*, ou *à visendis agris.*

¶ On peut quelquefois changer l'infinitif en substantif, qu'on met à l'ablatif, avec la préposition *à* ou *ab.* Exemple :

Je viens de me promener ; *tournez :* je viens de la promenade, *venio* ou *redeo ab ambulatione* , où *ab ambulando.*

Mirabile visu , chose admirable à voir.

QU'ENSEIGNE *cette règle ?*

Elle enseigne que quand il y a la particule *à* entre un adjectif et le présent de l'infinitif, il faut se servir du supin en *u*, au lieu du présent de l'infinitif. Exemple :

Il n'est pas aisé à dire, *non est facile dictu* , ou *difficile est dictu.*

Rare à trouver , *rarum inventu.*

Viande facile à cuire, *cibus facilis coctu.*

Un lièvre est difficile à prendre, *lepus difficilis est captu.*

Avertissement.

Lorsque le verbe n'a point de supin en *u*, il faut tourner la phrase , en sorte que le verbe soit au présent de l'infinitif. Exemple :

Nos leçons sont difficiles à étudier; *tournez :* il est difficile d'étudier nos leçons, *difficile est studere lectionibus nostris.*

¶ Quelquefois, au lieu du supin en *u*, on se sert du gérondif en *dum* , avec *ad.* Exemple :

Affaires fort difficiles à juger , *res ad judicandum perdifficiles.*

Du gérondif en *do*.

Consumere tempus ludendo, passer le temps à jouer.

Qu'*enseigne* cette *règle ?*
 Elle enseigne que quand il y a la particule *à* deva
un infinitif, et qu'elle peut se tourner par *en*, il faut s
servir du gérondif en *do*, au lieu du présent de l'infiniti
Exemple :

Il emploie tout lé jour à se promener ; *c'est-à-dire*, e
se promenant, *totum diem conterit ambulando.*

¶ Mais si la particule *à* se tourne par *pour*, il fau
exprimer *pour* par *ad* avec le gérondif en *dum*. Exemple

Ils ont beaucoup d'esprit à inventer ; *tournez :* pou
inventer, *habent multùm ingenii ad fingendum.*

Quand le verbe qu'on doit mettre au gérondif régit l'ac
cusatif, il est plus élégant de le changer en participe e
dus, *da*, *dum*, qu'on fait accorder en genre, en nombre e
en cas avec le substantif qui est le régime, et qui se me
pour lors à l'ablatif avec *in*, au lieu du gérondif en *do;* o
à l'accusatif avec *ad*, au lieu du gérondif en *dum*. Exemples

Il passe son temps à lire les livres, *legendo libros*, o
in legendis libris tempus consumit, ou *legendis libri
tempus impendit.*

En interprétant les lois, *in interpretandis legibus.*

Une saison propre à cueillir les fruits, *tempus aptum ad
colligendum fruges*, ou *ad colligendas fruges*, ou mieux,
tempus colligendis frugibus opportunum.

Il m'a donné cette lettre à lire, *hanc epistolam mih
dedit ad legendum*, ou mieux, *hanc mihi epistolam legendam dedit.*

Quand la particule *à* est précédée d'un de ces verbes,
apprendre, *enseigner*, *commencer*, l'infinitif qui la suit
se met au présent de l'infinitif. Exemples :

J'apprends à lire, *disco legere.*

J'enseigne à parler latin, *docco latinè loqui.*

Je commence à concevoir ce que vous dites, *incipio
capere quæ dicis.*

Avertissement.

La particule *à*, devant un infinitif au commencement

de la phrase, se tourne quelquefois par *afin que*, qui s'exprime par *ut*; et s'il suit une négation, par *ne*, avec le substantif. Exemples :

A dire le vrai, *ut verè*, ou *ut verum dicam*.

A ne point mentir, cela me paroît beau, *id mihi, ne mentiar, præclarum videtur*.

Quelquéfois elle se tourne par *si*, qui s'exprime par *si*, avec le subjonctif. Exemples :

A l'entendre parler, vous croiriez qu'il sait tout, *si cum loquentem audias, eum omnia novisse credas*; ou *si ejus verba spectes*, ou *ex ejus verbis*, ou *ex ejus sermone, credas eum omnia novisse*.

A le voir, *si eum videas*, ou *ex illius vultus*.

Du Gérondif en *dum*.

Aptus ad studendum, propre pour étudier.

QU'ENSEIGNE *cette règle ?*

Elle enseigne que quand la particule *pour* est devant le présent de l'infinitif actif, il faut exprimer *pour* par *ad*, et au lieu du présent de l'infinitif, se servir du gérondif en *dum*. Exemple :

Pour disputer, *ad disputandum*.

¶ On peut exprimer *pour* par *causâ*, ou *gratiâ*, en mettant le verbe suivant au gérondif en *di*, ou bien tourner pour par *afin que*, qui s'exprimera par *ut*, avec le subjonctif, ce qu'il faut nécessairement faire quand le verbe n'a point de gérondif. Exemples :

Pour rire, *ridendi causâ*.

Pour exercer la mémoire, *memoriæ exercendæ gratiâ*.

Pour conserver les citoyens, *civium servandorum causâ*.

Il mange pour vivre, *edit ad vivendum*, ou *vivendi causâ*, ou *vitæ propagandæ gratiâ*, ou *ut vivat*.

Nous étudions pour devenir savans, *studemus ut fiamus docti*.

Il combat pour être couronné, *certat ut coronetur*.

Et quand le verbe qui est devant *pour* signifie mouvement, on peut supprimer *pour*, en mettant le verbe suivant au supin en *um*, ou au futur en *rus, ra, rum*. Exemples :

Il est venu pour voir sa mère, *venit ad videndum ma-*

trem, ou *matris videndæ causâ*, ou *ut matrem videret*, ou *venit visum*, ou *visurus suam matrem*.

Voyez la particule *pour* devant un infinitif, dans l'abrégé des Particules, *page* 106 *et suivantes*.

Du Gérondif en *di*.

Tempus est studendi, il est temps d'étudier,

QU'ENSEIGNE *cette règle ?*

Elle enseigne que quand il y a un substantif ou un adjectif qui gouverne le génitif, suivi de la particule *de*, devant le présent de l'infinitif actif, il faut se servir du gérondif en *di*, au lieu du présent de l'infinitif. Exemples :

La crainte de perdre la liberté, *timor amittendi libertatem*.

J'ai une grande envie de vous voir, *summâ afficior cupiditate te videndi*.

Désireux d'apprendre, *cupidus discendi*.

Il n'est pas accoutumé d'aller sur mer, *insuetus est navigandi*.

Lorsque la particule *de*, qui est entre le substantif et l'infinitif, ne dépend point du substantif, il faut laisser le verbe au présent de l'infinitif. Exemple :

C'est une grande foiblesse de tomber si souvent ; *tournez*, tomber si souvent est une grande foiblesse, *magna fragilitas est*, ou *magnæ fragilitatis est toties labi*.

Remarquez que si le verbe qu'on doit mettre au gérondif en *di* gouverne l'accusatif, il est plus élégant de le changer en participe en *dus, da, dum*, qu'on fait accorder en genre, en nombre et en cas, avec le substantif qui en est le régime, et qui se met pour lors au génitif. Exemples :

Le désir de conserver la liberté m'a fait faire cela, *cupiditas tuendæ libertatis ad id me impulit*, au lieu de *tuendi libertatem*.

Désireux de voir ses amis, *cupidus videndorum amicorum*, au lieu de *videndi amicos*.

Mais si le verbe gouverne le datif, ou un autre cas que l'accusatif, il ne faut rien changer. Exemple :

Le temps d'étudier les leçons, *tempus studendi lectionibus*, et non pas *studendarum lectionum*.

Lorsqu'il y a un substantif suivi de la particule *de*, devant le présent de l'infinitif passif, ou devant un verbe qui n'a point de gérondif en *di*, il faut tourner *de* par *afin que*, qui s'exprimera par *quòd*, et mettre le verbe suivant au subjonctif. Exemples :

Vous avez un grand désir d'être loué, *magno afficeris desiderio ut laudaris*, ou *cupis vehementer laudari*.

Il a un si grand désir d'être savant, *tantâ flagrat cupiditate ut sit doctus*, ou *ut fiat doctus*.

Il a une grande joie d'être des premiers de la classe, *incredibili afficitur gaudio quòd sit inter primos scholæ*.

A, *au*, *aux*, après un Verbe.

Dixi Patri, j'ai dit au Père.

QU'ENSEIGNE cette règle ?

Elle enseigne que quand il y a une de ces particules *à*, *au*, *aux*, après un verbe qui signifie le profit ou le dommage, ou après un verbe de repos, il faut mettre ordinairement au datif le nom qui est après *à*, *au*, *aux*. Exemples :

Cela sert à la santé, *hoc conducit valetudini*.

Ôter la vie à quelqu'un, *vitam eripere alicui*.

Avertissement.

Les particules *à*, *au*, *aux*, après un verbe de mouvement, s'expriment par *in*, avec l'accusatif, si on entre dans le lieu, et par *ad*, si on n'y entre pas. Exemples :

Aller au pays, *ire in patriam*.

Allez à la porte, *ito ad januam*.

Les mêmes particules s'expriment par *ad*, avec l'accusatif, après les verbes *animer*, *exhorter*, *exciter*, *inciter*, *inviter*, *parvenir*, *porter*, *pousser*. Exemples :

Animer, exciter les jeunes gens à la vertu, *excitare adolescentes ad virtutem*.

Exhorter à la paix, *hortari ad pacem*.

Parvenir à son but, *ad propositum finem pervenire*.

Personne ne vous a porté à cette méchante action, *nemo te impulit ad hoc flagitium*.

Il m'a incité à cela, *ad id me incitavit*.

Des composés de *Sum.*

Prœesse exercitui, commander une armée.

QU'ENSEIGNE *cette règle ?*
    Elle enseigne que les composés de *sum*, avec *satis-facio*, gouvernent le datif; mais *absum* gouverne l'ablatif avec la préposition *à* ou *ab*. Exemples :
    Assister à la messe, *adesse sacro.*
    Manquer à son devoir, *deesse officio.*
    Nuire à la santé, *obesse sanitati.*
    Nous avons été présens à ce spectacle, *huic spectaculo interfuimus.*
    Payer ses créanciers, *satisfacere creditoribus.*
    Contenter quelqu'un, *satisfacere alicui.*
    S'absenter, être absent de la classe, *abesse à scholâ.*
    Il n'est pas à la ville, *abest ab urbe.*

Avertissement.

Lorsque *Satisfacio* est au passif, il veut devant soi un datif, au lieu du nominatif. Exemples :
    Vos parens ne sont pas contens de vous, *parentibus tuis à te non satisfit.*

Des verbes qui gouvernent le datif.

Studeo Grammaticæ, j'étudie la Grammaire.

QU'ENSEIGNE *cette règle ?*
    Elle enseigne que les verbes *occurro*, *faveo*, *studeo*, *gratulor*, gouvernent le datif. Exemples :
    J'ai rencontré votre frère, *mihi tuus occurrit frater.*
    Il faut prévenir ce mal, *huic malo est occurrendum.*
    Favoriser quelqu'un, *favere alicui.*
    Etudier sa leçon, *studere lectioni.*
    Etudier en droit, en philosophie, *studere juri, phi-losophiæ.*
    Je vous félicite, *tibi gratulor.*
    Je vous félicite de votre heureux retour, *gratulor tibi felicem reditum*, ou *de felici reditu.*

Les verbes *nuire*, *porter*, *envie*, *être utile*, *obéir*, *plaire*, *permettre*, *secourir*, etc. gouvernent le datif. Exemples :

Le manger me nuit, *nocet mihi cibus.*

Porter envie à quelqu'un, *invidere alicui.*

Pourvoir à ses affaires, *providere rebus suis.*

Veiller à sa réputation, *consulere suæ famæ.*

Obéir à quelqu'un, *obedire*, ou *morem gerere alicui.*

S'assujettir à ses passions, se rendre esclave de ses passions, *cupiditatibus servire.*

Il me plaît, *mihi libet*, *mihi placet.*

Si mes parens me pouvoient permettre, *si per parentes mihi licere posset.*

Secourir quelqu'un, *alicui succurrere*, ou *opem ferre.*

Modérer sa colère, *moderari iræ.*

Il faut que je retienne ma langue, *linguæ moderandum mihi est.*

Je ne dors pas pour tous, *non omnibus dormio.*

Vous n'aimez que pour vous, *tibi soli amas.*

Je crains pour l'armée, *metuo exercitui.*

Remédier à quelque mal, *mederi alicui malo.*

Préférer la paix à la guerre, *anteponere pacem bello.*

Personne n'approuve votre conduite, *nemini probatur tua agendi ratio.*

Pour ce qui est de *scribo*, *mitto*, *fero*, ils veulent le nom de la personne au datif, mais mieux à l'accusatif, avec la préposition *ad*, et le nom de la chose à l'accusatif seulement. Exemple :

Ecrire quelque chose à quelqu'un, *aliquid alicui*, ou *ad aliquem scribere.*

Je vous envoie des lettres, *mitto litteras tibi*, ou *ad te.*

Je vous porterai de l'argent, *feram ad te pecuniam.*

Doceo pueros Grammaticam, j'enseigne la Grammaire aux enfans.

QU'ENSEIGNE *cette règle ?*

Elle enseigne que ces verbes, *celo*, *rogo*, *doceo*, veulent la personne et la chose à l'accusatif. Exemples :

Il m'a célé cela, il m'a célé cette chose, *celavit me hanc rem.*

Je vous prie d'une chose, *unum te rogo*, ou *te rem rogo.*

Moneo veut aussi la personne et la chose à l'accusatif.
Exemples :

Je vous avertis de cela, de cette chose, *moneo te hanc rem.*
On dit aussi *moneo te de hâc re*, mais rarement *hujus rei.*

Avertissement.

Lorsque ces verbes sont passifs, il faut mettre la personne à qui on cèle, à qui on enseigne, ou que l'on prie, au nominatif, et la chose à l'accusatif. Exemples :

On enseigne les belles-lettres à mes frères ; *tournez :* mes frères sont enseignés les belles-lettres, c'est-à-dire, sont instruits sur les belles-lettres, *fratres mei docentur humaniores litteras.*

On vous priera de cette grâce, *rogaberis hanc gratiam.*

Les leçons qui nous sont enseignées sont faciles, *lectiones quas docemur sunt faciles.*

Cette chose m'a été célée, *celatus fui hanc rem.*

On m'a averti de cette affaire, *monitus sum hanc rem* ou *illâ de re.*

Hæc res me decet, cette chose me sied bien.

QU'ENSEIGNE *cette règle ?*

Elle enseigne que ces verbes, *decet, dedecet, delectat, juvat, fugit, fallit, præterit*, quand ils sont personnels, veulent la chose au nominatif, et la personne à l'accusatif. Exemples :

Cet habit vous sied bien, vous va bien, *hæc vestis te decet,*

Ces parures ne vous conviennent pas, *ornamenta hæc te dedecent.*

La chasse me plaît, je me plais à la chasse, *venatio me delectat*, ou *venatione delector.*

Je prend plaisir à cela, *id me juvat.*

Vous savez bien cela, vous n'ignorez pas cela, *id te non fugit.*

Je connois vos finesses, *fraudes tuæ me non fugiunt.*

Vous savez bien, *non te fallit.*

Je n'ai pas su cela, *istud me præteriit.*

Avertissement.

Ces verbes sont impersonnels quand ils sont joints à

un infinitif ; mais ils sont personnels quand ils sont précédés d'un nom. Exemples :

Je me plais à étudier, *delectat me studere.*

Il refuse de s'approcher, *fugit accedere.*

Il nous sied bien de vivre chastement, *docet nos castè vivere.*

Nous prenons plaisir à voir la campagne, *juvat nos aspicere arva.*

Il sied mal à un écolier de faire des sottises en classe, *dedecet discipulum ineptire in schola.*

Peto à te pecuniam, je vous demande de l'argent.

QU'ENSEIGNE *cette règle ?*

Elle enseigne que les verbes, *apprendre*, *demander*, *recevoir*, *obtenir*, *espérer*, *emprunter*, *attendre*, *acheter*, *s'informer*, veulent la personne à qui on demande, ou de qui on reçoit, *etc.* à l'ablatif avec la préposition *à* ou *ab*, et le nom de la chose que l'on demande, on qu'on reçoit, *etc.* à l'accusatif. Exemples :

Apprenez de moi, *disce à me.*

Il l'avoit apprit de ses ancêtres, *à majoribus id acceperat.*

J'ai reçu des lettres de votre frère, *accepi à fratre tuo litteras.*

Il a obtenu sa grâce du prince, *impetravit à principe admissi sceleris veniam.*

Obtenir avec bien de la peine quelque chose de quelqu'un, *aliquid extorquere ab aliquo.*

Il espère cette grâce du Roi, *sperat à Rege hanc gratiam.*

Emprunter quelque chose de quelqu'un, *aliquid mutuari ab aliquo.*

Il attend tout de vous, *omnia à te expectat.*

Acheter quelque chose de quelqu'un, *aliquid emere ab aliquo.*

Pour ce qui est de *quæro*, il veut la chose à l'ablatif, avec la préposition *de*. Exemple :

S'informer de quelqu'un, de quelque chose, *de re quâpiam ab aliquo* ou *ex aliquo quærere.*

Avertissement.

Si le nom qui doit être à l'ablatif après le verbe *recevoir* est de chose inanimée, il prend devant soi la préposition *è* ou *ex*, ou *de*. Exemple :

J'ai reçu une joie incroyable de vos lettres, *incredibilem ex tuis litteris cepi voluptatem.*

Pour ce qui est d'*audio*, signifiant *ouïr dire*, *apprendre*, il veut le nom de la personne à l'ablatif, avec la préposition, *à* ou *ab*. Exemples :

J'ai ouï dire une bonne nouvelle à un messager qui alloit à Paris, *lætum audivi nuntium à tabellario Parisios festinante.*

On dit encore, *audivi ex patre*, ou *de patre*, j'ai ouï dire à mon père.

De ea re nihil audivi; je n'ai rien ouï dire de céla, c'est-à-dire, touchant cela.

Cognoscere, apprendre, veut la personne à l'ablatif, avec la préposition *ex*. Exemple :

Vous apprendrez de Trebatius, *cognosces ex Trebatio.*

Les verbes *éloigner*, *délivrer*, *séparer*, gouvernent l'ablatif, avec la préposition *à* ou *ab*. Exemples :

Cela est éloigné de la vérité, *hoc distat à veritate.*

Eloigner les citoyens de la ville, *removere cives ab urbe.*

Délivrer quelqu'un du danger, *liberare aliquem à periculo.*

Séparer les bons d'avec les méchans, *disjungere*, ou *segregare bonos à malis.*

Séparer et arracher quelqu'un d'avec un autre, *distrahere et divellere aliquem ab alio.*

Refert adolescentis, il importe à un jeune homme.

QU'ENSEIGNE *cette règle ?*

Elle enseigne que *refert*, *interest*, et *est*, quand il est pris pour *refert*, veulent le génitif des noms substantifs, des adjectifs et des pronoms qui ne sont pas possessifs. Exemples :

Il importe à un chrétien de préférer la vertu aux richesses, *refert Christiani anteponere virtutem divitiis*,

Il importe à tout le monde *refert omnium.*

Il importe à la république, *interest reipublicæ.*

Il leur importe, *illorum refert.*

C'est l'ordinaire des méchans de porter envie aux bons, *est malorum ut invideant bonis.*

A qui importe-t-il ? *cujus refert ?*

Refert meâ, *tuâ*, *suâ*, *nostrâ*, *vestrâ*, il importe à moi, à toi, à lui, *ou* à eux, à nous, à vous.

QU'ENSEIGNE cette règle ?

Elle enseigne que quand il y a *à moi*, *à toi*, *à lui*, ou *à eux*, *à nous*, *à vous*, après *il importe*, il faut se servir de l'ablatif féminin des pronoms possessifs, exprimant *moi* par *meâ*, *toi* par *tuâ*, *nous* par *nostrâ*, *vous* par *vestrâ*, et *lui*, *eux*, ou *leur* par *suâ*, quand ils se rapportent au nominatif du verbe qui est devant *il importe*. Exemples :

Cela m'importe grandement, *illud meâ magni interest.*

Il importe à vous et à moi, *tuâ et meâ refert.*

Il nous importe, et il est de notre intérêt, *nostrâ refert.*

Bien des jeunes gens croient qu'il leur importe peu de s'appliquer à l'étude, *plurimi adolescentes putant suâ parvi referre ad studium animam appellere.*

Je dis qu'il leur importe beaucoup, *dico illorum permagni referre.*

Avertissement.

Lorsqu'il y a un nom propre après ces ablatifs féminins *meâ*, *tuâ*, *suâ*, etc. ou après ces pronoms neutres, *meum*, *tuum*, *suum*, etc. il faut mettre le nom propre au génitif Exemple :

Il importe à moi, César, il importe à moi qui suis César, *meâ Cæsaris interest.*

¶ Si après ces mêmes pronoms il y a un substantif appellatif ou un adjectif, on peut mettre aussi l'un et l'autre au génitif ; mais on se sert mieux du relatif *qui*, *quæ*, *quod*, que du génitif. Exemples :

Il importe à vous orateur, *refert tuâ oratoris*, ou mieux, *tournez* : il importe à vous qui êtes orateur, *refert tuâ qui es orator.*

Il importe à moi le meilleur de vos amis, *refert meâ amicorum tuorum fidelissimi ;* ou mieux, *refert meâ qui sum amicorum tuorum fidelissimus.*

Il importe à vous l'aîné, *ou* le plus grand de vos frères, *refert tuâ qui es fratrem tuorum natu maximus.*

On dit encore, il importe à vous seul, *tuâ unius refert.*

Est meum, tuum, suum, nostrum, vestrum, c'est à moi, à toi, à lui, *ou* à eux, à nous, à vous.

Qu'enseigne cette règle ?

Elle enseigne que quand *est* signifie *il importe, c'est le devoir, c'est le propre, c'est à faire,* il veut le nominatif neutre de ces pronoms possessifs, *meum, tuum, nostrum, vestrum,* et *suum,* quand il se rapporte au nominatif du verbe qui est devant. Exemples :

C'est à moi à faire cela, *meum est hoc facere.*

C'est à vous à vous taire, *tuum est tacere.*

C'est à nous à souffrir, *nostrum est pati.*

C'est à vous deux de répondre, *est vestrum amborum respondere.*

Jean dit que c'est à lui de parler, *Joannes dicit suum esse loqui.*

Je dis que c'est à lui de se taire, *dico illius esse tacere.*

C'est à nous deux, *est nostrum amborum,* ou *utriusque nostrûm.*

Lectio cujus, ou *quam obliviscor,* la leçon que j'oublie.

Qu'enseigne cette règle ?

Elle enseigne que ces verbes, *obliviscor, memini recordor,* gouvernent le génitif ou l'accusatif de la chose, ou de la personne. Exemples :

Il a oublié sa naissance, *est oblitus generis sui,* ou *genus suum.*

Je me souviens de mes maux, de mes malheurs, *memini malorum meorum,* ou *mala mea.*

Je me souviens de Platon, *memini Platonis.*

Se ressouvenir de quelque chose, *recordari alicujus rei,* ou *aliquam rem.*

¶ Les verbes *satago, misereor,* gouvernent le génitif. Exemples :

Ayez soin de vos affaires, mêlez-vous de vos affaires, *satage rerum tuarum.*

Ayez

Ayez pitié de mon frère, *miserere fratris mei*.

¶ Pour ce qui est de *miserari*, *miseror*, il gouverne l'accusatif, comme :

J'ai compassion de votre misère, *miseror fortunam tuam*.

Des Questions de Lieu.

COMBIEN y a-t-il de questions de lieu ?
Il y en a quatre.

La première est la question *quò*, qui marque le lieu où l'on va, où l'on vient, où l'on retourne.

La seconde est la question *quà*, qui marque le lieu par où l'on passe.

La troisième est la question *undè*, qui marque le lieu d'où l'on vient, d'où l'on retourne.

La quatrième est la question *ubi*, qui marque le lieu où l'on demeure.

La Question *QUO*.

Quò vadis ? in Italiam, in urbem, où allez-vous ? en Italie, à la ville.

QU'ENSEIGNE cette règle ?
Elle enseigne que les noms de lieux à la question *quò* se mettent à l'accusatif, avec la préposition *in*. Exemples :

Aller en Bourgogne, *ire in Burgundiam*.

Venir en classe, *venire in scholam*.

Se retirer en sa maison de campagne, *se recipere in villam*.

¶ *Rus*, *domus*, et les noms propres de villes, bourgs, et villages, à la question *quò*, se mettent à l'accusatif, sans préposition. Exemples :

Il va à la maison, *ou* au logis, *it domum*.

Aller aux champs, *ou* à la campagne, *ire rus*.

Retourner à Naples, à Grenoble, à Constantinople, *redire Neapolim, Gratianopolim, Constantinopolim*.

Il est parti d'ici pour se rendre à Metz, *hinc Metas profectus est*.

M

Adverbes de la Question Quò.

Hùc, ici où je suis ; *istùc*, là où vous êtes ; *illùc*, là où il est : on dit encore *eò*, là.

Avertissement.

Les verbes *scribo, nuntio, do*, signifient quelquefois le mouvement à la question *quò*. Exemples :

On m'a écrit de Lyon à Langres, *Lugduno Lingonas mihi scriptum est.*

Il m'a donné des lettres pour Dijon, *Divionem litteras mihi dedit.*

On a mandé en ce pays-ci la mort de Fabius, *Fabii mors hùc nunciata est.*

Le verbe *petere, peto*, signifiant *aller*, veut l'accusatif sans préposition, comme :

Il est allé à Paris, à la ville, en Italie, *Lutetiam, urbem, Italiam petiit.*

La Question *QUA*.

Quà transivisti ? per Burgundiam, per urbem, par où avez-vous passé ? par la Bourgogne, par la ville.

QU'ENSEIGNE *cette règle ?*
Elle enseigne que les noms de lieux, à la question *quà*, se mettent à l'accusatif, avec la préposition *per*. Exemples :

J'ai passé par la France, par l'Italie, *transivi per Galliam, per Italiam.*

Je passerai par le jardin, par le marché, *transibo per hortum, per forum.*

¶ *Rus, domus*, et les noms propres de villes, bourgs, ou villages, à la question *quà*, se mettent à l'ablatif, sans préposition. Exemples :

J'ai passé par la campagne, *transivi rure.*

Il a passé par la maison, *transivit domo.*

Je passerai par Naples, par Grenoble, par Constantinople, par Rome, par Venise, *transibo Neapoli, Grazianopoli, Constantinopoli, Româ, Venitiis.*

Adverbes de la Question Quà.

Hàc, par ici où je suis ; *istàc*, par là où vous êtes ; *illàc*, par là où il est.

Avertissement.

Quelquefois *par* se tourne par *dans*. Exemple :
Les hommes erroient par les champs, *c'est-à-dire*, dans les champs, *in agris homines vagabantur.*

¶ Quelquefois *dans* se tourne par la particule *par*. Exemple :
Dieu ordonna à Moïse de conduire les Israélites dans le désert par de longs détours, *c'est-à-dire*, par le désert, *Mosi mandavit Deus ut Israelitas longo circuitu per solitudinem circumduceret.*

La Question *UNDÈ*.

Undè venis ? ex Lotharingia, ex urbe, d'où venez-vous ? de Lorraine, de la ville.

QU'ENSEIGNE *cette règle ?*
Elle enseigne que les noms de lieux, à la question *undè*, se mettent à l'ablatif, avec la préposition *è* ou *ex* : *è* devant une consonne, *ex* devant une voyelle, et devant une consonne indifféremment. Exemples :
Il est parti de la province, *discessit è Provinciâ.*
Il retourne d'Angleterre, *redit ex Angliâ.*

¶ *Rus, Domus*, et les noms propres de villes, bourgs ou villages, à la question *undè*, se mettent à l'ablatif, sans préposition. Exemples :
Quand il sera retourné, *ou* quand il sera de retour des champs *ou* de la campagne, *cùm rure redierit*, ou *rediverit.*
Il ne vouloit pas sortir de la maison, *nolebat exire domo.*
Je viens de Paris, *venio luteriâ*, ou *Parisiis.*
Il s'enfuit de Syracuse, *profugit Syracusis.*

Adverbes de la Question Undè.

Hinc, d'ici où je suis, *istinc*, de là où vous êtes ; *illinc*, de là où il est : on dit encore, *indè*, de là.

La Question *UBI.*

Ubi est ? in Germaniâ, *in urbe*, où est-il ? en Allemagne,
à la ville.

Qu'*ENSEIGNE cette règle ?*
  Elle enseigne que les noms de lieux, à la question *ubi*, se mettent à l'ablatif avec la préposition *in*. Exemples :
 Vivre en Espagne, *degere vitam in Hispaniâ*.
 Dormir dans la chambre, *dormire in cubiculo*.
 Badiner en classe, *nugari in scholâ*.

Avertissement.

 Ambulare, se promener, est un verbe de repos, parce que quand on se promène en quelque lieu, on n'en sort que pour aller en un autre. Exemple :
 Se promener au jardin, *ambulare in horto*.
 On dit aussi *currere in scholâ*, courir en classe ; mais si on y va en courant, il faut dire *currere in scholam*.
 ¶ *Convenire*, aller trouver, passe pour un verbe de repos. Exemple :
 Il m'est venu trouver à Angers, *c'est-à-dire*, moi étant à Angers, *convenit me Andegavi*.
 Mais quand il signifie *s'assembler en quelque lieu*, il marque le mouvement. Exemple :
 Plusieurs peuples s'assemblent à Carthage, *conveniunt multi populi Carthaginem*.
 ¶ *Rus*, à la question *ubi*, se met à l'ablatif sans préposition. Exemple :
 J'ai étudié aux champs, *ou* à la campagne, *studui rure*.
 ¶ *Domus*, à la question *ubi*, se met au génitif de la seconde déclinaison, qui est *domi*. Exemple :
 J'étois à la maison, *ou* au logis, *eram domi*.
 ¶ Les noms propres de villes, bourgs ou villages, de la première ou seconde déclinaison, du singulier, se mettent au génitif. Exemples :
 Demeurer à Toulouse, *manere Tolosæ*.
 Etudier à Lyon, *studere Lugduni*.
 ¶ Les noms propres de villes, bourgs ou villages, de la première ou seconde déclinaison, du pluriel, se mettent à l'ablatif, sans préposition. Exemples :

Cela s'est passé à Langres, *id actum est Langonis.*

Il est mort à Paris, *mortuus est Parisiis.*

¶ Les noms propres de villes, bourgs ou villages, de la troisième déclinaison, du singulier, ou du pluriel, se mettent aussi à l'ablatif, sans préposition. Exemple :

J'ai demeuré à Dijon, *commoratus sum Divione.*

Adverbes de la Question Ubi.

Hic, ici où je suis ; *istic*, là où vous êtes ; *illic*, là où il est : on dit encore *ibi*, là.

De Domus, *quand il est seul, ou qu'il est joint à un pronom possessif, c'est-à-dire,* à meus, tuus, suus, noster, vester.

DOMUS ne prend point de préposition dans toutes les questions, quand il est seul, ou qu'il est joint à un de ces pronoms possessifs ; *meus, tuus, suus, noster, vester.*

Exemples pour la Question Quò.

Retourner à la maison, *redire domum.*

Allons à nos maisons, *eamus domos nostras.*

Pour la Question Quà.

Passer par la maison, *transire domo.*

Je passerai par votre maison, *transibo domo tuâ.*

Pour la Question Undè.

Sortir de la maison, *exire domo.*

Il m'a chassé de ma maison, *expulit me domo meâ.*

Pour la Question Ubi.

J'ai été en notre maison, et non pas en la vôtre, *fui domi nostræ, non tuæ.*

On dit aussi, *domi alienæ*, en la maison d'autrui.

On se sert encore de ces génitifs, *militiæ, belli, humi.* Exemples :

Il m'a jeté par terre, *me humi prostravit.*

Être couché par terre, *humi jacere.*

En temps de paix, ou en temps de guerre, *domi, vel belli.*

Leur vertu s'est fait connoître dans la paix comme dans la guerre, *horum virtus fuit domi militiæque cognita.*

Ce qu'il a fait à l'armée, *quod militiæ gessit.*

Remarquez que quand *domus* est suivi d'un substantif au génitif, on peut le mettre indifféremment sans préposition, ou avec la préposition de chaque question, comme :

Il est en la maison de César, *est domi Cæsaris*, ou *in domo Cæsaris*.

De Domus *joint à un adjectif ou à un pronom qui n'est pas possessif.*

DOMUS, joint à un adjectif ou à un pronom qui n'est pas possessif, se met avec la préposition de chaque question, et au cas qu'elle demande.

Exemples pour la Question Quò.

Il est allé en cette maison, *ivit in istam domum.*

Il est venu en sa vieille maison, *venit in veterem suam domum.*

Pour la Question Quà.

Je passerai par cette maison, *transibo per istam domum.*

Il a passé par une autre maison, *transivit per aliam domum.*

Pour la Question Undè.

Il est sorti de la même maison, *exivit ex eâdem domo.*

Il sortoit d'une maison neuve, *exibat è novâ domo.*

Pour la Question Ubi.

En quelle maison demeurez-vous ? *in quâ manes domo?*

S'arrêter au milieu de la maison, *stare in mediâ domo.*

Des Noms propres de villes joints à un Substantif appellatif.

LORSQU'IL y a un nom substantif appellatif précédé d'un nom propre de ville dans une question, le nom appellatif prend la préposition de la question.

Exemple pour la Question Quò.

Il est parti pour Louvain, ville très-célèbre, *Lovanium profectus est, in urbem celeberrimam*, ou *quæ est urbs celeberrima.*

Pour la Question Quà.

J'ai passé par Rome, ville très-grande, *transivi Româ, per urbem amplissimam*, ou *quæ est urbs amplissima.*

Pour la Question Undè.

Il est retourné de Venise, ville très-renommée, *rediit Venitiis, ex urbe nobilissimâ,* ou *quæ est urbs nobilissima.*

Pour la Question Ubi.

Il demeure à Amsterdam, ville très-riche, *commoratur Amstelodami, in urbe opulentissimâ,* ou *quæ est urbs opulentissima.*

De la Particule chez *ou* auprès.

LA particule *chez,* ou *auprès,* s'exprime par *ad,* avec un verbe de mouvement, et elle gouverne l'accusatif. Exemples :

Je vais chez mon maître, *ou* auprès de mon maître; *eo ad præceptorem.*

J'irai auprès de Paris, *ibo ad Lutetiam.*

Quelquefois on se sert, en latin, de *domus.* Exemple :

Alexandre renvoya les vieux soldats chez eux, *Alexander veteranos milites domos suas dimisit.*

Chez, ou *auprès,* avec un verbe de repos, s'exprime par *apud* avec l'accusatif. Exemples :

J'ai dîné chez mon ami, *prandi apud amicum meum.*

Cette raison peut beaucoup auprès de vous, *apud te plurimùm valet hæc ratio.*

Quelquefois on se sert de *domi.* Exemples :

Il soupe chez soi, *domi suæ cœnat.*

Je suis chez lui comme chez moi, *apud eum sum tanquam domi meæ.*

De la Particule de chez *ou* d'auprès.

LA particule *de chez* ou *d'auprès,* s'exprime par *à* ou *ab,* avec l'ablatif. Exemples :

Je viens de chez mon juge, *ou* d'auprès de mon juge, *redeo à judice.*

Je sortois de chez César, *egrediebar à Cæsare,* ou *domo Cæsaris.*

Je viens d'auprès de Lyon, *venio à Lugduno,*

Des Questions de temps.

Quamdiù regnavit ? quinque menses, ou *quinque mensibus :*
Combien a-t-il régné ? cinq mois.

Q*U'ENSEIGNE cette règle ?*
     Elle enseigne que le nom de temps, à la question *quandiù*, se met à l'accusatif ou à l'ablatif, et on se sert du nombre cardinal. Exemples :
   J'ai demeuré huit mois à Rome, *commoratus fui Romæ octo menses*, ou *octo mensibus*.
   Romulus régna trente-huit ans, *octo et triginta annos regnavit Romulus.*
   Gorgias a vécu cent sept ans, *Gorgias centum et septem annos vixit.*
   On met quelquefois le nom de temps à l'accusatif avec la préposition *per*, comme :
   Il a étudié quinze mois, *operam dedit litteris menses quindecim*, ou *per quindecim menses.*

Avertissement.

Le mot *espace* ne s'exprime point en latin à la question *quandiù*. Exemple :
   Ayant parlé l'espace de trois heures, *cùm horas tres dixisset.*

Quandò venies? die Jovis proximè sequenti, quand viendrez-vous ? Jeudi prochain.

Q*U'ENSEIGNE cette règle ?*
     Elle enseigne que le nom de temps à la question *quandò*, se met à l'ablatif, et on se sert du nombre ordinal, s'il y a un nom de nombre. Exemples :
   Il viendra demain à neuf heures du soir, *crastinâ die veniet horâ nonâ vespertinâ.*
   Il est sorti à cinq heures du matin, *exivit quintâ horâ matutinâ.*
   Je le vis ces jours passés, *superioribus diebus eum vidi.*
   Il mourut un jour de fête, *die festo obiit.*
   Il est arrivé de jour, *advenit luce.*

A une heure après midi, *horâ post meridiem primâ.*

Un jour de dimanche, *die dominicâ.*

Le dixième de ce mois, *dieimo hujus mensis*, en sous-entendant *die.*

Quelques années après, *paucis post annis.*

Fort peu de jours auparavant, *perpaucis antè diebus.*

Remarquez que *post* et *antè* sont pris adverbialement en ces deux derniers exemples.

Avertissement.

On connoît la question *quandiù*, quand la demande se fait par *combien*, ou *combien de temps.*

On connoît la question *quandò*, lorsque la demande se fait par *quand*, *en quel temps.*

La demande peut se faire encore par *dans combien de temps*, *en combien de temps*, et cette question s'appelle *quanto tempore* : pour lors on met le nom de temps à l'ablatif, ou à l'accusatif, avec la préposition *intrà*, ou *per.* Exemples :

En peu de temps, *exiguo tempore*, ou *intrà exiguum tempus.*

En une heure, *unâ horâ*, ou *intrà unam horam.*

De l'espace ou distance.

Hinc distat duabus leucis, ou *duas leucas*, il est éloigné d'ici de deux lieues.

Qu'ENSEIGNE cette règle ?

Elle enseigne que le nom qui signifie l'espace ou la distance se met à l'ablatif, ou à l'accusatif, et on se sert du nombre cardinal, s'il y a un nom de nombre ; et le nom du lieu d'où il y a espace ou distance, se met à l'ablatif, avec la préposition *à* ou *ab.* Exemples :

De combien de pas est distante cette maison de la vôtre ? *quot passus*, ou *quot passibus hæc domus abest à tuâ ?*

Il y a trois lieues de notre maison de campagne à la ville, *ab urbe distat villa nostra tres leucas*, ou *tribus leucis.*

Un lieu éloigné de la ville de quatre lieues, *locus ab urbe dissitus quatuor leucas*, ou *quatuor leucis.*

Il est éloigné de notre maison de cinquante pas; *à nostra domo quinquaginta passus*, ou *passibus abest.*

Du Lieu précis.

Quoto abhinc passu captus est ? à combien de pas d'ici
a-t-il été pris ?

QU'ENSEIGNE cette règle ?
    Elle enseigne que le lieu précis se met à l'ablatif et
on se sert du nombre ordinal, ou à l'accusatif, avec la
préposition *ad*, et on se sert pour lors du nombre ordinal,
ou cardinal ; et le nom du lieu d'où est éloigné le lieu
précis, se met à l'ablatif, avec la préposition *à* ou *ab*.
Exemples :
    Il m'a attaqué à une demi-lieu de la ville, *ad semi-
leucam ab urbe me aggressus est.*
    Il a été volé à une lieu d'Angers, *ad leucam unam ab
Andegavo spoliatus est.*
    Il a rencontré son ennemi à trois lieues de Paris, *ad
tres leucas à Lutetiâ incidit in suum inimicum.*
    Il tomba à dix pas d'ici, *cecidit decimo abhinc passu.*
    S'arrêter au premier bois, *sistere gradum ad primam
sylvam*, mieux que *primâ sylvâ.*

Du nom de blâme ou de louange.

Puer egregiæ indolis, ou *egregiâ indole*, enfant d'un
bon naturel.

QU'ENSEIGNE cette règle ?
    Elle enseigne que le nom qui signifie le blâme, ou
la louange, se met au génitif, ou à l'ablatif. Exemples :
    Un vieillard de grande prudence, *senex præstanti
prudentiâ.*
    Un homme de très-grand cœur, *vir maximi animi*, ou
vir excelso ac forti animo.
    Jeune homme de bonne humeur, *festivissimis moribus
adolescens.*

Avertissement.

Quand le verbe *Sum* se rencontre avec le nom de blâme,
ou de louange, on se sert le plus souvent du génitif.
Exemples :

Il n'a point de cœur, *est nullius animi.*
C'est un homme d'une rare doctrine, *est vir singularis doctrinæ.*

Du Nom de matière.

Statua ex auro, une statue d'or.

QU'ENSEIGNE cette règle ?
Elle enseigne que le nom qui signifie la matière de laquelle une chose est faite, se met à l'ablatif, avec la préposition *è* ou *ex.* Exemples :
Une-image d'airain, *imago ex ære.*
Une colonne de marbre blanc, *columna ex marmore candido.*
Un vase d'une seule pierre précieuse, *vas ex und gemmá pergrandi.*
Chandelier fait de diamans, *candelabrum factum è gemmis.*

Avertissement.

Le nom de matière se peut changer en adjectif, qu'il faut faire accorder avec le substantif précédent, en genre, en nombre et en cas. Exemples :
Un sceptre d'or, *sceptrum aureum*, pour *ex auro.*
Un coffre de fer, *arca ferrea*, pour *ex ferro.*
Des colonnes de marbre, *columnæ marmoreæ*, pour *ex marmore.*

Longum tres ulnas, ou *tribus ulnis*, long de trois aunes.

QU'ENSEIGNE cette règle ?
Elle enseigne que le nom de mesure se met à l'accusatif, *ou* à l'ablatif. Exemples :
Arbre gros de quatre pieds, *ou* qui a quatre pieds de grosseur, *arbor crassa quatuor pedes*, ou *quatuor pedibus.*
Colonne haute de vingt coudées, *ou* qui a vingt coudées de hauteur, *columna alta viginti cubitos*, ou *cubitis.*
Cette chambre a autant de pieds de largeur d'un côté que d'autre, *tot pedibus latum est hoc cubiculum ex und parte quot ex alid.*

Avertissement.

Lorsqu'il y a de l'excès dans la mesure, *c'est-à-dire*, lorsque l'adjectif qui marque la longueur, la largeur, *etc*, est au comparatif, il faut mettre le nom de mesure à l'ablatif, et non pas à l'accusatif. Exemples :

Mon livre est plus épais d'un doigt et demi que le vôtre, *liber meus crassior est digito uno et dimidio quàm tuus.*

Ce bois est plus long que cet autre de deux pieds, *hoc lignum isto altero longius est duobus pedibus.*

Vous n'êtes pas plus haut d'un doigt que moi, *digito uno major me non es.*

Du nom d'instrument.

Ferire ense, frapper avec une épée.

QU'ENSEIGNE cette règle ?

Elle enseigne que le nom d'instrument avec lequel on fait quelque chose, se met à l'ablatif, et on n'exprime point la préposition *avec*. Exemples :

Il a écrit cela avec une très-bonne plume, *aptissimo calamo id scripsit.*

Cette statue est travaillée au ciseau, *hæc statua scalpro efficta est.*

Ce papier tient à l'autre avec de la colle, *hæc charta glutine alteri adhæret.*

Image faite au pinceau, *imago penicillo depicta.*

Avertissement.

La particule *de* marque quelquefois l'instrument. Exemples :

Il a fait tout de la main, *manu omnia perficit.*

Il m'a renversé d'un coup de pied, *ictu pedis me prostravit.*

Il le coucha par terre d'un coup de pierre, *saxo illum ad terram affixit.*

Se défendre de bec et d'ongles, *tueri se rostro et unguibus.*

Quelquefois aussi la préposition *avec* marque la suite et la compagnie, et elle s'exprime par *cum*, qui veut le nom suivant à l'ablatif. Exemple :

Il étoit en embuscade avec un fusil, *stabat in insidiis cum catapultâ.*

Il est entré avec un épée, et m'en a voulu blesser, *cum ense ingressus est eoque me confodere voluit.*

Du Nom de prix.

Emi librum duobus nummis, j'ai acheté un livre deux écus.

Qu'ENSEIGNE *cette règle ?*

Elle enseigne que le nom de prix se met à l'ablatif. Exemples :

Vendre à trop grand prix, *vendere majore pretio.*

J'ai loué ma maison deux cents écus, *domum meam ducentis nummis locavi.*

Cette maison a coûté dix mille livres, *hæc domus decem millibus librarum constitit.*

Il enseigne à vingt sols par mois, *vicenis in mensem assibus docet.*

Vous n'aurez pas ce livre à moins, *minore pretio hunc librum non emes.*

Vous avez acheté ce cheval bien cher, *emisti hunc equum magno pretio.*

Avertissement.

Le verbe *valoir* veut le nom de prix à l'accusatif, ou à l'ablatif. Exemples :

Cette plume ne vaut pas un liard, *hæc penna ne téruntium quidem valet.*

Ce miroir vaut trente-six écus, *hoc speculum sex et triginta nummis valet.*

Pluris constat, il coûte davantage.

Qu'ENSEIGNE *cette règle ?*

Elle enseigne que les verbes *vendre, coûter, valoir, acheter, priser, estimer,* se joignent avec ces génitifs, *tanti, quanti, pluris, minoris, minimi, maximi, multi, permagni, parvi, tantidem, nihili.*

Tanti, autant, aussi cher; *quanti,* combien; *pluris,* plus, davantage, plus cher; *minoris,* moins, à meilleur marché ; *minimi*, très-peu, à très-bon marché ; *maximi*, bien cher ; *multi*, beaucoup ; *permagni*, grandement ; *parvi*, peu, à bon marché ; *tantidem*, tout autant ; *nihili*, rien.

Refert se joint avec les mêmes génitifs. Exemples :

Il importe grandement, *permagni*, ou *multi refert*.

Il importe autant, *tanti refert*.

Il a donné son livre pour autant qu'on l'estime, *tanti librum suum dedit quanti æstimatur*.

Je fais fort peu de cas des richesses, *divitias parvi duco*.

Je prise plus la vertu que la science, *virtutem pluris facio quàm scientiam*.

Pour combien donnerez-vous cela ? pour autant qu'il a coûté ; *quanti hoc dabis ? tanti quanti constitit*.

Pour combien qu'on achète cela, *quanticumque hoc ematur*.

Combien vaut ce cheval ? *quanti valet hic equus ?*

Il l'a acheté autant qu'il a voulu, *tanti emit quanti voluit*, sous-entendant *emere*.

Acheter la moitié moins, *emere dimidio minoris*.

Ce livre n'a pas été vendu plus de vingt sous, *hic liber non pluris veniit quàm viginti assibus*.

Accusare aliquem furti, vel *furto*, accuser quelqu'un de larcin.

Qu'enseigne cette règle ?
Elle enseigne que ces verbes, *accuser*, *absoudre*, *condamner*, *convaincre*, *reprendre*, veulent la personne à l'accusatif, et le nom de la faute, ou de la peine, au génitif ou à l'ablatif ; mais plus ordinairement le nom de la peine à l'ablatif. Exemples :

Accuser quelqu'un de trahison, *insimulare aliquem proditionis*, sous-entendant, *crimine*.

Absoudre de crime, *absolvere crimine*.

Condamner au bannissement, *exilio damnare*, ou *mulctare*.

Convaincre quelqu'un de fausseté, *aliquem falsi convincere*.

Reprendre d'un crime, *arguere crimine*.

De la peine, de la partie, de la cause, de la manière.

TOUS ces noms se mettent ordinairement à l'ablatif avec le plupart des verbes.

La peine.

Avoir la tête tranchée, *ou* être puni de mort, *plecti capite.*
Faire mourir quelqu'un, *aliquem morte mulctare.*
Couvrir quelqu'un de plaies, *afficere aliquem vulneribus.*
Tarquin faisoit mourir, ou il exiloit, ou il faisoit mettre en prison les premiers de la ville, *urbis primates morte, vel exilio, vel carcere mulctabat Tarquinius.*

La partie.

Être transi de peur, et trembler de tous ses membres, *totâ mente atque omnibus artubus contremiscere.*
Voir plus du nez que des yeux, *naso plus videre quàm oculis.*

La cause.

Il est tout ému de douleur et de colère, *c'est-à-dire*, à cause de sa douleur et de sa colère, *ardet dolore et irâ.*
Les jeunes gens deviennent plus méchans par la licence, *licentiâ deteriores fiunt adolescentes.*
Être fort en doute, *æstuare dubitatione.*
Je sèche de chagrin, *mœrore contabesco.*
Être touché de joie, *affici gaudio.*

La manière.

Fleurir en louange, *florere laude.*
Marcher à petits pas, *lento gradu procedere.*
Parler audacieusement, *effari superbâ voce.*
Il a fait cela avec beaucoup de diligence, *summâ diligentiâ id fecit.*

Hic liber pertinet ad me, ce livre m'appartient.

QU'ENSEIGNE cette règle ?
Elle enseigne que ces verbes, *pertinet, attinet, spectat,* gouvernent l'accusatif, avec la préposition *ad.* Exemples :

Cela m'appartient, *id ad me pertinet.*
Cela le regarde, cela le touche, *hoc ad illum spectat.*
Qu'ai-je à faire de cela ? *quid istud ad me attinet ?*
Je n'ai que faire de savoir, *nihil ad me attinet scire.*

Hic hortus est avunculi mei, ce jardin est à mon oncle.

Q*u'enseigne cette règle ?*
Elle enseigne que le verbe *Sum* pris pour le verbe *Pertineo*, gouverne le génitif de la personne. Exemples :
Ce livre est à Pierre, appartient à Pierre, *hic liber est Petri.*
Être à quelqu'un, appartenir à quelqu'un, *esse alicujus.*

Avertissement.

Lorsqu'il y a *à moi*, *à toi*, *à nous*, *à vous*, après le verbe *Sum*, pris pour *pertineo*, il faut exprimer ces pronoms par *meus*, *tuus*, *noster*, *vester*, et les faire accorder en genre, en nombre et en cas avec le nominatif du verbe *Sum*. Exemples :
Ce valet est à moi, m'appartient, *hic meus est servus.*
Les biens du Ciel seront pour toujours à nous, *cœlestia bona in perpetuum erunt nostra.*
¶ Mais quand le verbe *Sum* est pris pour le verbe *habeo*, il veut le nom de la chose au nominatif, et le nom de la personne au datif, comme :
J'ai un livre, *tournez*, un livre est à moi, *est mihi liber.*

Hoc tibi erit laudi, cela vous acquerra la gloire.

Q*u'enseigne cette règle ?*
Elle enseigne que les verbes *sum*, *do*, *duco*, *verto*, *tribuo*, gouvernent deux datifs, l'un de la chose, et l'autre de la personne. Exemples :
On vous louera de cela, *id tibi laudi erit, dabitur, ducetur, vertetur, tribuetur.*
Tout le monde vous blâme de cela, *omnes vitio id vertunt tibi*
Cela vous apportera un grand dommage, *hoc tibi erit magno detrimento.*

Cela

Cela vous tournera à profit, à honneur, *hoc tibi lucro, honori erit, dabitur, vertetur, tribuetur.*

Je vous donne, je vous laisse mes livres en gage, *do,* ou *relinquo tibi pignori libros meos.*

On vous blâme d'une chose, on trouve une chose à redire en vous, *unum tibi vitio datur.*

On vous fait un crime de ce qui vous doit être un sujet de gloire, *id tibi crimini vertitur, quod gloriæ tibi esse debet.*

J'aurai soin de vos affaires, *negotia tua mihi curæ erunt.*

Opus est mihi libro, j'ai besoin d'un livre.

Qu'ENSEIGNE cette règle ?
     Elle enseigne que le substantif *opus* veut le nom de la personne qui a besoin, au datif, et le nom de la chose dont on a besoin, à l'ablatif, et se joint aux troisièmes personnes du singulier seulement du verbe *sum*. Exemple :

Nous avons besoin de votre pouvoir, *opus est nobis tuâ auctoritate.*

¶ Les verbes *egere* et *indigere*, gouvernent le génitif ou l'ablatif de la chose. Exemples :

Avoir besoin de quelque chose, être dans la disette de quelque chose, *alicujus rei,* ou *aliquâ re egere.*

Il n'a pas besoin de votre conseil, *consilio tuo non eget.*

Ils avoient besoin de ces choses, *his rebus indigebant.*

Être dépourvu de toutes choses, *omnium rerum indigere.*

Interdico tibi domo meâ, je vous défends ma maison.

Qu'ENSEIGNE cette règle ?
     Elle enseigne que le verbe *interdico* veut la personne au datif, et la chose à l'ablatif. Exemples :

Il m'a défendu la chasse, *venatione mihi interdixit.*

On a accoutumé d'interdire l'usage des biens à ceux qui se comportent mal, *malè rem gerentibus bonis interdici solet.*

On leur défend l'usage du feu et de l'eau, *illis aquâ et igne interdicitur.*

¶ *Dono* et *Induo* veulent la personne à l'accusatif, et la chose à l'ablatif, ou la personne au datif, et la chose à l'accusatif. Exemples :

N

Je vous donne cela, *dono te hâc re*, ou *dono tibi hanc rem.*

Je lui mets cet habit, *induo illum hâc veste*, ou *induo illi hanc vestem.*

On lui a donné le droit de bourgeoisie, *civitate donatus est.*

Il est habillé de deuil, *lugubri veste indutus est.*

Afficior magno gaudio, j'ai une grande joie.

QU'ENSEIGNE cette règle ?

Elle enseigne que les verbes *afficior*, *careo*, *fungor*, *vescor*, *fruor*, *potior*, *utor*, *abutor*, gouvernent l'ablatif. Exemples :

Il est affligé de maladie, de chagrin, *afficitur morbo, ægritudine.*

Il a été puni de mort, *morte affectus est.*

Je n'ai point d'argent, *careo pecuniâ.*

Il est sans fièvre, il n'a point de fièvre, *caret febri.*

Être hors de sa patrie, *carere patriâ.*

Je m'acquitte de mon devoir, *fungor officio.*

Vivre de lait, *vesci lacte.*

Je jouirai de cela plus long-temps, *eâ re fruar diutiùs.*

Jouir d'un empire, *potiri imperio.*

Je me sers de mon couteau, *utor meo cultro.*

Je ne vois point de cet œil, je ne m'en sers point, *hoc ego oculo minimè utor.*

J'abuse de votre patience, *abutor patientiâ tuâ.*

Superabo te labore, je vous surpasserez en travail.

QU'ENSEIGNE cette règle ?

Elle enseigne que les verbes, *surpasser*, *exceller*, veulent le nom de la chose en quoi on surpasse, ou en quoi on excelle, à l'ablatif. Exemples :

Surpasser quelqu'un en âge, avoir plus d'âge que lui, *alicui præstare, aliquem antecedere ætate.*

Exceller au-dessus de quelqu'un en science, *aliquem*, ou *alicui doctrinâ præstare, alicui scientiâ excellere.*

¶ Les verbes *polleo*, *valeo*, *dignor*, *abundo*, *laboro*, *sterno*, et plusieurs autres qu'on peut rapporter à la règle *de la manière*, ou *de la cause*, gouvernent l'ablatif de la chose. Exemples :

Avoir bien de l'érudition, ou de la vertu ; être recommandable par sa science, ou sa vertu ; *pollere scientiâ, vel virtute.*

Il a une grande modération, *pollet moderatione.*

Avoir de l'esprit, avoir bonne voix, *valere ingenio, voce.*

Être en crédit, avoir du crédit et du pouvoir, *valere gratiâ et auctoritate.*

Estimer quelqu'un digne de son affection, *dignari aliquem amore.*

Ceux qui parmi nous sont honorés de ce nom, *qui apud nos hoc nomine dignantur*, dans un sens passif.

Être jugé digne d'honneur et de respect, *cultu et honore dignari.*

Avoir beaucoup d'amis, *abundare amicis.*

Abonder en richesses, avoir des richesses en abondance, regorger de biens, *abundare divitiis.*

Avoir mal à la tête, *laborare capite.*

Joncher et parsemer la terre de fleurs, *sternere humum floribus.*

Repaître son esprit de bonnes pensées ; *saturare animum bonarum cogitationum epulis.*

S'amuser à lire des fables, *pascere animum legendis fabulis.*

Se divertir à voir des tableaux, *animum pascere picturâ.*

Remplir les esprits de superstition, *implere animos superstitione.*

Il remplit le Ciel de plaintes, *Cœlum questibus implet.*

Il n'a ni raison, ni conduite, *consilio et ratione deficitur.*

Fourmiller de vers, *scatere vermibus.*

S'abtenir de quelque chose, *abstinere ; ou se abstinere aliquâ re*, ou *ab aliquâ re.*

Abonder en toutes sortes de biens, *affluere bonis.*

Se perdre dans la trop grande oisiveté, *diffluere otio.*

Charger d'opprobres, *onerare probris.*

Être sans honte, *vacare pudore.*

Dénuer de secours, *nudare præsidio.*

Dépeupler une ville de citoyens, *viduare urbem c*

De la Particule *On.*

Legitur, on lit.

QU'*ENSEIGNE* cette règle ?

Elle enseigne que quand la particule *on* se trouve devant un verbe actif, qui n'est accompagné d'aucun nom, ni pronom, il faut mettre le verbe actif à la troisième personne du singulier du passif, aux mêmes temps, et mœufs, et il sera pour lors impersonnel. Exemples :

On boit quand on soupe, *cùm cœnatur*, *bibitur*.
On aime, *amatur.*
On a aimé, *amatum est.*
On dit, *dicitur;* ou bien, *aiunt, ferunt, perhibent.*
On a dit, *dictum est.*

Avertissement.

Si le verbe qui est après la particule *on* n'a point de passif, comme il arrive aux verbes neutres ou déponens, il faut se servir de la première ou troisième personne du pluriel, ou donner un nominatif qui convienne au verbe neutre ou déponent. Exemples :

On veut, *volumus*, ou *volunt.*
On peut, *possunt.*
On ne veut pas, *nolunt.*

Laudatur Petrus, on loue Pierre.

QU'*ENSEIGNE* cette règle ?

Elle enseigne que quand la particule *on* se trouve devant un verbe actif, précédé d'un pronom, ou suivi d'un nom, il faut changer le verbe actif en passif, et du nom ou pronom, en faire le nominatif du verbe. Exemples :

On loue la modestie des écoliers; *tournez*, la modestie des écoliers est louée, *laudatur scholasticorum modestia.*
On nous aime; *tournez*, nous sommes aimés, *amamur.*
m'écouteroit; *tournez*, je serois écouté, *audirer.*

Avertissement.

articule *on* est devant un verbe neutre ou dé-
, il faut mettre le verbe neutre ou déponent à la

première ou troisième personne du pluriel, et le nom ou pronom, au cas qu'il gouverne. Exemples :

On admire la vertu, *miramur virtutem,* ou *mirantur virtutem,* sous-entendant *homines.*

On favorise les gens de bien, *favemus viris bonis.*

On remédie aux plus grandes maladies, *periculosissimis morbis medemur.*

On obéit volontiers à un bon prince, *ultrò paremus bono principi*

On ne vous imitera pas, *te non imitabuntur,* ou *nemo te imitabitur.*

¶ Lorsqu'un verbe passif est précédé de la particule *on,* il lui faut donner un nominatif qui lui convienne, comme : *qui, quis, quicumque, aliquis.* Exemples :

On sera entendu, si on parle ; *tournez,* si quelqu'un parle, il sera entendu, *si quis loquatur, is audietur,* ou *audientur qui loquentur.*

On sera puni de Dieu, si on commet cette faute, *c'est-à-dire,* celui qui, *ou* quiconque commettra cette faute, sera puni de Dieu, *punietur à Deo, qui,* ou *quicumque illam culpam commiserit.*

La particule *on,* précédée de *quand,* ou *lorsque,* se tourne de même. Exemples :

Quand on est sage ; *tournez :* celui qui est sage, *qui sapit.*

Quand on veut devenir savant, on doit préférer l'étude au jeu, *si quis doctus fieri velit, studium ludo anteponat necesse est.*

¶ Remarquez que les verbes neutres (et non pas les déponens) se prennent quelquefois impersonnellement et se mettent à la troisième personne du singulier du passif. Exemples :

On porte envie au mérite, *invidetur virtuti.*

On court aux honneurs, *curritur ad honores.*

On étudie les leçons, *studetur lectionibus.*

¶ Mais les verbes neutres, qui n'ont point de supin, ne peuvent avoir la troisième personne du singulier du passif des temps qui se forment du supin. Exemple :

On a étudié, dites ; *studuimus,* ou *studuerunt,* parce que *studeo* n'a point de supin.

Le verbe précédé de la particule *on,* peut quelquefois s'exprimer par la seconde personne du singulier du subjonctif, et quelquefois par l'infinitif, avec *est,* ou *licet.* Exemples :

On voit des hommes qui ne se soucient de rien, pourvu qu'ils acquièrent des richesses, *videas homines qui nihil pensi habent, modò rem augeant.*

Par ce chemin on parvient aisément à la vertu, *hâc viâ facilè ad virtutem pervenias.*

On en voit plusieurs qui courent après l'argent *multos videre est pecuniæ cupidos.*

On en voit encore plusieurs qui, *etc. videre etiam licet plerosque qui,* etc.

¶ Il arrive aussi quelquefois que la phrase marque la première ou seconde personne ; pour lors le verbe doit être de la personne qu'elle marque. Exemples :

On se sert de ce livre en notre classe, *c'est-à-dire,* nous nous servons, *utimur hoc libro in nostrâ scholâ.*

On sert d'autres livres dans la vôtre, *c'est-à-dire,* vous vous servez, *utimini aliis libris in vestrâ.*

Deus debet amari, on doit aimer Dieu.

QU'ENSEIGNE cette règle ?
Elle enseigne que quand il y a *on peut, on doit, on commence, on cesse, on a coutume,* etc. devant un infinitif actif, il faut mettre cet infinitif au passif, et du nom ou pronom qui l'accompagne, en faire le nominatif d'*on peut, on doit,* etc. Exemples :

On ne peut assez louer la vertu ; *tournez,* la vertu ne peut être assez louée, *virtus satis laudari non potest.*

On a coutume de mépriser les ignorans, *indocti contemni solent.*

Avertissement.

Si l'infinitif qui est après *on peut, on doit,* etc. n'a point de passif, il faut mettre *possum, debeo, soleo, desino,* etc. à la première ou troisième personne du pluriel, ou leur donner un nominatif qui leur convienne. Exemple :

On doit imiter les gens de bien, *bonos imitari debemus.*

On a coutume de haïr les méchans, *malos odisse solent.*

On peut remédier à ce mal, *huic malo mederi possumus, ou possunt.*

On doit étudier les leçons, *lectionibus studere debent scholastici.*

Dicitur te esse loquacem, on dit que vous êtes un grand causeur.

Q**U'ENSEIGNE** *cette règle ?*
Elle enseigne que quand la particule *on* se trouve devant un verbe actif, suivie d'un *que* entre deux verbes, il faut mettre le verbe qui est devant le *que* à la troisième personne du singulier du passif, ne point exprimer le *que* en latin, et mettre le verbe suivant à l'infinitif, et son nominatif à l'accusatif, selon la règle du *que* entre deux verbes. Exemples :

On dit que vous êtes propre pour les études, *dicitur te esse aptum ad studia.*

On croit que les enfans étudient, *creditur pueros studere.*

¶ On peut encore prendre le nominatif du verbe qui est après le *que*, et en faire le nominatif du verbe qui est devant, qu'on mettra au passif, du même nombre et de la même personne que ce nominatif, en n'exprimant point le *que*, et mettant le verbe suivant à l'infinitif. Exemples :

On dit que vous jouez ; *tournez* : vous êtes dit jouer, *diceris ludere.*

On dit que Pierre est savant, *Petrus dicitur esse doctus*, ou *Petrus dicitur doctus.*

¶ Il faut faire de même du verbe *sembler*. Exemple :

Il semble que Pierre est bon, *videtur Petrum esse bonum*, ou *videtur Petrus esse bonus.*

¶ Mais si le verbe qui est après la particule *on* demande le *que* qui suis par *ut*, ou autrement, il le faut faire impersonnel. Exemple :

On souhaite que vous veniez, *optatur ut venias*, et non pas, *optaris ut venias.*

<center>~~~~~~</center>

4

Præceptore docente, nugantur discipuli, le maître en=
seignant, les écoliers badinent.

QU'ENSEIGNE *cette règle ?*
Elle enseigne que quand le nom qui est joint à un
participe du présent, ou du passé, ne se rapporte ni au
nominatif, ni au régime du verbe qui suit, et dont il
dépend, il faut mettre le nom et le participe à l'ablatif
absolu. Exemples :

Ma mère priant Dieu, mon père mourut, *matre meâ
orante Deum*, *mortuus est pater meus.*

Ayant terminé mes affaires, je partirai, *confectis meis
negotiis, proficiscar.*

Du Participe présent.

LE participe présent françois s'exprime par le participe
présent latin, comme aimant, *amans*, et se met au
nominatif, si le nom auquel il est joint est le nominatif
du verbe qui suit. Exemples :

Lisant un livre, j'ai pensé à vous ; *tournez :* moi lisant
un livre, j'ai pensé à vous, *legens librum, de te cogitavi*,
sous-entendant *ego. Legens* est au nominatif, parce que
ego est le nominatif de *cogitavi.*

Ma mère priant Dieu, mourut, *mater mea orans Deum,
mortua est. Orans* est au nominatif, parce que le nom
mater, auquel il est joint, est le nominatif de *mortua est.*

¶ Mais si le nom qui est joint au participe se rapporte
au cas du verbe qui suit, il faut mettre le nom et le participe au cas que régit le verbe. Exemples :

Vos frères passant devant notre maison, je les ai salués,
fratres tuos domum nostram prætereuntes, salutavi. Fratres
et *prætereuntes* sont à l'accusatif, parce que le nom
fratres se trouve le régime de *salutavi.*

La paix étant faite, le Roi l'a signée, *pacem factam
Rex obsignavit.*

Avertissement.

Quand le verbe qui est après le participe est précédé
de l'une de ces particules, *le, la, les*, le participe se
rapporte à cette particule, et est le régime de ce verbe.

Que si le nom qui est joint au participe n'est ni le nominatif, ni le cas du verbe, il faut mettre le nom et le participe à l'ablatif absolu. Exemple :

Mon frère jouant, j'étudierai, *fratre meo ludente, litteris operam dabo.*

D'AYANT, *devant un Verbe de signification active.*

LORSQUE le participe *ayant* est joint à un verbe de signification active, il faut voir si le verbe actif en françois a un passif en latin; s'il en a un, il le faut changer en participe passif; et s'il est joint à un nom qui ne soit ni le nominatif du verbe, ni le régime, il faut mettre le nom et le participe à l'ablatif absolu. Exemples :

Le Roi ayant pris la ville, s'est retiré; *tournez*, la ville ayant été prise, le Roi s'est retiré, *expugnatâ urbe, Rex abiit.*

Si *ayant* est devant un verbe déponent, il ne faut point changer le participe du passé latin. Exemples :

Pierre ayant beaucoup parlé, se tut, *Petrus multa locutus, tacuit.*

Ayant trouvé l'occasion, je m'en suis allé, *nactus occasionem, abii.*

Un soldat ayant volé des poules, les paysans le poursuivirent, *militem gallinas furatum, insecuti sunt rustici.*

Les paysans l'ayant poursuivi, il entra dans le bois, *rusticis eum insecutis, sylvam ingressus est.*

AYANT ÉTÉ, ou ÉTANT *devant un verbe passif.*

LORSQUE *ayant été* est devant un verbe passif, il ne faut point changer le participe, parce que le verbe passif a un participe du passé : il faut voir pour lors si le nom qui est joint au participe est le nominatif, ou le cas du verbe qui suit, ou s'il n'est ni le nominatif, ni le cas, et suivre les règles qui ont été données pour le participe du présent.

Exemple du nominatif.

Socrate ayant été interrogé, dit, *interrogatus Socrates, dixit.*

Exemple du cas.

La ville ayant été prise, les soldats la mirent à feu et à sang, *urbem expugnatam, milites igne et ferro vastârunt.*

Exemple de l'ablatif absolu.

Ces choses ayant été dites, ils s'en allèrent, *his dictis, abierunt.*

AYANT ÉTÉ, *devant un verbe déponent.*

AYANT *été*, devant un verbe déponent; ne s'exprime point par le participe passif, parce que le verbe déponent n'a point de passif; c'est pourquoi il faut changer le passif en actif, se servant du participe du passé du verbe déponent, selon les règles précédentes. Exemple :

Ayant été poursuivi par des soldats, je tombai entre les mains des voleurs; *tournez*, des soldats m'ayant poursuivi, je tombai, *etc. militibus me insecutis, incidi in latronum sicas.*

ÉTANT, *devant un substantif.*

LORSQUE le participe *étant* est devant un substantif, il ne s'exprime point; et si le substantif n'est ni le nominatif, ni le cas du verbe, il faut le mettre à l'ablatif. Exemples :

Lentulus étant soldat, fit une belle action, *Lentulus miles, præclarum facinus effecit.*

Tarquin le superbe étant Empereur, les Romains le chassèrent, *Tarquinium superbum Imperatorem ejecerunt Romani.*

Cicéron étant consul, la conjuration de Catilina fut découverte, *Cicerone consule, detecta fuit Catilinæ conjuratio.*

AYANT, AYANT ÉTÉ, ÉTANT, *devant un verbe neutre.*

QUAND il y a *ayant*, *ayant été*, ou *étant*, devant un verbe neutre ; il faut nécessairement tourner le participe par un des temps de l'indicatif, ou du subjonctif, précédé de ces particules *lorsque*, *d'abord que*, *aussi-tôt que*, *après que*, qui se disent en latin *cùm*, *ut*, *ubi*, *ubi primùm*, *postquàm*, avec le mœuf et le temps que le sens de la phrase demandera. Exemples :

Ayant appris que vous étiez malade, je fus fâché que, *etc. tournez*, lorsque j'eus appris, *etc. cùm audivissem te ægrotare, molestè tuli quòd, etc.*

Étant arrivé à Rome, j'allai trouver César, *cùm Romam venissem, conveni Cæsarem.*

Ayant étudié mes leçons, je vais me promener ; *tournez*, après que j'ai étudié, *etc. ubi*, ou *postquàm lectionibus studui, eo ambulatum.*

M'étant retiré pour me coucher, je m'endormis plus fort qu'à l'ordinaire, *ut cubitum discessi, somnus arctior quàm solebat me complexus est.*

Étant levé, je prie Dieu, *ubi surrexi, Deum oro.*

Remarquez qu'on peut se servir très-bien de ces particules, *cùm*, *dum*, *postquàm*, *ubi*, *simul ac*, *ut primùm*, etc. pour exprimer les particules du présent et du passé. Exemples :

L'écolier devient savant, étudiant nuit et jour, *scholasticus fit doctus, diu noctuque studens*, ou *cùm diu noctuque studet.*

Le maître parlant, l'écolier doit écouter, *loquente magistro*, ou *dùm magister loquitur, discipulus debet audire.*

Ayant récité sa leçon, il est sorti, *posiquàm*, ou *ubi*, ou *simul ac*, ou *ut primùm recitavit suam lectionem*, ou *cum recitâsset suam lectionem, egressus est.*

Étant en ma maison, on m'a dit, *etc. cùm essem domi mihi dictum est.*, etc.

Ayant autant d'esprit que vous en avez, *cùm sis ingeniosissimus*, ou *cùm multùm ingenii habeas*, ou *pro tuo ingenio*, ou *quod est tuum ingenium.*

Étant aussi sage que vous l'êtes, *cùm sapientissimus sis*, ou *pro tuâ sapientiâ*, ou *quæ tuâ est sapientia.*

Je le défendrai comme étant mon ami, *illum defendam ut amicum meum*, ou *utpote amicum meum*, ou *utpote qui*, ou *quippe qui meus est amicus*.

De *SON*, *SA*, *SES*, *LEUR*, joints au cas du verbe.

Quand le nominatif du verbe qui est devant *son*, *sa*, *ses*, *leur*, est de la troisième personne, il faut voir si ces pronoms se rapportent à ce nominatif; s'ils s'y rapportent, il faut les exprimer par *suus*, *sua*, *suum*, selon le genre, le nombre et le cas du substantif. Exemple :

Louis le grand a triomphé de tous ses ennemis, *Ludovicus magnus hostes suos debellavit*.

Mais si *son*, *sa*, *ses*, ne se rapportent pas au nominatif du verbe, il les faut exprimer par *ejus*, ou *illius*. Exemple :

Tout le monde admire sa fermeté, *ejus constantiam omnes mirantur*.

Pour ce qui est de *leur*, si ce pronom ne se rapporte pas au nominatif du verbe précédent, il le faut exprimer par *illorum*, ou *illarum*, selon le genre du substantif auquel il se rapporte. Exemples :

Les parens châtient leurs enfans pour leur profit, *parentes corripiunt liberos suos propter illorum utilitatem*.

J'aime beaucoup vos sœurs à cause de leur grande modestie, *sorores tuas mirificè diligo propter summam illarum modestiam*.

Lorsque le nominatif du verbe qui est devant *son*, *sa*, *ses*, *leur*, est de la première ou seconde personne, *son*, *sa*, *ses*, s'expriment par *ejus*, ou *illius*, et *leur* par *illorum*, ou *illarum*, selon le genre du substantif auquel ils se rapportent. Exemples :

Je fais leur volonté, *eorum voluntati pareo*.

Nous avons été touchés de sa mort, *illius morte commoti fuimus*.

De SON, SA, SES, LEUR, *joints au nominatif du verbe, suivi d'un de ces pronoms relatifs*, le, la, lui, les.

LORSQUE ces pronoms, *son*, *sa*, *ses*, ou *leur*, sont joints au nominatif du verbe, et qu'ils appartiennent au pronom qui en est le cas, ils s'expriment par *suus*, *sua*, *suum*, qu'on joint immédiatement au cas du verbe. Exemples :

Sa paresse l'a rendu ignorant, *sua eum pigritia ignarum fecit :* on met *sua*, parce que paresse, qui est le nominatif du verbe, appartient à lui ignorant, qui est le cas du même verbe.

Sa sagesse le fait considérer, *sua eum commendat sapientia.*

Ses citoyens l'ont chassé, *sui eum cives ejecerunt.*

Lorsqu'un lièvre est environné de chiens, ses ruses ne lui servent de rien, *ubi à canibus lepus obsidetur, suæ illi fraudes nihil prosunt.*

Ses richesses l'ont perdu, *suæ eum divitiæ perdiderunt.*

Mais si le nominatif auquel *son*, *sa*, *ses*, *leur*, ou *leurs*, sont joints, n'appartient pas au nom ou pronom qui est le cas du verbe, il faut exprimer *son*, *sa*, *ses*, *leur* ou *leurs*, par le génitif des pronoms, *is*, *ea*, *id*, *ille*, *illa*, *illud*, etc. selon le genre et le nombre du substantif auquel il se rapportent. Exemples :

Son ami m'est venu trouver, *ejus amicus me convenit :* je dis *ejus*, et non pas *suus*, parce que ce n'est pas l'ami de moi, mais l'ami de celui dont je parle.

Leur orgueil est insupportable, *illorum intollerabilis est superbia.*

Ses affaires sont embrouillées, *illius negotia non sunt expedita.*

De SON, SA, SES, LEUR, ou LEURS, *après deux verbes.*

LE pronom *son*, *sa*, *ses*, *leur*, ou *leurs*, après deux verbes, dont l'un est à la première ou seconde personne, et l'autre à la troisième, s'exprime ordinairement par *suus*, *sua*, *suum*. Exemple :

J'ai prié mon frère de me prêter son cheval, *fratrem rogavi ut suum mihi equum commodaret.*

Mais quand les deux verbes sont tous deux à la troisième personne; si le pronom *son, sa, ses, leur,* ou *leurs,* qui est après, se rapporte au nominatif du second verbe, on peut toujours l'exprimer par *suus, sua, suum;* et s'il se rapporte au nominatif du premier, on peut l'exprimer par le génitif d'*ipse, ipsa, ipsum,* qui a une signification moyenne entre *suus,* et *is* ou *ille.* Exemples :

Lentulus a averti mon frère d'avoir soin de ses affaires; s'il s'agit des affaires de mon frère, il faut se servir de *suus, sua, suum,* et dire *Lentulus fratrem monuit ut res suas curaret,* parce que mon frère est le nominatif du second verbe. Mais s'il s'agissoit des affaires de Lentulus, dont il eût prié mon frère d'avoir soin, il vaudroit mieux, pour ôter l'amphibologie, se servir d'*ipsius,* et dire, *Lentulus fratrem monuit ut res ipsius curaret,* parce que Lentulus est le nominatif du premier verbe.

Avertissement.

Le pronom *son, sa, ses,* ne se rapporte jamais au nominatif du verbe, à moins qu'il ne soit mis après un verbe de la troisième personne du singulier, et qu'on ne puisse joindre ce mot *propre.* Exemples :

Pierre a perdu ses livres; si ce sont ses propres livres, il faudra dire, *libros suos perdidit Petrus;* si ce ne sont pas ses propres livres, mais ceux d'un autre, on dira, *libros ejus perdidit.*

Son père est venu; il faut dire, *pater ejus venit,* parce que le pronom *son* n'est pas après un verbe qui ait un nominatif de la troisième personne du singulier, auquel il puisse se rapporter.

¶ Et le pronom *leur,* ou *leurs,* ne se rapporte jamais au nominatif du verbe, qu'il ne soit mis après un verbe de la troisième personne du pluriel, et qu'on ne puisse y joindre le mot *propre.* Exemples :

Les écoliers font leur devoir; si c'est leur propre devoir, il faudra dire, *officio suo funguntur scholastici :* si ce n'est pas leur propre devoir, mais celui de quelques autres, on dira, *illorum,* ou *illarum officio funguntur.*

Leurs amis viendront; il faudra dire, *eorum,* ou *earum amici venient,* parce que *leurs* n'est pas après un verbe de la troisième personne du pluriel, au nominatif duquel il puisse se rapporter.

¶ Remarquez enfin qu'on peut se servir indifféremment de *suus*, *sua*, *suum*, ou d'un génitif d'*is*, *ipse*, pour exprimer le pronom *son*, *sa*, *ses*, *leur*, ou *leurs*, lorsqu'il n'y a point d'amphibologie à craindre dans la phrase Exemple :

Pierre a trouvé le pigeon dans son nid, *Petrus invenit columbam in nido suo :* on peut dire encore, *in nido ejus*, ou *ipsius*, (*ejus* se rapportant à *columbam*, et *suo* se rapportant au nominatif *quæ*, sous-entendu, *quæ erat in nido suo*.) Il n'y a point d'amphibologie, parce que Pierre n'a point de nid, qui n'est propre qu'aux oiseaux.

Des adjectifs qui ont un régime particulier.

De dignus *et* plenus.

DIGNUS, *indignus*, et *plenus*, gouvernent le génitif, ou l'ablatif. Exemple :

Digne de louange, *dignus laudis*, ou *laude ;* mais mieux *laude*.

Tu es indigne de pardon, *es indignus veniâ*.

Bouteille pleine de vin, *lagena vini*, ou *vino plena*.

Plein de bonne volonté, *plenus officiis*, mieux que *officio*.

¶ Lorsque ce mot, *digne*, est devant un infinitif, il faut tourner la phrase par *que*, qui s'exprimera par *ut*, ou par *qui*, *quæ*, *quod*, si le relatif est le nominatif du verbe, et mettre le verbe au subjonctif. Exemple :

La vertu est digne d'être aimée, *digna est virtus ut*, ou *quæ ametur*, ou *virtus digna est amore*.

¶ Mais si le relatif n'est pas le nominatif du verbe, il devient son régime. Exemple :

La vertu est digne d'être embrassée des hommes, *virtus digna est quam homines amplectantur*, ou *ut homines eam amplectantur*.

Des adjectifs signifient le désir, ou dérivés des verbes.

LES adjectifs qui signifient le désir, ou qui sont dérivés des verbes, gouvernent le génitif. Exemples :

Désireux de quelque chose, *cupidus alicujus rei.*

Il aime la nouveauté, *est cupidus rerum novarum*, ou *est avidus novitatis.*

Il aime trop la gloire, il est trop avide de la gloire, *est avidior gloriæ.*

Il n'est pas accoutumé au travail, *est insuetus laboris*, ou *labori*,

Il étoit accoutumé aux affronts, aux mensonges, à mentir, *erat assuetus contumeliæ*, *mendaciis.*

J'étois passionné pour la paume, j'aimois fort la paume, *eram pilæ studiosus.*

¶ On met le gérondif en *di* après ces adjectifs. Exemples :

J'ai une grande impatience de vous entendre, *sum maximè cupidus te audiendi.*

Il aime la chasse, *est avidus venandi.*

Il n'est pas accoutumé de naviguer, d'aller sur mer, *est insuetus navigandi.*

¶ On met quelquefois l'infinitif. Exemple :

Il n'est pas accoutumé d'entendre la vérité, *est insuetus vera audire.*

Avertissement.

Ces adjectifs, *tenax, conscius, amans, patiens, anxius, timidus, peritus, memor, immemor, colens, perferens, affinis, integer, degener, fastidiosus, fugitans*, etc. gouvernent aussi le génitif. Exemples :

Il retient sa colère, *est tenax iræ.*

Il n'étoit coupable d'aucun crime, *nullius erat sceleris conscius.*

J'aime ma patrie, *sum patriæ amans.*

Peu de personnes souffrent patiemment les travaux, *pauci sunt patientes laborum.*

Il étoit passionné pour la gloire, *erat anxius gloriæ.*

Je ne crains point la tempête, *non sum timidus procellæ.*

Il entend bien la guerre, *est rei militaris peritus.*

Je me souviendrai de vos bienfaits, *memor ero beneficiorum tuorum.*

Est-ce

Est-ce ainsi que vous m'oubliez? *num immemor es mei ?*

Ces hommes cultivent-ils la vertu et la piété avec tant de soin ? *an sunt homines illi virtutis ac religionis tàm colentes ?*

Les gens de bien souffrent patiemment les injures, *viri boni perferentes sunt injuriarum.*

Il est coupable d'un crime capital, *est affinis rei capitalis.*

Il est d'une vie irréprochable, *est integer vitæ*, ou *est integerrimæ vitæ.*

Nous dégénérons de la vertu de nos pères, *degeneres sumus virtutis patrum.*

Vous n'auriez plus que du dégoût pour les plaisirs de la terre, *fieres fastidiosus voluptatum terrenarum.*

Il s'en trouve fort peu qui fuient l'ambition, *perpauci sunt fugaces ambitionis.*

Il évite les différens et les querelles, *est fugitans litium ac jurgiorum.*

Des Adjectifs qui gouvernent le datif.

LES adjectifs, *commodus, iratus, infensus, aptus, idoneus,* etc. gouvernent le datif. Exemples :

Il est doux, traitable à ses compagnons, *est commodus sodalibus.*

Il est en colère, il est irrité contre vous, *tibi est iratus,* ou *infensus.*

Une terre propre pour les vignes, *ager vitibus aptus.*

Une viande bonne à l'estomac, *cibus aptus stomacho.*

Il n'est pas propre pour le combat, *pugnæ non sát idoneus est.*

On donne aussi à ces deux adjectifs, *aptus* et *idoneus,* l'accusatif avec la préposition *ad.*

Des adjectifs qui gouvernent l'accusatif, avec la préposition ad.

CES adjectifs, *propensus, proclivis, natus,* etc. prennent l'accusatif, avec la préposition *ad.* Exemple :

Nous sommes portés au plaisir, nous aimons le plaisir, *sumus propensi ad voluptatem.*

O

Un esprit qui se porte à la débauche, *ingenium proclive ad libidinem.*

Nous sommes nés pour de plus grandes choses, *ad majora nati sumus.*

Il est né pour les armes, pour la guerre, *est natus ad arma.*

On donne aussi un datif à *natus.* Exemple :

Il est propre aux lettres, il est né pour les lettres, *est natus litteris.*

LES adjectifs suivans gouvernent l'ablatif :

Un parfait orateur, *cumulatus omni laude orator.*

Il est doué d'un bon esprit, *est ornatus bono ingenio.*

Il étoit plein de vin, *erat onustus vino.*

Vaisseau chargé de blé, *navis frumento onusta.*

Cassé de vieillesse, *confectus ætate.*

Doué d'une rare vertu, *præditus singulari virtute.*

Je suis content du bien que j'ai, *rebus meis sum contentus.*

Des adverbes qui gouvernent le génitif.

AFFATIM. Vous avez assez de bien, suffisamment de bien, *tibi divitiarum affatim est.*

Il y en a assez d'autres, *aliorum est affatim.*

On trouve une infinité de gens qui, etc. *affatim est hominum qui,* etc.

Eò. Il est venu à un tel point d'insolence, il est venu jusqu'à une telle insolence, que, etc. *eò insolentiæ processit, ut,* etc.

L'affaire étoit en cet état, *res erat eò loci.*

Ergo. Nous sommes venus à cause de lui, *illius ergo venimus.*

A cause de la vertu, *virtutis ergo.*

Instar, qui est un nom indéclinable, gouverne aussi le génitif, comme :

Il me tient lieu de bon père, *mihi est instar parentis amantissimi.*

Un cheval grand comme une montagne, *instar montis equus.*

Les deux adverbes, *en, ecce,* se mettent avec le nominatif *ou* l'accusatif, comme :

Voilà le loup, *en lupus* ou *lupum.*

Voilà un homme misérable, *ecce miserum hominem.*

Voilà cette tempête, *ecce illa tempestas.*

Des Interjections.

LES interjections *ô ! heu ! proh !* demandent le nominatif, l'accusatif ou le vocatif. Exemple :

O le beau visage ! *ô faciem pulchram !*

O quelle maison ! *ô qualis domus !*

O mon cher Lucile ! *ô mi Lucili !*

O mon cher Quintus ! *ô mi Quinte ! ô carissime Quinte !*

O perdu que je suis ! *ô me perditum !*

O race malheureuse ! *heu stirpem invisam !*

Hélas ! où est l'ancienne fidélité ? *heu ! prisca fides ?*

Ah ! mon pauvre enfant ! *heu ! nate mi !*

O douleur ! *proh dolor !*

O Dieu ! *proh sancte Deus !* ou *proh Deum immortalem ! Hei* et *væ* prennent le datif, comme :

Ah ! que je suis malheureux ! *hei mihi !*

Malheur à vous ! *væ vobis !*

Malheur à toi ! *væ tibi !*

Avertissement.

Pour ce qui est de la préposition *tenùs*, des trente prépositions qui régissent l'accusatif, et des quinze qui régissent l'ablatif, voyez la Grammaire, *page* 128 et 129.

CUM, signifiant *quand, lorsque*, se met avec l'indicatif. Exemple :

Lorsque je faisois de si beaux exploits, *cùm res tantas gerebam.*

Cùm, signifiant *puisque, vu que*, se met avec le subjonctif. Exemple :

Puisque cela est ainsi, *cùm res ita se habeat*, ou *quæ cùm ita sint. Siquidem*, puisque, se met avec l'indicatif. Exemple :

Puisque vos affaires sont en plus mauvais état, *siquidem negotia tua pejore sunt loco.*

Licèt, quamvis, quoique, encore que, bien que, veulent le subjonctif. Exemple :

Quoique je veuille , *licèt velim.*

Etiamsi, etsi, tametsi, quanquam, se mettent avec l'indicatif, et même le subjonctif. Exemple :

Quoiqu'il soit innocent, *quanquam abest à culpâ,* ou *tametsi culpâ careat,* ou *etsi culpâ vacat,* ou *vacet.*

Ut, afin que, veut le subjonctif. Exemple :

Afin que je soulage mon chagrin, *ut levem angorem meum.*

Au lieu d'*ut,* on met *quò,* quand il suit un comparatif. Exemple :

Afin qu'il pût ensuite plus aisément acheter le reste, *quò cætera faciliùs emere posteà posset.*

LE relatif *qui, quæ, quod,* après une négation, ou après une interrogation, veut le verbe suivant au subjonctif. Exemples :

Il n'y a personne qui ne vous aime, *nemo est qui te non amet.*

Je ne trouve ici aucune chose qui me contente, *nulla mihi res hic occurrit, quæ animo satisfaciat.*

Vous n'avez rien dit qui plaise aux savans, *nihil dixisti quod probetur eruditis.*

Je n'ai personne à qui me confier, *neminem habeo cui confidam.*

Y a-t-il quelqu'un qui ne vous estime ? *est-ne aliquis qui te non æstimet ?*

Y a-t-il quelqu'un qui soit de cet avis ? *est-ne aliquis qui ita sentiat ?*

¶ Quand on se sert du relatif *qui, quæ, quod,* ou de *quò* au lieu de *ut,* on met pareillement le verbe suivant au subjonctif. Exemples :

Je ne suis pas si sot que de faire cela, *non sum ita demens qui hoc agam,* au lieu de *ut hoc agam.*

Elle n'est pas si folle que de croire cela, *ita stulta non est quæ id credat.*

Il est digne de commander, *dignus est qui imperet.*

Envoyez-moi votre valet pour m'avertir de votre retour, qui m'avertisse de votre retour, *mitte puerum qui de reditu tuo me moneat,* pour *ut is me moneat.*

Je vous mets mon fils entre les mains pour que vous

l'instruisiez, *trado tibi filium meum, quem erudias*, pour *ut eum erudias.*

Afin que vous en ayez soin, *cujus curam habeas*, pour *ut ejus curam habeas.*

Afin que vous lui montriez le chemin de la vertu, *cui virtutis viam commonstres*, pour *ut ei commonstres.*

Je vous adresserai les lettres de mon père, afin que vous les lisiez, *mittam litteras patris, quas legas*, pour *ut eas legas.*

Il étudie pour devenir plus savant, *studet quò doctior evadat.*

Ces pronoms, *hoc, id, quid, quod*, etc. se prennent souvent comme des substantifs neutres, et gouvernent également le génitif. On se sert de *quid* dans le doute ou l'interrogation ; et de *quod*, lorsqu'il n'y a ni doute, ni interrogation. Exemples :

J'ai reçu cette lettre de mon ami, *hoc ab amico litterarum accepi*, pour *has litteras.*

C'étoit cette affaire, *id erat negotii*, pour *id negotium.*

Cet homme, *id hominis*, pour *is homo.*

Je ne sais quel conseil prendre, *nescio quid consilii capiam*, pour *quod consilium.*

Quel sujet y a-t-il ? *quid causæ est*, pour *quæ causa ?*

Quel homme êtes-vous ? *quid tu hominis es ?*

Il mena à César ce qu'il avoit de gens de guerre, *quod habebat militum ad Cæsarem deduxit*, pour *quos habebat milites.*

Il a perdu ce qu'il avoit d'agrément et de vigueur en sa jeunesse, *quod floris, quod roboris in juventute erat, amisit.*

Je n'ai reçu aucune de vos lettres, *abs te nihil litterarum accepi*, pour *nullas litteras.*

APRÈS ces particules, *si, nisi, ne, num, quò, sive, seu*, et après *qui, quæ, quod*, on se sert de *quis*, au lieu d'*aliquis*, de *qua*, tant au nominatif singulier féminin, qu'aux nominatif et accusatif pluriels neutres, au lieu d'*aliqua* ; de *quod*, au lieu d'*aliquod* ; de *quid*, au lieu d'*aliquid* pour exprimer quelqu'un, *ou* quelque ; et de *quando*, au lieu, d'*aliquando*, etc. en retranchant toujours *ali*. Exemples :

Si quelqu'un vient, *si quis venerit.*

Si vous dites quelque chose, *si quid dixeris.*

Si vous ne souhaitez quelqu'autre chose, *nisi quid aliud vobis placeat.*

Si quelques guerres nous menaçoient, *si qua fortè bella nobis imminerent.*

De peur qu'il n'arrive quelque malheur, *ne qua clades accidat.*

Prenéz garde qu'il ne vous échappe quelque parole, *cave ne quod tibi verbum excidat,* et non pas, *quid verbum,* parce que *quid* n'est pas un adjectif.

Ne m'apportez-vous point quelques lettres ? *num quas mihi affers litteras ?*

Plus quelqu'un est rusé, plus il est suspect, *quò quis versutior, eò* ou *hoc suspectior est.*

Je dis que vous, ou quelqu'autre m'avez dit cela, *dico te, seu quem alium id mihi dixisse.*

Ne blâmez pas ce qu'un autre a fait, *quæ quis fecit ne vitupéres.*

S'ils discourent quelquefois de l'amitié, *si quandò de amicitiâ disputent*

Si un chêne étend ses branches en quelque endroit, *sicubi quercus tendat ramos,* pour *si alicubi.*

Il faut prendre garde que l'eau ne s'arrête en quelque endroit, *videndum necubi aqua consistat.*

Mais il faut remarquer qu'on ne retranche d'ordinaire *ali*, que lorsque *aliquis, aliqua,* etc. sont joints immédiatement aux particules, *si, nisi,* etc. Ainsi on ne dira pas *si me petit quis,* mais, *si me petit aliquis,* si quelqu'un me demande.

EXEMPLES POUR DÉCLINER
les trois degrés de comparaison ensemble.

Adjectifs de la seconde déclinaison.

Les adjectifs en *us* se comparent comme le suivant; le positif, le comparatif, et le superlatif.

SINGULIER.

NOM. *Masc.* Sanctus, sanctior, sanctissimus, *saint, plus saint, le plus saint,* ou *très-saint.*
   Féminin. Sancta, sanctior, sanctissima, *sainte, plus sainte, la plus sainte,* ou *très-sainte.*
   Neutre. Sanctum, sanctius, sanctissimum, *saint, plus saint, le plus saint,* ou *très-saint.*
Génitif. *Masc.* Sancti, sanctioris, sanctissimi.
   Féminin. Sanctæ, sanctioris, sanctissimæ.
   Neutre. Sancti, sanctioris, sanctissimi.
Datif. *Masc.* Sancto, sanctiori, sanctissimo.
   Féminin. Sanctæ, sanctiori, sanctissimæ.
   Neutre. Sancto, sanctiori, sanctissimo.
Accus. *Masc.* Sanctum, sanctiorem, sanctissimum.
   Féminin. Sanctam, sanctiorem, sanctissimam.
   Neutre. Sanctum, sanctius, sanctissimum.
Vocat. *Masc.* Sancte, sanctior, sanctissime.
   Féminin. Sancta, sanctior, sanctissima.
   Neutre. Sanctum, sanctius, sanctissimum.
Ablat *Masc.* Sancto, sanctiore, *ou* ori, sanctissimo.
   Féminin. Sanctâ, sanctiore, *ou* ori, sanctissimâ.
   Neutre. Sancto, sanctiore, *ou* ori, sanctissimo.

PLURIEL.

Nom. *Masc.* Sancti, sanctiores, sanctissimi.
   Féminin. Sanctæ, sanctiores, sanctissimæ.
   Neutre. Sancta, sanctiora, sanctissima.
Génitif. *Masc.* Sanctorum, sanctiorum, sanctissimorum.
   Féminin. Sanctarum, sanctiorum, sanctissimarum.
   Neutre. Sanctorum, sanctiorum, sanctissimorum.

4

Datif. Sanctis, sanctioribus, sanctissimis.

Pour les trois genres,

Accus. *Masc.* Sanctos, sanctiores, sanctissimos.
    Féminin. Sanctas, sanctiores, sanctissimas.
    Neutre. Sancta, sanctiora, sanctissima.
Ablat. Sanctis, sanctioribus, sanctissimis.

Pour les trois genres.

Les adjectifs en *er* se comparent comme le suivant.

SINGULIER.

NOM. *Masc.* Pulcher, pulchrior, pulcherrimus, *beau, plus beau, le plus beau,* ou *très-beau.*
    Féminin. Pulchra, pulchrior, pulcherrima, *belle, plus belle, la plus belle,* ou *très-belle.*
    Neutre. Pulchrum, pulchrius, pulcherrimum, *beau, plus beau, le plus beau,* ou *très-beau.*
Gén. *Masc.* Pulchri, pulchrioris, pulcherrimi.
    Féminin. Pulchræ, pulchrioris, pulcherrimæ.
    Neutre. Pulchri, pulchrioris, pulcherrimi.
Datif. *Masc.* Pulchro, pulchriori, pulcherrimo.
    Féminin. Pulchræ, pulchriori, pulcherrimæ.
    Neutre. Pulchro, pulchriori, pulcherrimo.
Accus. *Masc.* Pulchrum, pulchriorem, pulcherrimum.
    Féminin. Pulchram, pulchriorem, pulcherrimam.
    Neutre. Pulchrum, pulchrius, pulcherrimum.
Voc. *Masc.* Pulcher, pulchrior, pulcherrime.
    Féminin. Pulchra, pulchrior, pulcherrima.
    Neutre. Pulchrum, pulchrius, pulcherrimum.
Ablat. *Masc.* Pulchro, pulchriore, *ou* ori, pulcherrimo.
    Féminin. Pulchrâ, pulchriore, *ou* ori, pulcherrimâ.
    Neutre. Pulchro, pulchriore, *ou* ori, pulcherrimo.

PLURIEL.

Nom. *Masc.* Pulchri, pulchriores, pulcherrimi.
    Féminin. Pulchræ, pulchriores, pulcherrimæ.
    Neutre. Pulchra, pulchriora, pulcherrima.
Gén. *Masc.* Pulchrorum, pulchriorum, pulcherrimorum.
    Féminin. Pulchrarum, pulchriorum, pulcherrimarum.
    Neutre. Pulchrorum, pulchriorum, pulcherrimorum.

Dat. Pulchris, pulchrioribus, pulcherrimis.

Pour les trois genres.

Acc. *Masc.* Pulchros, pulchriores, pulcherrimos.
  Féminin. Pulchras, pulchriores, pulcherrimas.
  Neutre. Pulchra, pulchriora, pulcherrima.
Voc. *Masc.* Pulchri, pulchriores, pulcherrimi.
  Féminin. Pulchræ, pulchriores, pulcherrimæ.
  Neutre. Pulchra, pulchriora, pulcherrima.
Ablat. Pulchris, pulchrioribus, pulcherrimis.

Pour les trois genres.

Exemples des adjectifs de la troisième déclinaison.

Le positif, le comparatif, et le superlatif.

SINGULIER.

Nom. *Masc.* Dulcis, dulcior, dulcissimus, *doux, plus doux, le plus doux,* ou *très-doux.*
  Féminin. Dulcis, dulcior, dulcissima, *douce, plus douce, la plus douce,* ou *très-douce.*
  Neutre. Dulce, dulcius, dulcissimum, *doux, plus doux, le plus doux,* ou *très-doux.*
Gén. *Masc.* Dulcis, dulcioris, dulcissimi.
  Féminin. Dulcis, dulcioris, dulcissimæ.
  Neutre. Dulcis, dulcioris, dulcissimi.
Dat. *Masc.* Dulci, dulciori, dulcissimo.
  Féminin. Dulci, dulciori, dulcissimæ.
  Neutre. Dulci, dulciori, dulcissimo.
Acc. *Masc.* Dulcem, dulciorem, dulcissimum.
  Fém. Dulcem, dulciorem, dulcissimam.
  Neutre. Dulce, dulcius, dulcissimum.
Vocat. *Masc.* Dulcis, dulcior, dulcissime.
  Féminin. Dulcis, dulcior, dulcissima.
  Neutre. Dulce, dulcius, dulcissimum.
Ablat. *Masc.* Dulci, dulciore, *ou* ori, dulcissimo.
  Féminin. Dulci, dulciore, *ou* ori, dulcissimâ.
  Neutre. Dulci, dulciore, *ou* ori, dulcissimo.

PLURIEL.

Nom. *Masc.* Dulces, dulciores, dulcissimi.
  Féminin. Dulces, dulciores, dulcissimæ.
  Neutre. Dulcia, dulciora, dulcissima.
Gén. *Masc.* Dulcium, dulciorum, dulcissimorum.
  Féminin. Dulcium, dulciorum, dulcissimarum.
  Neutre. Dulcium, dulciorum, dulcissimorum.
Dat. Dulcibus, dulcioribus, dulcissimis.

Pour les trois genres.

Accus. *Masc.* Dulces, dulciores, dulcissimos.
  Féminin. Dulces, dulciores, dulcissimas.
  Neutre. Dulcia, dulciora, dulcissima.
Vocat. *Masc.* Dulces, dulciores, dulcissimi.
  Féminin. Dulces, dulciores, dulcissimæ.
  Neutre. Dulcia, dulciora, dulcissima.
Ablat. Dulcibus, dulcioribus, dulcissimis.

Pour les trois genres.

Les adjectifs en *lis*, qui ont le superlatif en *llimus*, par deux *ll*, se déclinent de même. Exemple.

SINGULIER.

Nom. *Masc.* Facilis, facilior, facillimus, *facile, plus facile, le plus facile,* ou *très-facile.*
  Féminin. Facilis, facilior, facillima, *facile, plus facile, la plus facile,* ou *très-facile.*
  Neutre. Facile, facilius, facillimum, *facile, plus facile, le plus facile,* ou *très-facile.*
Ainsi des autres cas, suivant leurs terminaisons.

Exemple des adjectifs en *X.*

Nom. *Masc.* Felix, felicior, felicissimus, *heureux, plus heureux, le plus heureux,* ou *très-heureux.*
  Féminin. Felix, felicior, felicissima, *heureuse, plus heureuse, la plus heureuse,* ou *très-heureuse.*
  Neutre. Felix, felicius, felicissimum, *heureux, plus heureux, le plus heureux,* ou *très-heureux.*
Ainsi des autres cas, suivant leurs terminaisons.

ABRÉGÉ

Du *QUE* entre deux verbes, et des particules les plus nécessaires pour les commençans.

QUE faut-il faire quand il y a un que *entre deux verbes?*
Il ne faut point exprimer en latin le *que*, en mettant à l'infinitif le verbe qui est après le *que*, et qui s'y rapporte.

En quel temps de l'infinitif faut-il mettre le verbe qui est après le que ?

Il le faut mettre au même temps de l'infinitif qu'il se trouve à l'indicatif, ou au subjonctif : par exemple, si le verbe est au présent de l'indicatif, ou du subjonctif, il le faut mettre au présent de l'infinitif ; s'il est au parfait de l'indicatif, ou du subjonctif, ou au plusque-parfait de l'indicatif, il le faut mettre au plusque-parfait de l'infinitif.

De l'imparfait de l'indicatif, après un *Que* entre deux verbes.

EN quel temps de l'infinitif faut-il mettre l'imparfait de l'indicatif après un que *entre deux verbes ?*

Si le verbe qui est devant le *que* est au présent, ou au futur de l'indicatif, l'imparfait se met au plusque-parfait de l'infinitif : par exemple.

Je dis, je dirai que Pierre aimoit, *dico, dicam Petrum amavisse.*

S'il y a devant, un imparfait, un parfait, ou un plusque-parfait, l'imparfait qui est après le *que* se met au présent de l'infinitif, comme : je disois, j'ai dit, j'avois dit que Paul dormoit, *dicebam, dixi, dixeram Paulum dormire.*

Du futur de l'indicatif.

EN quel temps de l'infinitif faut-il mettre le futur de l'indicatif, lorsqu'il est après un que *entre deux verbes?*

Il le faut mettre au futur en *rus*, si c'est l'actif ; au futur en *um iri*, si c'est le passif ; et si le verbe n'a point de futur à l'infinitif, il faut exprimer le *que* par *fore ut*, ou *futurum ut*, et mettre le verbe au présent du subjonctif : exemples.

Je crois que Marie aimera, *puto Mariam amaturam esse.*

Je crois que Marie sera aimée, *puto Mariam amatum iri.*

Je crois que Jean étudiera, *puto fore ut*, ou *futurum ut Joannes studeat.*

Je crois que Paul se repentira, *puto fore ut*, ou *futurum ut Paulum pœniteat.*

De l'imparfait du subjonctif.

En quel temps de l'infinitif faut-il mettre l'imparfait du subjonctif, après un que *entre deux verbes ?*

Il le faut mettre au futur en *rus*, si c'est l'actif, et au futur en *um iri*, si c'est le passif; et si le verbe n'a point de futur, il faut exprimer le *que* par *fore ut*, ou *futurum ut*, et mettre le verbe à l'imparfait du subjonctif. Exemples :

Je crois que Marie aimeroit, *puto Mariam amaturam esse.*

Je crois que Marie seroit aimée, *puto Mariam amatum iri.*

Je crois que Jean étudieroit, *puto fore ut*, ou *futurum ut Joannes studeret.*

Je crois que Paul se repentiroit, *puto fore ut*, ou *futurum ut Paulum pœniteret.*

Du plusque-parfait du subjonctif.

En quel temps de l'infinitif faut-il mettre le plusque-parfait du subjonctif, après un que *entre deux verbes ?*

Il le faut mettre au futur en *rus*, avec *fuisse*, si c'est l'actif, et au futur en *dus*, avec *fuisse*, si c'est le passif; et s'il n'a point de futur, il faut exprimer le *que* par *fore ut* avec le plusque-parfait du subjonctif, ou par *futurum fuisse ut* avec l'imparfait du subjonctif. Exemples :

Je dis que les muses eussent aimé, *dico musas amaturas fuisse.*

Je dis que les Muses eussent été aimées, *dico Musas amandas fuisse.*

Je suis sûr que Jean eût étudié, *certò scio fore ut Joannes studuisset,* ou *futurum fuisse ut Joannes studeret.*

Je suis sûr que Pierre se seroit repenti, *certò scio fore ut Petrum pœnituisset,* ou *futurum fuisse ut Petrum pœniteret.*

Du futur du subjonctif.

*E*N *quel temps de l'infinitif faut-il mettre le futur du subjonctif, après un* que *entre deux verbes ?*

Il le faut mettre au plusque-parfait de l'infinitif. Exemples :

Je crois qu'il aura dîné, *puto eum prandisse.*

Je crois que vous aurez déjà lu mon livre, *puto te jam legisse librum meum.*

Il y a des exceptions sur l'imparfait de l'indicatif, quand il y a un passé devant, sur le présent, l'imparfait, le parfait et le plusque-parfait du subjonctif ; mais ces exceptions ne sont pas à la portée des commençans.

Du *que* sous-entendu après *espérer, s'assurer, promettre.*

*F*AUT-IL *se servir du présent de l'infinitif après* espérer, s'assurer, promettre ?

Il faut se servir du futur de l'infinitif, quoiqu'il y ait en françois le présent de l'infinitif, après *espérer,* etc. Exemples :

Je m'assurois de retourner en vos quartiers dans peu de temps, *confidebam me rediturum istuc post breve tempus.*

Mes sœurs espèrent aller à Paris, *sperant sorores meæ, se ituras Lutetiam.*

Vous m'aviez promis de m'envoyer de l'argent, *promiseras te missurum ad me pecuniam.*

---

*Q*UE *faut-il faire quand ces verbes* avertir, persuader, ordonner, conseiller, commander, prier, avoir soin, permettre, *sont suivis d'un infinitif françois.*

Il faut tourner la phrase par *que,* qui s'exprimera par *ut,* avec le subjonctif. Exemples :

Dites-lui de venir, c'est-à-dire, qu'il vienne, *dic illi ut veniat.*

Je vous avertis de prendre gárde à vous, *moneo te ut tibi caveas.*

Il me persuadoit de quitter la ville, *persuadebat mihi ut discederem ab urbe.*

Je vous ordonne, je vous commande de vous taire, *prescribo tibi*, ou *impero tibi ut taceas.*

Je vous conseille de différer votre voyage à un autre temps, *tibi suadeo ut iter tuum in aliud tempus differas*, ou *rejicias.*

Je l'ai prié d'avoir soin de sa réputation, *eum rogavi ut famœ consuleret.*

Ayez soin de vous bien portér, *cura*, ou *da operam ut valeas.*

Permettez-moi de répondre, *permitte mihi ut respondeam.*

COMMENT *exprime-t-on le* que *après* æquum est, expedit, sit, evenit, contingit, accidit, refert ?

On l'exprime par *ut*, avec le subjonctif. Exemples :

Il est juste, il est raisonnable que vous obéissiez à vos parens, *equum est ut parentibus tuis morem geras.*

Il est expédient que vous veniez, *expedit ut venias ?*

Il arrive souvent que les méchans sont plus heureux que les bons, *sæpè fit, accidit, contingit, plerùmque evenit ut improbi feliciores sint bonis.*

Il importe grandement que je me charge de cette affaire, *permagni refert ut hoc negotium sustineam.*

Du *que* indifférent après *refert.*

COMMENT *faut-il exprimer le* que *indifférent après* refert ?

Il le faut exprimer par *an*, ou *utrùm*, et exprimer aussi par *an* le *que* qui est après la particule *ou.* Exemples :

Il importe peu qu'il dorme *ou* qu'il veille, *parvi refert utrùm dormiat, an vigilet.*

Il ne m'importe point que vous écriviez ou non, *nihil meâ interest utrùm scribas, necne.*

Du *que* après *attendre*.

COMMENT exprime-t-on le *què* après attendre ?
On l'exprime par *dùm*, comme :
J'attends que vous veniez, *expecto dùm venias*.

Du *que* après *craindre*.

COMMENT exprime-t-on le *que* après craindre ?
Si après *craindre* il n'y a qu'une négation, on l'exprimera par *ne* : s'il y a deux négations en françois, comme *ne pas*, on exprime le *que* par *ne-non* avec le subjonctif. Exemples :

Je crains qu'il ne meure de cette maladie, *vereor ne ex hoc morbo moriatur.*

Je crains que vous ne perdiez votre procès, *timeo ne causâ cadas.*

J'avois peur d'être découvert, que je ne fusse découvert, *timebam ne indicarer.*

J'appréhende de vous incommoder, *vereor ne tibi sim molestus.*

Je crains que vous n'ayez pas reçu mes dernières lettres, *timeo ne-non superiores litteras meas acceperis.*

J'ai peur de ne pas obtenir cette grâce de mon père, *vereor ne-non id à patre impetrem.*

Du *que* après *défendre*, *prendre garde*, *dissuader*,

COMMENT exprime-t-on le *què* après défendre, prendre garde, dissuader ?
On l'exprime par *ne*, avec le subjonctif. Exemples :
Dieu défend que vous mentiez, vous défend de mentir, *Deus prohibet ne mentiaris.*

Prenez garde de vous fier aux flatteurs, *cave ne adulatoribus credas.*

Prenez garde qu'il ne tombe, *cave ne cadat.*

Du que après empêcher.

COMMENT exprime-t-on *le* que *après* empêcher ?

Si *empêcher* est entre ces deux négations *ne* et *pas,* le *que* qui est après s'exprime par *quin* ou *quominùs* ; mais s'il n'y a point de négation devant *empêcher*, le *que* s'exprime ordinairement par *ne*, avec le subjonctif. Exemples :

Rien ne nous empêche de faire, *ou* que nous ne fassions ce que nous voulons, *nihil impedit quominùs id quod maximè placeat, facere possimus.*

Je ne vous empêcherai point d'étudier, *ou* que vous n'étudiez, *non impediam quin studeas.*

Je ne saurois m'empêcher d'admirer Louis le grand, *non possum quin mirer Ludovicum magnum,* ou *non possum non mirari Ludovicum magnum.*

Je vous empêcherai de vous mettre en chemin, *impediam ne te viæ committas.*

Il m'a empêché de parler, *impediit ne loquerer.*

On peut exprimer aussi *que* par *quominùs,* quoiqu'il n'y ait point de négation devant *empêcher.* Exemple :

Le mauvais temps a empêché que je ne vinsse vous voir, *impediit adversum tempus quominùs ad te venirem.*

Du que après peu s'en faut.

COMMENT *exprime-t-on le* que *après* peu s'en faut ?

On l'exprime par *quin,* avec le subjonctif. Exemples :

Peu s'en est fallu qu'on ne le tuât, *parum abfuit quin occideretur.*

Peu s'en faut qu'il ne s'en aille, *parum abest quin abeat.*

Du que au commencement de la phrase.

QUE *faut-il faire quand il y a un* qué *au commencement de la phrase ?*

Premièrement

Premièrement, si on peut tourner le *que* par *pourquoi*, il le faut exprimer par *cur*. Exemple :

Que ne venez-vous ? *cur non venis ?*

Secondement, s'il marque le commandement, il ne s'exprime point en latin, et on se sert de la troisième personne de l'impératif. Exemples :

Qu'il s'en aille le traître, *abeat proditor.*

Que tous se taisent, *taceant omnes.*

Troisièmement, s'il signifie le désir, il s'exprime par *utinam*, qui veut dire *plût à Dieu que*. Exemples :

Que ne puis-je vous rendre la pareille ! *utinam tibi parem gratiam referre possim !*

Que ne suis-je en état de vous rendre service ! *utinam mihi detur facultas de te benè merendi !*

Que je voudrois que vous m'eussiez cru ! *quàm vellem mihi ut credidisses.*

Du que d'admiration.

EN combien de manières peut-on exprimer le *que* d'admiration ?

On peut l'exprimer en cinq manières.

Premièrement, on l'exprime par *quantùm*, avec le génitif devant un substantif singulier. Exemple :

Que j'ai eu de chagrin de la mort de votre frère ! *quantùm cepi doloris ex morte fratris tui !*

Secondement, on l'exprime par *quot*, devant un substantif pluriel. Exemples :

Que de soldats furent tués ! *quot milites interfecti sunt !*

Que j'ai vu de maisons ! *quot vidi domos !*

Troisièmement, on l'exprime par *quàm* devant un adjectif ou un adverbe. Exemples :

Que vous êtes honnête ! *quàm humanus es !*

Qu'il se gouverne sagement ! *quàm sapienter se gerit !*

Qu'il y a peu de sages ! *quàm pauci sunt sapientes !*

Quatrièmement, on l'exprime par *quàm*, ou par *quantùm* devant un verbe actif. Exemple :

Que je vous aime ! *quàm te amo*, ou *quantùm te amo !*

Cinquièmement, on l'exprime par *quanti* devant un verbe de prix ou d'estime. Exemple :

Que je vous estime ! *quanti te facio !*

P

De la particule autant que.

COMMENT exprime-t-on autant que ?

On l'exprime par *quantùm*, avec un verbe qui n'est pas de prix. Exemples :

Autant qu'il est en mon pouvoir, *quantùm in me est*.

Autant que je puis, selon mon pouvoir, *quantùm maximè possum*.

Autant que nous pouvons comprendre, *quantùm perspicere possumus*.

En combien de manières peut-on exprimer autant?

On le peut exprimer en cinq manières.

Premièrement, *autant* s'exprime par *tantùm*, avec le génitif devant un substantif singulier, et le *que* qui est après, par *quantùm*. Exemples :

Les Espagnols ont autant d'équité que de politique à choisir un prince, *tantùm æquitatis habent Hispani, quantùm scientiæ, in deligendo principe*.

Secondement, par *tot* devant un substantif pluriel, et le *que* par *quot*. Exemple :

Cet arbre a autant de fruits que de feuilles, *hæc arbor habet tot fructus quot folia*.

Troisièmement, *autant* s'exprime par *æquè*, ou *perindè*, et le *que* par *ac* ou *atque*; par *non minùs*, et le *que* par *quàm*, quand il est devant un adjectif ou un adverbe. Exemples :

Il est autant sage que savant, *est æquè*, ou *perindè sapiens ac doctus*.

Vous êtes autant misérable que moi, *es miser æquè atque ego*.

Autant heureusement que sagement, *non minùs feliciter quàm sapienter*.

Quatrièmement, *autant* s'exprime par *tantùm* devant un verbe actif, et le *que* par *quantùm*, s'il se rapporte au même verbe; par *quanti*, s'il se rapporte à un verbe de prix ou d'estime. Exemples :

Je vous aime autant que vous m'aimez, *tantùm ego te amo quantùm me amas*.

Je parle autant que je veux, *tantùm loquor quantùm volo*.

Je l'aime autant que je l'estime, *tantùm ipsum amo quanti facio*.

Cinquièmement, *autant* s'expriment par *tanti* devant un verbe de prix ou d'estime, et le *que* par *quanti*, s'il se rapporte à un verbe de prix ou d'estime. Exemple :

La vertu est autant estimée qu'elle le doit être, *tanti fit virtus quanti fieri debet.*

De la particule *tant que.*

C OMMENT exprime-t-on tant que ?

On l'exprime par *dum*, ou par *quandiù*. Exemples :

Nous étudions tant que nous voulons, *studio vacamus quandiù volumus.*

Tant que nous vivons ici-bas, *dum hic vivimus.*

Tant qu'il y aura des hommes sur la terre ; *dum hominum genus erit.*

Comment exprime-t-on la particule tant, et le *que* qui est après ?

Tant, devant un substantif singulier, s'exprime par *tantùm*, avec le génitif, et le *que* par *ut*, avec le subjonctif. Exemple :

Il a tant de vertu, qu'il est aimé de tout le monde, *tantùm virtutis est in eo, ut ametur ab omnibus.*

Comment exprime-t-on tant *devant un substantif pluriel ?*

Tant, devant un substantif pluriel, s'exprime par *tot*, et le *que* par *ut*, avec le subjonctif. Exemple :

Il a reçu tant de coups, qu'il en est mort, *tot plagas accepit, ut mortuus sit.*

Comment exprime-t-on tant *devant un verbe actif ?*

Tant, devant un verbe actif, s'exprime par *tantùm*, et le *que* par *ut*, avec le subjonctif. Exemple :

Je l'aime tant, qu'il n'y a personne qui me soit plus cher, *eum tantùm amo, ut nemo mihi sit carior.*

Comment exprime-t-on tant *devant un verbe de prix ou d'estime ?*

Tant, devant un verbe de prix ou d'estime, s'exprime par *tanti*, et le *que* par *ut* avec le subjonctif. Exemple :

J'estime tant votre aîné, que je ne saurois lui rien refuser, *tanti facio fratrem tuum natu majorem, ut nihil ipsi denegare possim.*

2

Des particules *tellement*, *si fort*.

COMMENT faut-il exprimer en latin les particules *tellement*, *si fort* ?

Il les faut exprimer par *tanti* avec un verbe de prix ou d'estime ; par *sic*, *ita*, *adeò*, avec tout autre verbe, et le *que* qui est après par *ut* avec le subjonctif. Exemples :

Il est si fort estimé, qu'on ne peut l'être davantage, *tanti fit, ut nemo pluris*, en sous-entendant, *fieri possit*.

Il est si fort aimé, qu'on ne sauroit l'être davantage, *sic amatur, ut nihil suprà*, en sous-entendant *amari possit*.

Il fut tellement battu, qu'il en mourut, *ita est mulctatus, ut vitam amiserit*.

Ils avoient eu si fort en horreur leur crime, qu'ils prirent le dessein de tuer Gracchus, *adeò vim facinoris sui perhorruerunt, ut Gracchum occidere cogitaverint*.

De la particule *aussi*.

COMMENT faut-il exprimer en latin la particule *aussi*, devant un adjectif ou un adverbe ?

Il faut l'exprimer par *perindè* ou *æquè*, et le *que* par *ac* devant une consonne, et par *atque* devant une voyelle ; ou par *non minùs*, et le *que* par *quàm*. Exemple :

Il est aussi savant qu'il est homme de bien, *est vir perindè doctus ac probus : est vir doctus æquè ac bonus : vir est non minùs litteratus quàm probus*.

De la particule *aussitôt que*.

COMMENT faut-il exprimer en latin aussitôt que ?
Il le faut exprimer par *statim ac*, ou *statim atque* ; par *statim ut*, ou *simul ut* ; par *simul ac*, ou *simul atque* ; par *ubi primùm*, ou *ubi* seul. Exemples :

Aussitôt que je pourrai, je vous irai voir, *statim ac*, ou *statim atque potero, te conveniam*.

Aussitôt que j'aurai vu votre cadet, j'aurai de quoi vous écrire, *statim ut*, ou *simul ut videro fratrem tuum natu minorem, habebo quod ad te scribam*.

De la particule *plutôt que*.

COMMENT *faut-il exprimer en latin* plutôt que ?
Si *plutôt que* se peut résoudre en françois par *aussitôt que*, il s'exprime par *statim atque*, ou *statim ut*, ou *simul ut*.

S'il signifie le choix ou la préférence, il s'exprime par *potiùs*, et le *que* par *quàm*.

S'il signifie plus vite, plus promptement, il s'exprime par *citiùs*, ou *priùs*, ou *celeriùs*, et le *que* par *quàm*. Exemples :

Les écoliers ne sont pas plutôt sortis de classe, qu'ils vont jouer, *statim atque*, ou *statim ut è scholâ exierunt discipuli, ludum petunt*.

Nous ne sommes pas plutôt éveillés, que nous nous moquons de tous ces songes, *simul ut experrecti sumus, visa illa contemnimus*.

Je périrois plutôt que de devenir esclave de mes passions, *perirem potiùs, quàm cupiditatibus servirem*.

Je souffrirai plutôt toutes choses que de mentir, *quidvis perpetiar, potiùs quàm mendacia proferam*.

Il est venu plutôt que moi, *citiùs, ou priùs venit quàm ego*.

De la particule *à peine*.

COMMENT *faut-il exprimer en latin* à peine ?
Il le faut exprimer par *vix*, et le *que* par *cùm*. Exemples :

A peine fut-il arrivé, qu'il tomba malade, *vix venerat, cùm in morbum incidit*.

A peine fût-il roi, qu'il opprima les innocens sous de faux prétextes, *vix regnum fuerat adeptus, cùm fictis causis innocentes oppressit*.

Du *que* après une négation.

EN *combien de manières exprime-t-on le* que *après une négation ?*

En trois manières. Premièrement, par *solùm*, ou *tanùm, tantummodò*, seulement.

Secondement, par *perpetuò*, toujours.

Troisièmement, par *modò*, tout-à-l'heure, maintenant. Exemples :

Il n'y a que trois mois qu'il est mort, *c'est-à-dire*, depuis trois mois seulement il est mort, *à tribus tantùm mensibus obiit.*

Il n'a fait que trois lieues, *c'est-à-dire*, il a fait seulement trois lieues, *tres solùm leucas confecit.*

Nous ne savons que le nom de la vertu, mais nous n'en connoissons point la force, *nomen tantùm virtutis usurpamus, quid ipsa valeat ignoramus.*

Les arbres ne se nourrissent et ne s'entretiennent que par leurs racines, *arbores tantummodò per stirpes aluntur suas.*

Il ne fait que rire, *c'est-à-dire*, il rit toujours, *perpetuò ridet.*

Il ne fait que d'arriver, *c'est-à-dire*, il arrive tout-à-l'heure, *modò advenit.*

Il ne fait que de partir, *modò profectus est.*

Du *que adverbe* entre deux négations.

COMMENT exprime-t-on le *que adverbe entre deux négations ?*

On l'exprime par *quin*, avec le subjonctif, et on retranche la négation qui est devant le verbe. Exemples :

Je ne doute point que la science ne vous serve beaucoup, ne vous soit utile, *non dubito, ou mihi non est dubium quin scientia tibi prosit plurimùm.*

Il ne va point en classe qu'il n'ait fait son devoir, *scholam non petit quin officio suo functus fuerit.*

Les jeunes gens ne doivent rien entreprendre qu'ils n'aient auparavant consulté les personnes sages, *adolescentes nihil debent aggredi, quin priùs sapientes in consilium adhibuerint.*

Il n'y a point de jour qu'il ne me vienne voir, *dies ferè nullus est quin domum meam ventitet.*

Je ne passerai aucun jour que je ne vous écrive, *nullum intermittam diem quin ad te scribam.*

Du *que relatif* entre deux négations.

COMMENT *exprime-t-on le* que relatif *entre deux négations ?*

On l'exprime par *qui non, quæ non, quod non,* selon le genre et le nombre de l'antécédent, s'il est le nominatif du verbe ; s'il n'est pas le nominatif, il devient le régime, et on met après le subjonctif. Exemples :

Il n'est personne qui n'aime les gens de bien, *nullus est qui non bonos diligat.*

Il n'est point de chose si terrible dont le monde ne soit menacé, *nulla est acerbitas quæ non omnibus imminere videatur.*

Il n'y a rien qu'on ne doive craindre, *nihil est quod non timendum sit.*

On met encore le *que relatif* par *quin* après *nemo,* ou *nullus.* Exemples :

Il n'est personne qui ne voie combien un victorieux en colère est à craindre, *nemo est quin cogitet quàm sit metuendus iratus victor.*

Je soutiens qu'il n'y a point de pierre précieuse qu'il n'ait cherchée, *affirmo nullam gemmam esse quin quæsierit.*

Du *que* après autre, autrement, le même, tel.

COMMENT *faut-il exprimer en latin le* que *après* alius, *autre ;* aliter, *autrement ;* idem, *le même ;* talis, *tel ?*

Il le faut exprimer par *ac* devant une consonne, par *atque* devant une voyelle. Exemples.

Je suis autre que vous ne croyez, *alius sum ac putas, atque existimas.*

Que je meure, si je vous écris autrement que je pense, *ne sim salvus, si aliter scribo ac sentio.*

Il parle autrement qu'il ne pense, *aliter loquitur ac sentit.*

Je suis le même que j'étois, *idem sum atque eram.*

Il faut que vous soyez tel que vous avez été, *talem te esse oportet ac fuisti.*

Toutes ces façons de parler sont de Cicéron ; cependant on exprime ce *que* en d'autres façons, que l'on peut voir dans les particules de Turselin, ou de la Nouvelle Méthode.

Du *que* après *cause.*

COMMENT exprime-t-on le que *après* cause ?
On l'exprime par *cur* avec le subjonctif. Exemples :

Il a été cause que je n'ai pas suivi César, *in causa fuit cur Cæsarem non fuerim secutus.*

La lâcheté est cause que les jeunes gens ne profitent point dans les sciences, *desidia est in causa cur adolescentes nullum in litteris progressum faciant.*

Du *que* adverbe après une circonstance de temps.

COMMENT faut-il exprimer le que *adverbe après une circonstance de temps?*

Il le faut exprimer par *cùm*, ou le supprimer en tournant la phrase par *depuis*, qui s'exprime par *à* ou *ab* avec l'ablatif. Exemples :

Maintenant que vous devriez être plus sage que jamais, *nunc cùm sapientissimus esse deberes.*

Il y a long-temps qu'il s'en est allé, *diu est cùm abiit*, ou *jam pridem*, ou *jam dudùm abiit.*

Un jour que je me promenois, *quâdam die cùm ambularem.*

Il y avoit trois mois qu'il étudioit, c'est-à-dire, depuis trois mois il étudioit, *à tribus mensibus litteris operam dabat.*

Il y a huit ans que je le connois, *ab octo annis eum novi.*

Depuis que je vous ai quitté, je n'ai pas eu une heure de santé, *ex quo à te discessi, semper ægrotavi.*

Ce n'est pas d'aujourd'hui qu'il fréquente les cabarets, *non nunc primùm popinas adit.*

Ce fut de nuit qu'il fut tué, *nox erat cùm fuit occisus*, ou *nocte fuit occisus.*

Du *que* après *quelque*.

COMMENT exprime-t-on le *que* après quelque ?

On l'exprime par *quantumlibet*, *quantumvis*, devant un adjectif, avec le positif. Exemple :

Quelque habile qu'il soit, il ignore bien des choses, *quantumlibet*, ou *quantumvis doctus*, *multa ignorat*.

Comment faut-il exprimer quelque, *signifiant le repos ou le mouvement ?*

A la question *Quò*, on l'exprime par *quòcumque*. Exemple :

En quelque lieu que vous alliez, quelque part que vous alliez, *quòcumque eas*.

A la question *Quà*, par *quàcumque*. Exemple :

Par quelque lieu, par quelque endroit que vous passiez, *quàcumque transeas*.

A la question *Undè*, par *undecumque*, *undelibet*. Exemple :

De quelque lieu que vous veniez, *undecumque*, *undelibet redeas*.

A la question *Ubi*, par *ubicumque*, *ubi*, *quocumque in loco*. Exemple :

En quelque lieu qu'il soit, quelque part qu'il soit, *ubicumque sit*, *ubi sit*, *quocumque in loco sit*.

De la particule *à* devant un infinitif.

QUE faut-il faire quand il y a la particule *à* devant un infinitif.

Si la particule *à* se peut tourner par *en*, il faut se servir du gérondif en *do*; si elle se peut tourner par *pour*, il faut se servir du gérondif en *dum*, en mettant *pour* par *ad*. Exemples :

Il emploie tout le jour à jouer, *c'est-à-dire*, en jouant, *totum diem consumit ludendo*, ou *ludo*.

Une saison propre à cueillir les fruits, *c'est-à-dire*, pour cueillir les fruits, *tempus aptum ad colligendum fruges*.

Il m'a donné cette lettre à lire, *c'est-à-dire*, pour lire, *hanc epistolam mihi dedit ad legendum*, ou *hanc epistolam mihi legendam dedit*.

De la particule *de* devant un infinitif.

QUE *faut-il faire quand il y a la particule de devant un infinitif.*

Si la particule *de* est devant le plusque-parfait de l'infinitif, il faut tourner *de* par *de ce que*, qui s'exprimera par *quòd*, avec le subjonctif ou l'indicatif. Exemples :

J'ai regret d'avoir perdu mon père, *c'est-à-dire*, de ce que j'ai perdu mon père, *doleo quòd amiserim patrem*, ou *doleo amissi patris*.

Je me repens de vous avoir offensé, *me pœnitet quòd te offenderim*.

Je suis bien aise de vous avoir interrompu, *sanè gaudeo quod te interpellavi.*

De la particule *ce qui*, suivie de *c'est que.*

COMMENT *faut-il exprimer en latin* ce qui, c'est que ?
Il faut exprimer *ce qui* par *illud*, et *c'est que* par *quòd.* Exemples :

Ce qui me console, c'est que je ne suis pas coupable, *illud me consolatur, quòd culpâ vaco.*

Ce qui me choque le plus ; c'est que vous n'êtes pas modeste, *illud me vehementer offendit, quòd modestum te non præbes.*

De la particule *pour avoir*, suivie de *ce n'est pas à dire pour cela que.*

COMMENT *faut-il exprimer en latin* pour avoir, *et* ce n'est pas à dire pour cela que ?

Il faut exprimer *pour avoir*, par *si*, et *ce n'est pas à dire pour cela que*, par *non continuò, non idcircò.* Exemples :

Pour avoir menti une fois, ce n'est pas à dire pour cela que je mente toujours, *si semel mentitus sum, non continuò semper mentior.*

Pour avoir défendu un homme de bien, ce n'est pas à dire pour cela que vous le soyez, *si virum bonum defendisti, non idcircò bonus es.*

De la particule *pour* devant un infinitif.

COMMENT *faut-il exprimer la particule* pour *devant un infinitif ?*

Premièrement, lorsque *pour* est devant le plusque-parfait de l'infinitif, il s'exprime par *quòd*, de ce que, avec le subjonctif, ou *quia* parce que, avec l'indicatif, ou *cùm* puisque, vu que, avec le subjonctif. Exemples :

Il a été couronné pour avoir vaincu, de ce qu'il a vaincu, *coronatus fuit, quòd vicerit.*

Il est malade pour avoir trop bu, parce qu'il a trop bu, *ægrotat quia plus æquo bibit.*

Vous êtes bien ignorant, pour avoir étudié si long-temps, *sanè imperitissimus es, cùm tandiù studueris.*

Secondement, lorsque *pour* est devant un infinitif passif, ou devant l'infinitif d'un verbe qui n'a point de gérondif, il faut tourner *pour* par *afin que*, ou *vu que*, ou *quoique*. Exemples :

Il fait cela pour être loué, afin qu'il soit loué, *id agit ut laudetur.*

Pour être savant, il vous faut étudier ; afin que vous soyez savant, il vous faut étudier, *ut doctus evadas, tibi studendum est.*

Cet ouvrage, pour être petit, ne doit pas être moins estimé pour cela ; quoique cet ouvrage soit petit, il ne doit pas être moins estimé pour cela, *etsi exile sit hoc opus non est minoris faciendum.*

De la particule *au lieu* devant un infinitif.

QUE *faut-il faire quand il y a* au lieu *devant un infinitif ?*

Il faut exprimer *au lieu* par *cùm*, et mettre en latin les verbes *devoir* ou *pouvoir* à l'imparfait du subjonctif, s'il y a un présent joint à *au lieu* ; s'il y a un imparfait un parfait, ou un plusque-parfait, il faut mettre en latin *devoir* ou *pouvoir* au plusque-parfait du subjonctif devant l'infinitif.

Quand faut-il se servir du verbe devoir *ou* pouvoir ?

On se sert du verbe *devoir*, lorsque *au lieu* signifie

l'obligation que l'on a de faire une chose ; mais on se sert du verbe *pouvoir*, lorsque *au lieu* signifie le pouvoir que l'on a de faire une chose qu'il ne faut pas faire. Exemples :

Il joue au lieu d'étudier, au lieu qu'il devroit étudier, *ludit cùm studiis operam navare deberet.*

Il jouoit au lieu d'étudier, au lieu qu'il eût dû étudier, *ludebat cùm studio vacare debuisset.*

Au lieu de me promener, je ferai mon devoir, *cùm ambulare possem, officio meo faciam satis.*

Il alloit à l'église, au lieu d'aller au jeu de paume, *ibat in templum cùm sphæristerium adire potuisset.*

La particule *au lieu*, devant un nom substantif, s'exprime en latin par *loco ;* comme : au lieu de récompense, *mercedis loco ;* au lieu d'épée il se sert de bâton, *pro gladio fuste utitur.*

COMMENT *faut-il exprimer, en latin, la particule* sans? S'il y a une négation devant, on l'exprime par *quin :* s'il n'y a point de négation, on l'exprime par *nec* ou *nec tamen*, ou *quanquam.* Exemples :

Il ne peut parler sans rire, *loqui non potest quin rideat.*

Il est sorti sans avoir dit adieu à ses amis, *discessit, nec tamen amicos salutavit.*

On le bat sans avoir fait aucun mal, *verberatur quanquam nihil mali admiserit.*

De la particule *bien loin*.

QUE *faut-il faire quand il y a la particule* bien loin ? Il faut tourner *bien loin* par *tant s'en faut*, qui s'exprimera par *tantùm abest*, et les deux *que* qui suivent, par *ut* avec le subjonctif. Exemples :

Bien loin de l'aimer, je le hais ; *il faut tourner*, tant s'en faut que je l'aime, qu'au contraire je le hais, *tantum abest ut illum amem, ut è contrà odio habeam.*

FIN DES PARTICULES.

TABLE

Des principales Règles des Concordances.

FIN DE LA TABLE.